古今圖書集成

神異典・神仙部(三)

神仙部列傳二十一

唐四　許老翁

按仙傳拾遺許老翁者不知何許人也隱於峨嵋山不知年代唐天寶中益州士曹柳某妻李氏容色絕代時節度使章仇兼瓊新得吐蕃安戎城差柳送物至城所三歲不復命李在官舍重門未啟忽有裴兵曹詣門云是李之中表丈人李云無裴家親門不令啟裴因言李小名兼說其中外氏族李方令開門致拜因欲飧裴人質甚雅因問柳郎去幾時答云已三載矣裴云三載義絕古人所言今欲如何且丈人與子業因合為伉儷願無拒此而竟為裴丈所迷似不由人可否也裴兵曹者亦既娶矣而章仇公聞李姿美欲窺覘之乃令夫人特設筵會屈府縣之妻罔不畢集唯李以夫壻在遠辭焉章仇妻必須一見乃云但來無苦推辭李懼責遂行著黃羅銀泥裙五暈羅銀泥衫子單絲羅紅地銀泥帔子蓋益都之盛服也裴顧衣而嘆曰世間之服華麗止此耳迴謂小僕可歸開箱取第三衣來李云不與第一而與第三何也裴曰第三已非人世所有矣須臾衣至異香滿室裴再貯

笑謂小僕曰衣服當須爾耶若章仇何知但恐許老翁知耳乃登車詣節度家既入夫人并座客悉皆降階致禮李既服天衣貌更殊異觀者竦之坐定夫人令白章仇曰士曹之妻容色絕代章仇徑來入院戒衆勿起見李服色嘆息數四乃借帔觀之則知非人間物試之水火亦不焚污因留詰之李具陳本末使人至裴居處則不見矣兼瓊乃易其衣而進并奏許老翁之事勅令以計須求許老章仇意疑仙者往來必在藥肆因令藥師候其出處居四日得之初有小童詣肆市藥藥師意是其徒乃以惡藥與之小童往而復來且詈云丈人怒藥不佳欲見捶撻因問丈人為誰童子云許老翁也藥師甚喜引童白府章仇令勁健百人卒吏五十人隨童詣山且申勅令山峯巉絕衆莫能上童乃自下大呼須臾老翁出石壁上問何故領爾許人來童具白其事老翁問童曷不來童遂冉冉躡虛而上諸吏叩頭求哀云大夫之暴翁所知也老翁乃許行謂諸吏曰君但返府我隨至及吏卒至府未久而翁亦至焉章仇見之再拜俯伏翁無敬色因問娶李者是誰翁曰此是上元夫人衣庫之官俗情未盡耳章仇求老翁詣帝許云往亦不難乃與奏事者剋期至長安先期而至有詔引見元宗致禮甚恭既坐問云庫官有罪上天知否翁云已被流作人間一國主矣又問衣竟何如許云設

席施衣於清淨之所當有人來取上勅人如其言初不見人但有旋風捲衣入雲顧盼之間亦失許翁所在　按元怪錄天寶中有士人崔姓者尉於巴蜀纔至成都而卒時連帥章仇兼瓊哀其妻少而無所投止因於青城山下置一別墅又以其色美有聘納之意計無所出因謂其夫人曰貴爲諸侯妻何不盛陳盤筵邀召女客五百里內盡可迎致夫人甚悅兼瓊因命衙官遍報五百里內女郎尅日會成都意欲因會便留亡尉妻也不謂已爲族舅盧生納之矣盧舅密知兼瓊意令尉妻辭疾不行兼瓊大怒促左右百騎往收捕盧舅時方食兵騎繞宅已合盧談笑自若殊不介懷食訖謂妻曰兼瓊意可知矣夫人不可不行少頃即當送素色衣來便可服之而往言訖乘騾出門兵騎前擁不得徐徐而去追不能及俄使一小童捧箱內有故青裙白衫子綠帔子緋羅縠絹素皆非世人所有尉妻服之至成都諸女郎皆先期而至兼瓊覘於帷下及尉妻入光彩遶身美色傍射不可正視坐者皆攝氣不覺起拜會訖歸三日而卒兼瓊大駭具狀奏聞元宗問張果果云知之不敢言請問青城王老元宗即召兼瓊求訪王老進之兼瓊搜索青城山前後並無此人唯草市藥肆云常有二人日來賣藥稱王老所使二人至兼瓊即令衙官隨之入山數里至一草堂王老皤然鬚髮隱几

危坐衙官隨入遂宣詔兼致兼瓊意王老曰此必多言小兒張果也因與兼瓊剋期至京師令先發表不肯乘傳兼瓊從之使纔至銀臺王老亦到元宗卽召問之時張果猶在元宗側見王老惶恐再拜王老叱果曰小子何不言之又遣遠取吾來果言小仙不敢專候仙伯言耳王老乃奏曰盧二舅卽太元夫人庫子因假下遊以亾尉妻微有仙骨故納為媵無何盜太元夫人衣服與著已受謫至重今為鬱單天子矣亡尉妻以衣太元夫人衣服墮無間獄矣衆詫苦不願留元宗命放還後不知所在按此與前仙傳拾遺事同而姓名互異今俱錄之以備參考

盧二舅

按逸史昔有盧李二生隱居太白山讀書兼習吐納導引之術一旦李生告歸曰某不能甘此寒苦且浪跡江湖訣別而去後李生知橘子園人吏隱欺欠折官錢數萬貫羈縻不得東歸貧甚偶過揚州阿使橋逢一人草蹻布衫視之乃盧生生昔號二舅李生與語哀其襤褸盧生大罵曰我貧賤何畏公不作好棄身凡儆之所又有欠負且被囚拘倘有面目以相見乎李生厚謝二舅笑曰居處不遠明日卽將奉迎至旦果有一僕者馳駿足來云二舅遣迎郎君旣去馬疾如風過城南十數里路

側朱門斜開二舅出迎星冠霞帔容貌光澤侍婢數十人與橋下儀狀全別邀李生中堂宴饌名花異木若在雲霄又累呈藥物皆殊美既夜引李生入北亭命酌曰兼與公求得佐酒者頗善箜篌須臾紅燭引一女子至容色極艷新聲甚嘉李生視箜篌上有朱字一行云天際識歸舟雲間辨江樹罷酒二舅曰莫願作婚姻否此人名家質貌若此李生曰某安敢二舅許為成之又曰公所欠官錢多少曰二萬貫乃與一拄杖曰將此於波斯店取錢可從此學道無自穢身陷鹽鐵也纔曉前馬至二舅令李生去送出門波斯見拄杖驚曰此盧二舅拄杖何以得之依言付錢遂得無事其年往汴州行軍陸長源以女嫁之既婚頗類盧二舅北亭子所覩者復解箜篌果有朱書字視之天際之詩兩句也李生具說揚州城南盧二舅亭中筵宴之事妻曰少年兄弟戲書此昨夢見使者云仙官追一如公所言也李生嘆訝却尋二舅之居唯見荒草不復覩亭臺也

薛肇

按仙傳拾遺薛肇不知何許人也與進士崔宇於廬山讀書同志四人二人業未成而去崔宇勤苦尋已擢第唯肇獨以修道為務不知師匠何人數年之間已得神仙之道廬山下有患風勞者積年

醫藥不効尸居候時而已擘過其門憩樹陰下因語及疾者擘欲視之旣見曰此甚易耳可以愈也留丹一粒小於粒米謂疾者所親曰明晨掐半粒水吞之自當有應未愈三日外更服半粒也其家自以久疾求醫所費鉅萬尙未致愈疾者柴立僅存餘喘豈此半粒而能救耶明日試服之疾者已起消午能飲食策杖而行如此三日充盛康壯又服半粒卽神氣邁逸肌膚如玉鬚髮青黲狀可二十歲許入月餘擘復來曰子骨符仙錄吾此藥不唯愈疾兼可得道矣乃授其所修之要此人遂登五老峰訪洞府而去崔宇旣及第尋授東畿尉赴任過三鄉驛忽逢薛擘下馬敘舊見擘顏貌風塵頗有衰嗟之色宇自以擢第拜官揚揚矜負會話久之日已晡矣薛謂崔曰貧居不遠難於相逢過所居宵話可乎崔許之隨薛而行僕乘皆留店中初入一小徑甚荒梗行一二里間田疇花木異於凡境頃久已及高樓大門殿閣森沉若王者所理崔心驚異之薛先入有數十人擁接升殿然後召崔升階與坐款話久之謂崔曰子有好官未可此住但一宵話舊可爾促令召樂開筵頃刻卽於別殿宴樂更無諸客唯崔薛二人女樂四十餘輩拜坐奏樂選女妓十輩同飲有一縈鬟妓最爲姝顯崔與並坐崔見縈鬟上有十字云天際識歸舟雲間辨江樹崔默記之席散薛問崔坐中所悅崔以

篸篌者對薛曰他日與君今且未可及明與崔送別遺金三十斤送至官路慘別而去崔至官月餘求婚得柳氏常疑曾識而不記其處暇日命取篸篌理出崔見十字書在焉問其故云某時患熱疾夢中見使人追云西城大仙陳溪薛君有客五百里內觧音聲處女盡追可四十餘人因隨去與薛及客崔少府同飲一夕覺來疾已愈薛君即神仙也崔少府風貌與君無異答話其事大爲驚駭方知薛巳得道爾按箜篌一事與盧二舅同而姓名互異

方響女

按疑仙傳長安樂人鄭文家生一女生而能言及年七歲容貌端莊而善於方響其親族皆稱爲方響女貴妃知之因欲取焉父母問之方響女曰我豈是宮人邪楊妃自與我同輩也那得如此其夜忽失之父母哀憫無以求尋後三年復至家父母驚問其由謂父母曰我嘗到上清宮中人言我父母悲號不止而憶念我我故再來耳父母因曰汝若是仙家之人何來我家爲我女也女曰我上清方響伎女也因竊視下界而罰我必不久住此人間父母當勿憶念父母曰汝仙家何樂我人間亦有富貴之樂汝奚不且住人間以慰我心女曰人間憂惱多而又奚樂耶我在上清無俗事以累我

也無俗心以惱我也侍立之外卽每乘雲御氣駕鸞鳳嬉遊天外時酌瓊漿亦有時詣蓬島上天台揖嫦娥於月宮戲織女於銀河人間何樂也若以富貴為樂殊不知富與貴但多事也況纔見生俄見死邪父母乃曰當且住以慰我心無優劣人間天上之事且以生汝之父母為念女謂父母曰我若且住必不得還上清之宮闕也父母悲言之次忽不見其女不知所之

朱子眞

按疑仙傳朱子眞者長安南山下有別墅為念甚富松檜成陰花竹雜植小橋架流水高閣齊雲岫子眞常戴一葛巾衣輕縠手攜一靑竹杖自遨自遊以繡衣女子數人隨之遍興而便酌香醪獨醉人罕得見其面長安有少年趙穎者不羈之人也旣聞之遂造謁焉及扣其門有一女僕出迎之子眞見穎問曰君何人也何遠來此相訪穎曰我愛歌喜酒之人也每恨天地不能容花卉長春常恐平生有幽景不得一遊此外卽雖貴列鼎鐘不關我心也子眞喜乃延之於一小疊共酌金罇仍謂之曰君子遊狎之徒也多遊賞耳今欲不用絃管出一小技共覩之乃令二侍女取一對木刻鸞鳳飾之珠翠宛若其傍有一女子金冠羅衣便舉聲而歌其鳳卽舞有流風回雪之態未及須臾金冠

女子歌罷鳳亦止舞子眞乃自歌曰人間幾日變桑田誰識神仙洞裏天修促共知有殊異且須襤醉在生前頴聞之不覺長嘆子眞乃令侍女於玉壺中取一丸丹以賜頴曰服此且須遊人間二百年頴拜謝之仍辭而回及鑾輿將幸蜀山下已失子眞家頴服此藥果得二百歲矣

徐佐卿

按集異記明皇天寶十三年重陽日獵於沙苑雲間有孤鶴徊翔焉上親御弧矢一發而中其鶴則帶箭徐墜將及地丈許欻然矯翰西南而逝萬衆極目良久乃滅益州城距郭十五里有明月觀焉依山臨水松桂深寂道流非修習精慤者莫得而居觀之東郭第一院尤爲幽絕每有自稱青城道士徐佐卿者風局清古一歲率三四而至焉觀之耆舊因虛其院之正堂以俟其來而佐卿至則棲焉或三五日或旬朔言歸青城甚爲道流之所傾仰一日忽自外至神爽不怡謂院中人曰吾行山中偶爲飛矢所加尋已無恙矣然此箭非人間所有吾留之於壁上後年箭主到此即宜付之愼無墜失仍援毫記壁云留箭之時則十三載九月九日也及元宗避亂幸蜀暇日命駕行遊偶至斯觀樂其佳景因遍幸道室既入此堂忽覩挂箭則命侍臣取而玩之蓋御箭也深異之因詢觀之道士

皆以實對卽是佐卿所題乃前歲沙苑縱畋之日也佐卿蓋中箭孤鶴耳究其題乃沙苑翻飛當日集於斯歟上大奇之因收其箭而寶焉自後蜀人亦無復有逢佐卿者矣

韋景昭

按鎭江府志韋景昭延陵人吳司空愼十六代孫精究儒術不取科第獨慕神仙之學初度於延陵尋眞觀師事包士榮習靈寶經法後居長安肅明觀天寶中歸茅山勅建紫陽觀居焉貞元元年十一月癸卯召門弟子曰吾昨見仙官持勅書召任上淸仙伯不復住世矣來何爲喜去何爲悲汝等體之毋或哀泣時年九十二而化爲三茅山十四代宗師

吳彩鸞

按吉安府志吳彩鸞不知何許婦人唐天寶閒來遊安成福聖寺手植兩羅漢柏觀音閣前入小室中七日寫法苑珠林經百二十軸一夕去不知所往其紙粘連處至今不斷絕二柏甚茂亥年結實或呼其院爲神仙云　按江西通志吳彩鸞眞君猛女也唐太和末書生文簫寓洪州紫極宮一日遊西山與彩鸞相遇因約與俱歸簫貧不自給彩鸞寫孫愐唐韻運筆如飛日得一編鬻之可獲

金五緡金盡則復寫如是十載稍爲人知遂潛往新吳越王山二人各跨一虎陟峰巒而去今紫極宮有寫韻軒

孔莊葉三女仙

按紹興府志孔莊葉三女仙上虞人天寶間往武彝學道棲天柱峰下一日遇太姥元君授以丹訣令往東南尋雲虛洞煉之至君峯果得仙洞遂作丹焉宋治平間有江公者至山中得一小徑深入忽有洞題曰雲虛之洞三仙女在焉仙童引入見款以胡麻飯江辭歸女語其詳比至家已三載矣

譚宜

按仙傳拾遺譚宜者陵州民叔皮子也開元末年生生而有異墮地能言數歲之中身逾六尺鬚鬢風骨不與常兒同不飲不食行及奔馬二十餘歲忽失所在遠近異之以爲神人也至是父母思念鄉里追立廟以祀之大曆元年丙午忽然還家卽霞冠羽衣眞仙流也白父母曰兒爲仙官不當久在人世雖父母憶念又不宜作此祠廟恐物所憑妄作威福以害於人請爲毀之廟基之下昔藏黃金甚多撤廟之後鑿地取金可以分濟貧民散遺鄉里矣言訖騰空而去如其言毀廟掘地皆得金

焉所掘之處靈泉湧出澄澈異常積雨不加至旱不減郡邑禱祝必有靈應因名譚子池亦謂之天池進士周郭瀚爲詩以記其事曰澄水一百步世名譚子池余詣陵陽叟此池當因誰父老謂余說本郡譚叔皮開元末年中生子字阿宜墜地便能語九歲多鬚眉不飲亦不食未嘗言渴饑十五能行走快馬不能追二十入山林一去無還期父母憶念深鄉閭爲立祠大曆元年春此兒忽來歸頭冠簪鳳凰身著霓裳衣普遍拯疲俗丁寧告親知余爲神仙官下界不可祈恐爲妖魅假不如早平夷此有黃金藏鎮在茲廟基發掘散生聚可以救貧羸金出繼靈泉湛若清瑠璃泓澄表符瑞水旱無竭時言訖辭沖虛杳靄上元微凡情留不得攀望衆號悲尋稟神傯誠徹廟廡開窺果獲無窮寶均融沾困危巨源出嶺頂噴湧世間稀異境流千古終年福四維

顏眞卿

按唐書本傳顏眞卿字清臣祕書監師古五世從孫少孤母殷躬加訓導既長博學工辭章事親孝開元中舉進士又擢制科調醴泉尉再遷監察御史使河隴時五原有冤獄久不決天且旱眞卿辨獄而雨郡人呼御史雨復使河東劾奏朔方令鄭延祚母死不葬三十年有詔終身不齒聞者聳然

遷殿中侍御史時御史吉溫以私怨構中丞宋渾謫賀州眞卿曰奈何以一時忿欲危宋璟後乎宰相楊國忠惡之諷中丞蔣冽奏爲東都採訪判官再轉武部員外郎國忠終欲去之乃出爲平原太守安祿山逆狀牙孽眞卿度必反陽託霖雨增陴濬隍料才壯儲廥廩日與賓客泛舟飲酒以紓祿山之疑果以爲書生不虞也祿山反河朔盡陷獨平原城守具備使司兵參軍李平馳奏元宗始聞亂嘆曰河北二十四郡無一忠臣邪及平至帝大喜謂左右曰朕不識眞卿何如人所爲乃若此時平原有靜塞兵三千乃益募士得萬人遣錄事參軍李擇交統之以刁萬歲和琳徐浩馬相如高抗朗等爲將分總部伍大饗士城西門慷慨泣下衆感勵饒陽太守盧全誠濟南太守李隨清河長史王懷忠景城司馬李暐鄴郡太守王燾各以衆歸有詔北海太守賀蘭進明率精銳五千濟河爲助賊破東都遣段子光傳李憕盧奕蔣清首徇河北眞卿畏衆懼紿諸將曰吾素識憕等其首皆非是乃斬子光藏三首他日結芻續體斂而祭爲位哭之是時從父兄杲卿爲常山太守斬賊將李欽湊等清土門十七郡同日自歸推眞卿爲盟主兵二十萬絕燕趙詔卽拜戶部侍郎佐李光弼討賊眞卿以李暉自副而用李銑賈載沈震爲判官俄加河北招討採訪使清河太守使郡人李崿來乞師

崿曰聞公首奮裾唱大順河朔恃公爲金城清河西鄰也有江淮租布備北軍號天下北庫計其積足以三平原之有士卒可以二平原之衆公因而撫有以爲腹心他城運之如臂之指耳眞卿爲出兵六千謂曰吾兵已出子將何以教我崿曰朝家使程千里統衆十萬自太行而東將出崞口限賊不得前公若先伐魏郡斬賊守袁知泰以勁兵披崞口出官師使討鄴幽陵平原清河合十萬衆徇洛陽分犀銳制其衝公堅壁勿與戰不數十日賊必潰相圖死眞卿然之乃檄清河等郡遣大將李擇交副將范冬馥和琳徐浩與清河博平士五千屯堂邑袁知泰遣將白嗣深乙舒蒙等兵二萬拒戰賊敗斬首萬級知泰走汲郡史思明圍饒陽遣游奕兵絕平原救軍眞卿懼不敵以書招賀蘭進明以河北招討使讓之進明敗於信都會平盧將劉正臣以漁陽歸眞卿欲堅其意遣賈載越海遺軍資十餘萬以子頗爲質頗甫十歲軍中固請留之不從肅宗已卽位靈武眞卿數遣使以臘丸裹書陳事拜工部尙書兼御史大夫復爲河北招討使時軍費困竭李崿勸眞卿收景城鹽使諸郡相輸用度遂不乏第五琦方參進明軍後得其法以行軍用饒雄祿山乘虛遣思明尹子奇急攻河北諸郡復陷獨平原博平清河固守然人心危不復振眞卿謀於衆曰賊銳甚不可抗若委命辱國非

計也不如徑赴行在朝廷若誅敗軍罪吾死不恨至德元載十月棄郡度河間關至鳳翔謁帝詔授憲部尙書遷御史大夫方朝廷草昧不暇給而眞卿繩治如平日武部侍郎崔漪諫議大夫李何忌皆被劾斥降廣平王總兵二十萬平長安辭日當闕不敢乘趨出棨戟乃乘王府都虞候管崇嗣先王而騎眞卿劾之帝還奏慰答曰朕子每出諄諄教誡故不敢失崇嗣老而躄卿姑容之百官肅然兩京復帝遣左司郎中李選告宗廟祝署嗣皇帝眞卿謂禮儀使崔器曰上皇在蜀可乎器遽奏改之帝以爲達識又建言春秋新宮災魯成公三日哭今太廟爲賊毀請築壇於野皇帝東向哭然後遣使不從宰相厭其言出爲馮翊太守轉蒲州刺史封丹陽縣子爲御史唐旻誣劾貶饒州刺史乾元二年拜浙西節度使劉展將反眞卿豫飭戰備都統李峘以爲生事非短眞卿因召爲刑部侍郎展卒舉兵度淮而峘奔江西李輔國遷上皇西宮眞卿率百官問起居輔國惡之貶蓬州長史代宗立起爲利州刺史不拜再遷吏部侍郎除荆南節度使未行改尙書右丞帝自陝還眞卿請先謁陵廟而卽宮宰相元載以爲迂眞卿怒曰用捨在公言者何罪然朝廷事豈堪公再破壞邪載銜之俄以檢校刑部尙書爲朔方行營宣慰使未行留知省事更封魯郡公時載多引私黨畏羣臣論奏乃

給帝曰羣臣奏事多挾讒毀請每論事皆先白長官長官以白宰相宰相詳可否以聞眞卿上疏曰諸司長官者達官也皆得專達於天子郎官御史陛下腹心耳目之臣也故出使天下事無細大得失皆俾訪察還以聞此古明四目達四聰也今陛下欲自屏耳目使不聰明則天下何望焉詩曰營營青蠅止於棘讒言罔極交亂四國以其能變白爲黑變黑爲白也詩人疾之故曰取彼讒人投畀豺虎豺虎不食投畀有北昔夏之伯明楚之無極漢之江充皆讒人也陛下惡之宜矣胡不回神省察其言虛誣則讒人也宜誅殛之其言不誣則正人也宜獎勵之捨此不爲使衆人謂陛下不能省察而倦聽覽以是爲辭臣竊惜之昔太宗勤勞庶政其司門式曰無門籍者有急奏令監司與仗家引對不得關礙防壅蔽也置立仗馬二須乘者聽此其平治天下也天寶後李林甫得君羣臣不先咨宰相輙奏事者託以他故中傷之猶不敢明約百司使先關白時閹人袁思藝日宣詔至中書天子動靜必告林甫林甫得以先意奏請帝驚喜若神故權寵日甚道路以目上意不下宣下情不上達此權臣蔽主不遵太宗之法也陵夷至于今天下之敝皆萃陛下其所從來漸矣自艱難之初百姓倘未凋竭太平之治猶可致而李輔國當權宰相用事遞爲姑息開三司誅反側使餘賊潰將北

走党項褒嘯不遑更相驚恐思明危懼相挺而反東都陷沒先帝由是憂勤損壽臣每思之痛貫心骨今天下瘡痏未平干戈日滋陛下豈得不博聞讜言以廣視聽而塞絕忠諫乎陛下在陝時奏事者不限貴賤羣臣以為太宗之治可跂而待且君子難進易退朝廷開不諱之路猶恐不言況懷厭危令宰相宣進止御史臺作條目不得直進從此人不奏事矣陛下聞見止於數人耳目天下之士方鉗口結舌陛下便為無事可論豈知懼而不敢進即林甫國忠復起矣臣謂今日之事曠古未有雖林甫國忠猶不敢公為之陛下不早覺悟漸成孤立後悔無及矣於是中人等騰布中外後攝事太廟言祭器不飭載以為誹謗貶峽州別駕改吉州司馬遷撫湖二州刺史載誅楊綰薦之擢刑部尙書進吏部帝崩以為禮儀使因奏列聖謚繁請從初議為定袁傪固排之罷不報時喪亂後典法湮放眞卿雖博識今古屢建議釐正為權臣沮抑多中格云楊炎當國以直不容換太子少師然猶領使及盧杞益不喜改太子太師幷使罷之數遣人問方鎭所便將出之眞卿往見杞辭曰先中丞傳首平原面流血吾不敢以衣拭親舌舐之公忍不見容乎杞矍然下拜而銜恨切骨李希烈陷汝州杞乃建遣眞卿四方所信若往諭之可不勞師而定詔可公卿皆失色李勉以為失一元老貽朝

廷羞密表固留至河南河南尹鄭叔則以希烈反狀明勸不行答曰君命可避乎既見希烈宣詔旨希烈養子千餘拔刃爭進諸將皆慢罵將食之眞卿色不變希烈以身扞麾其衆退乃就館逼使上疏雪己眞卿不從乃詐遣眞卿兄子峴與從吏數輩繼請德宗不報眞卿每與諸子書但戒嚴奉家廟恤諸孤訖無他語希烈遣李元平說之眞卿叱曰爾受國委任不能致命顧吾無兵戮汝尚說我邪希烈大會其黨召眞卿使倡優斥侮朝廷眞卿怒曰公人臣奈何如是拂衣去希烈大慚時朱滔王武俊田悅李納使者皆在座謂希烈曰聞太師名德久矣公欲建大號而太師至求宰相孰先太師者眞卿叱曰若等聞顏常山否吾兄也祿山反首舉義師後雖被執詬賊不絕於口吾年且八十官太師吾守吾節死而後已豈受若等脅邪諸賊失色希烈乃拘眞卿守以甲士掘方丈坎於庭傳將阬之眞卿見希烈曰死生分矣何多爲張伯儀敗希烈令齎旌節首級示眞卿眞卿慟哭投地會其黨周曾康秀林等謀襲希烈奉眞卿爲帥事洩曾死乃拘送眞卿蔡州眞卿度必死乃作遺表墓誌祭文指寢室西壁下曰此吾殯所也希烈僭稱帝使問儀式對曰老夫耄矣曾掌國禮所記諸侯朝覲耳興元後王師復振賊慮變遣將辛景臻安華至其所積薪於庭曰不能屈節當焚死眞卿起

赴火景臻等遽止之希烈弟希倩坐朱泚誅希烈因發怒使閹奴等害眞卿曰有詔眞卿再拜奴曰宜賜卿死曰老臣無狀罪當死然使人何日自長安來奴曰從大梁來罵曰乃逆賊耳何詔云遂縊殺之年七十六嗣曹王皐聞之泣下三軍皆慟因表其大節淮蔡平子頵碩護喪還帝廢朝五日贈司徒謚文忠賻布帛米粟加等眞卿立朝正色剛而有禮非公言直道不萌於心天下不以姓名稱而獨曰魯公如李正己田神功董秦侯希逸王元志等皆眞卿始招起之後皆有功善正草書筆力遒婉世寶傳之貞元六年赦書授頵五品正員官開成初又以曾孫弘式爲同州參軍　按博物志眞卿爲盧杞所陷令單車問罪於李希烈上遣促裝東邁內外知公不還矣親族相餞於長樂坡公謂諸姻族曰吾早典郡於江南曾與道士陶八八授與一刀圭碧霞丹令服之自後體健至今不衰謂我七十上有厄如有卽吉他日待我於羅浮山得非今日之厄乎公至汜水忽逢陶笑謂公曰吉吉遂指嵩山而去公至汴州希烈僭號使人害於近郊及希烈敗詔得歸葬偃師北山後有商人至羅浮忽見兩道人樹下圍棊一道士謂商人曰子何人對曰洛陽人道士笑曰奉寄一書達吾家立札一封題寄偃師北山顏家商人至偃師詢所居卽塋莊也守塚老蒼頭得書大驚曰老太師親

翰也因以藏於室子孫選吉日發塚開棺即已空矣於是子孫竟往羅浮求之竟無跡　按續仙傳顏眞卿字淸臣瑯琊臨沂人也北齊黃門侍郎之推五代孫幼而勤學舉進士累登甲科眞卿年十八九時臥疾百餘日醫不能愈有道士過其家自稱北山君出丹砂粟許救之頃刻即愈謂之曰子有淸簡之名已誌金臺可以度世上補仙官不宜自沉於名宦之海若不能擺脫塵網去世之日可以爾之形鍊神陰景然後得道也復以丹一粒授之戒之曰抗節輔主勤儉致身百年外吾期爾於伊洛之間矣眞卿亦自負才器將俟大用而吟閱之暇常留心仙道旣中科第四命爲監察御史後累官至太子太師爲盧杞所排身殁於賊天下冤之別傳云眞卿將死解金帶以遺使者曰吾嘗修道以形全爲先吾死之後但割吾支節血爲吾吭血以紿之則吾死無所恨矣縊者如其言旣死復收瘞之賊平眞卿家還喪上京啟殯視之棺朽敗而尸形儼然肌肉如生手足柔軟髭髮靑黑握拳不開爪透手背遠近驚異焉行及中路旅櫬漸輕後達葬所空棺而已別傳又云眞卿將往蔡州謂其子曰吾與元載俱服上藥彼爲酒色所敗故不及吾此去蔡州必爲逆賊所害爾後可迎吾喪於華陰開棺視之必異於衆及是開棺果覩其異道士邢和璞曰此謂形仙者也雖藏於鐵石之中

鍊形數滿自當擘裂飛去矣其後十餘年顏氏之家自雍遣家僕往鄭州徵莊租迴及洛京此僕偶到同德寺見曾公衣長白衫張蓋在佛殿上坐此僕遽欲近前拜之公遂轉身去仰觀佛壁亦左右隨之終不令僕見其面乃下佛殿出寺去僕亦步隨之徑歸城東北隅荒菜園中有兩間破屋門上懸箔子公便揭箔而入僕遂隔箔子唱喏公曰何人僕對以名公曰入來僕既入拜輒擬哭公遽止之遂略問一二兒姪了公探懷中取金十兩付僕以救家費仍遣速去歸勿與人說後家內闕即再來僕還雍其家大驚貨其金乃眞金也顏氏子便市鞍馬與向僕疾來省覲復至前處但滿眼榛蕪一無所有時人皆稱曾公尸解得道焉

元眞子

按續仙傳元眞子姓張名志和會稽山陰人也博學能文擢進士第善書飲酒三斗不醉守眞養氣臥雪不寒入水不濡天下山水皆所遊覽魯國公顏眞卿與之友善眞卿爲湖州刺史與門客會飲乃唱和爲漁父詞其首唱卽志和之詞曰西塞山邊白鳥飛桃花流水鱖魚肥青箬笠綠蓑衣斜風細雨不須歸眞卿與陸鴻漸徐士衡李成矩共和二十五首遞相誇賞而志和命丹青剪素寫景天

詞須臾成五木花木禽魚山水景像奇絕蹤跡今古無倫而眞卿與諸賓客傳翫嘆服不已其後眞卿東遊平望驛志和酒酣爲水戲鋪席於水上獨坐飲酌嘯吟其席來去遲速如刺舟聲復有雲鶴隨覆其上眞卿親賓參佐觀者莫不驚異尋於水上揮手以謝眞卿上昇而去今猶有寶傳其畫在人間者

僕僕先生

按太平廣記僕僕先生不知何許人也自云姓僕名僕莫知其所由來家於光州樂安縣黃土山凡三十餘年精思餌杏丹衣服飲食如常人賣藥爲業開元三年前無棣縣令王滔寓居黃土山下先生過之滔命男弁爲主善待之先生因授以杏丹術時弁舅吳明珪爲光州別駕弁在珪舍頃之先生乘雲而度人吏數萬皆覩之弁乃仰告曰先生教弁丹術未成奈何捨我而去時先生乘雲而度已十五過矣人莫測及弁與言觀者皆愕或以告刺史李休光休光召明珪而詰之曰子之甥乃與妖者友子當執其咎因令弁往召之弁至舍而先生至具以狀白先生曰余道者不欲與官人相遇弁曰彼致禮便當化之如妄動失節當威之使心伏於道不亦可乎先生曰善乃詣休光府休光踞

見且詬曰若仙當遂往矣今去而復來妖也先生曰麻姑蔡經王方平孔申二茅之屬問道於余余說之未畢故止非他也休光愈怒叱左右執之龍虎見於側先生乘之而去去地丈餘元雲四合斯須雷電大至碎庭槐十餘株府舍皆震壞觀者無不奔潰休光懼而走失頭巾直吏收頭巾引妻子跣出府因徙宅焉休光以狀聞元宗乃詔改樂安縣為僊居縣就先生所居舍置僊堂觀以黃土村為僊堂村縣尉嚴正誨護營築焉度王弁為觀主兼諫議大夫號通真先生弁因餌杏丹却老至天曆十四年凡六十六歲而狀可四十餘筋力稱是其後果州女子謝自然白日上昇當自然學道時神仙頻降有姓崔者亦云名崔有姓杜者亦云名杜其諸姓亦爾則與僕僕先生姓名相類矣無乃神僊降於人間不欲以姓名行於時俗乎後有人於義陽郊行者日暮不達前村忽見道傍草舍因往投宿室中惟一老人問客所以答曰天陰日短至此昏黑欲求一宿老人云宿即不妨但無食耳久之客苦饑甚老人與藥數丸食之便飽既明辭去及其還也忽見老人乘五色雲去地數十丈客便遽禮望之漸遠客至安陸多為人說之縣官以為惑眾繫而詰之客曰實見神僊然無以自免乃向空祝曰僊公何事見今受不測之罪言訖有五色雲自北方來老人在雲中坐客方見釋縣官再

拜問其姓氏老人曰僕僕野人也有何名姓州司畫圖奏聞勅令於草屋之所立僕僕先生廟今見在焉

崔生

按逸史進士崔偉嘗遊青城山乘驢歇鞍收放無僕使驢走趂不及約行二十餘里至一洞口已昏黑驢復走入崔生畏懼兼困遂寢及曉覺洞中微明遂入去又十里出洞門望見草樹巖巒悉非人間所有金城絳闕被甲者數百見生呵問答曰塵俗賤士願謁僊翁守吏趨報頃久召見一人居玉殿披羽衣身可長丈餘鬢髮皓素侍女滿側皆有所執延生上殿與語甚喜留宿酒饌備極珍豐明日謂生曰此非人世乃僊府也驢走益遠予之奉邀某惟一女願事君子此亦冥數前定不可免也生拜謝顧左右令將青合來取藥兩丸與生服訖覺臟腑清瑩逡巡摩搔皮若蟬蛻視鏡如嬰孩之貌至夕有霓旌羽蓋僊樂步虛與妻相見眞人空際皆以崔郎爲戲每朔望僊伯乘鶴上朝蘂宮云某階品尙卑未得在天眞之列必與崔生別翩翩於雲漢之內歲餘嬉遊佚樂無所比因問曰某血屬要與一訣非有戀著也請略暫回僊翁曰不得淹留譴罪極大與符一道云恐遭禍患此可隱形

然慎不得遊宮禁中臨別更與符一道云甚急即開却令取所乘驢付之到京都試往人家皆不見便入苑囿大內會劍南進太眞妃生日錦繡乃竊其尤者以獻上曰晝日賊無計至此乃召羅公遠作法訖持朱書照之寢殿戶外果得生具本末上不信令笞死忽記僊翁臨行之符遽發公遠與捉者皆僵仆良久能起即啟元宗曰此已帰上界殺之必不得假使得之臣輩便受禍亦非國家之福元宗乃釋之親召與語曰汝莫妄言遂令百人具兵仗同衛士相送且覘其故却至洞口復見金城絳闕僊伯嚴侍衛出門呼曰崔郎不記吾言幾至顛躓崔生拜訖將前送者亦欲隨至僊翁以杖畫成澗深闊各數丈令召崔生妻至擲一領巾過作五色綵橋生登隨步即滅既度崔生回首曰即如此可以歸矣須臾雲霧四起咫尺不見唯聞鸞鶴笙歌之聲半日方散遙望惟空山而已不復有物也

丁實

按疑僊傳丁實者多遊洛陽自稱嵩山隱人白髮如絲而貌若桃花色或問之曰君應百歲也何時隱嵩山實曰我本秦始皇時儒士也李斯勸始皇坑儒焚書以愚黔首我即逃入嵩山遇一老叟謂

我曰可令爾長生因授我一丸藥我吞之至於今雖髮白而容顏不變故不記多少歲也亦嘗識漢武時東方朔也方朔是僊家一小兒性顛狂僊家惡之令出於人世我嘗拜王母王母有是言我故訪方朔以問方朔亦笑而不諱我亦識劉晨阮肇之輩此皆俗人耳偶然悞入桃源洞終亦有俗心故不得僊也爾後好僊者多白日昇天者少復曰我亦本非神僊故尙浮沈人世或又問曰君既得靈丹何不爲僊也寶曰我雖得長生之道而且不得乘虛御氣之道固不能昇僊也寶每歲至春和卽必至洛陽城如此數十人皆識焉祿山將起兵寶謂人曰我又須逃胡與儒異也言訖而去不復至人皆疑是地僊耳

楊通幽

按仙傳拾遺楊通幽本名什伍廣漢什邡人幼遇道士教以檄召之術受三皇天文役命鬼神無不立應驅毒癘剪氛邪禳水旱致風雨是皆能之而木訥疎傲不拘於俗其術數變異遠近稱之元宗幸蜀自馬嵬之後屬念貴妃往往輟食忘寐近侍之臣密令求訪方士冀少安聖慮或云楊什伍有考召之法徵至行朝上問其事對曰雖天上地下冥漠之中鬼神之內皆可歷而求之上大悅於內

置塲以行其術是夕奏曰已於九地之下鬼神之中遍加搜訪不知其所上曰妃子當不墜於鬼神之伍矣二日夜又奏曰九天之上星辰日月之間虛空杳冥之際亦遍尋訪而不知其處上悄然不懌曰未歸天復何之矣炷香冥祝彌加懇至三日夜又奏曰於人寰之中山川嶽瀆祠廟之內十洲三島江海之間亦遍求訪莫知其所後於東海之上蓬萊之頂南宮西廡有羣僊所居上元女僊太眞者卽貴妃也謂什伍曰我太上侍女隸上元宮聖上太陽朱宮眞人偶以宿緣世念其願頗重聖上降居於世我謫於人間以爲侍衛耳此後一紀自當相見願善保聖體無復意念也乃取開元中所賜金釵鈿合各半玉龜子一寄以爲信曰聖上見此自當醒憶矣言訖流涕而別什伍以此物進之上潸然良久乃曰師昇天入地通幽達冥眞得道神仙之士也手筆賜名通幽賜物千段金銀各千兩良田五千畝紫霞帔白玉簡特加禮異暇日問其所受之道曰臣師乃西城王君青城眞人昔於後城山中教以召命之術曰可以輔贊太平之君然後方得飛昇之道戒以護氣希言目不妄視絕聲利遠囂塵則可以淩三界登太淸矣又問昇天入地何門而往何所爲礙曰得道之人入火不爇入水不濡蹈虛如履實觸實如蹈虛所以然者形與道合道無不在毫芒之細萬物之衆道皆居

之上善其對屋數載乃登後城山葺靜室於其頂時還其家門人言天眞累降於靜室一旦與羣眞俱去

李元

按疑仙傳明皇時李元者常遊華山下唯採諸藥食之性復好酒山下人多以酒飲之忽一日騎一白鹿舉手謂山下人曰我今去遊天台有老叟三人遮道欲留之乃問之曰君方與山下之人相親又何遽別元曰老叟韙殊不知相親必離也我今不敢背時而故離耳老叟曰君方食華山之藥又遊天台何所食也元曰我在華山卽食華山之藥在天台卽食天台之藥也老叟知不可留遂命之藉草酌濃醪以叙別元臨岐而留藥三丸與老叟三人謂曰當速食之乃上白鹿而去莫不知所之後二老叟卽食其藥一老叟不食之經數月果死其二老叟後皆一百五十歲方卒故人皆疑李元是仙矣

王十八

按逸史唐宰相劉晏少好道術精懇不倦而無所遇常聞異人多在市肆間以其喧雜可混跡也後

遊長安遂至一藥鋪偶聞云常有三四老人紗帽拄杖來取酒飲訖而去或兼覓藥看亦不多賓其亦非凡俗者劉公曰早晚當至曰明日合來劉公平旦往少頃果有道流三人到引滿飲酒談謔極歡旁若無人良久曰世間還有得似我輩否一人曰王十八遂去自後每憶之不可尋求及作刺史往南中過衡山縣時春初風景和暖吃冷淘一盤香菜茵陳之類甚爲芳潔劉公異之告郵吏曰側近莫有衣冠居否此菜何所得答曰縣有官園子王十八能種所以館中常有此蔬菜劉公忽驚記所遇道者之說乃曰園近遠行去得否曰即館後遂往見王十八衣犢鼻灌畦狀貌山野望劉公趨拜戰栗漸與語問其鄉里家屬曰蓬飄不省亦無親族劉公疑異之命坐索酒與飲固不肯却歸舘乃詣縣自請同往南中縣令都不喻當時發遣王十八亦不甚拒破衣草履登舟而行劉公漸與之熟令妻子見拜之同坐茶飯形容衣服日益穢敝家人並竊惡之夫人曰豈茲有異何爲如此劉公不懈去所詣數百里患痢朝夕困極舟船窄隘不離劉公之所左右掩鼻罷食不勝其苦劉公都無厭怠之色但憂慘而已勸就湯粥數日遂斃劉公嗟嘆涕泣送終之禮無不精備乃葬於路隅後一年官替歸朝至衡山縣令郊迎既坐曰使君所將園子去尋却回乃應是不堪驅使劉公驚問何時

歸曰後月餘日即歸云奉處分放回劉公大駭當時步至園中茅屋雖存都無所覩鄰人云王十八昨暮去矣劉公怨恨加甚向屋再拜泣涕而返寄其到縣之日乃途中疾卒之辰也遣人往發其墓空存衣服而已數月至京城官居朝列偶得重疾將至屬纊家人妻子圍視號呼俄聞叩門甚急闇者走呼曰有人稱王十八令報一家皆歡躍迎拜王十八微笑而入其臥所劉公疾已不知人久矣乃盡令去障蔽等及湯藥自於腰間取一葫蘆開之瀉出藥三丸如小豆大用葦筩引水半甌灌而搖之少頃腹中如雷鳴逡巡開眼蹶然而起都不似先有疾狀夫人曰王十八在此劉公涕泗交下牽衣再拜若不勝情妻女及僕徒並泣王十八悽然曰奉酬薄情故來相救此藥一丸可延十歲至期某卻來自取啜茶一椀而去劉公固請少淹留不可又欲與之金帛復大笑後劉公拜相兼領鹽鐵坐事貶忠州三十年矣一旦有疾王十八復來曰要見相公劉公感歎頗極延入閤中又懇求王十八曰所疾即愈且還其藥遂以鹽一兩投水令飲飲訖大吐吐中有藥三丸顏色與三十年前服者無異王十八索香湯洗之劉公堂姪侍疾在側遂攫其二丸吞之王十八熟視笑曰汝有道氣我固知為汝掠也趨出而去不復言別劉公葬瘞復數月有詔至乃卒

魏方進弟

按逸史唐御史大夫魏方進有弟年十五餘不能言涕沫滿身兄弟親戚皆目爲癡人無爲卹養者唯一姊憫憐之給與衣食令僕者與洗沐略無倦色一旦於門外曝日搔痒其鄰里見朱衣使者領數十騎至問曰仙師何在遂走到見搔痒者鞠躬趨前俯伏稱謝良久忽高聲叱曰來何遲勾當事了未曰有次第又曰何不速了却且去神彩洞徹聲韻朗暢都無癡疾之狀朱衣輩既去依前涕下至口搔痒不已其夜遂卒魏公等雖驚其事而不異其人遂隨事瘞埋唯姊悲慟有加潛具葬禮至小殮之日乃以一黃繡披襖子平日所惜者密置棺中後魏公從駕至馬嵬其姊亦隨去禁兵亂誅楊國忠魏公親也與其族悉預禍焉時其姊偶出在店外閒難走遺其男女三人皆五六歲已分爲葅醢矣及明早軍發試往店內轉之僵屍相接東北稍深一牀上若有衣服就視之兒女三人悉在其中所覆乃是葬癡弟黃繡襖子也悲感慟哭母子相與入山俱免於難

汪子華

按衡嶽志汪子華蔡州汝陽人七八歲通經義十三歲知天文地理之學開元中屢舉不第棄去與

顏眞卿同學長生術祿山亂棄家南游愛南嶽之勝結廬祝融峯下修道九年不出世傳仙去

卷終

神仙部列傳二十二

唐五　李泌

按唐書本傳泌字長源魏八柱國弼六世孫徙居京兆七歲知爲文元宗開元十六年悉召能言佛道孔子者相答難禁中有眞僞者九歲升堂詞辨注射坐人皆屈帝異之曰半千孫固當然因問童子豈有類若者俶跪奏臣舅子李泌帝卽馳召之泌旣至帝方與燕國公張說觀弈因使說試其能說請賦方圓動靜泌逡巡曰願聞其略說因曰方若棋局圓若棋子動若棋生靜若棋死泌卽答曰方若行義圓若用智動若騁材靜若得意說因賀帝得奇童帝大悅曰是子精神要大於身賜束帛敕其家曰善視養之張九齡尤所獎愛常引至臥內九齡與嚴挺之蕭誠善挺之惡誠佞勸九齡謝絕之九齡忽獨念曰嚴太苦勁然蕭軟美可喜方命左右召蕭泌在旁帥爾曰公起布衣以直道至宰相而喜軟美者乎九齡驚改容謝之因呼小友及長博學善治易常游嵩華終南間慕神仙不死術天寶中詣闕獻復明堂九鼎議帝憐其早慧召講老子有法得待詔翰林仍供奉東宮皇太子遇

之厚嘗賦詩譏誚楊國忠安祿山等國忠疾之詔斥置蘄春郡肅宗卽位靈武物色求訪會泌亦自至已謁見陳天下所以成敗事帝悅欲授以官固辭願以客從入議國事出陪輿輦衆指曰著黃者聖人著白者山人帝聞因賜金紫拜元帥廣平王行軍司馬帝嘗曰卿侍上皇中爲朕師今下判廣平行軍朕父子資卿道義云始軍中謀帥皆屬建寧王泌密白帝曰建寧王誠賢然廣平冢嗣有君人量豈使爲吳泰伯乎帝曰廣平爲太子何假元帥泌曰使元帥有功陛下不以爲儲副得邪太子從曰撫軍守曰監國今元帥乃撫軍也帝從之初帝在東宮李林甫數搆譖勢危甚及卽位怨之欲掘冢焚骨泌以天子而念宿嫌示天下不廣使脅從之徒得釋言於賊帝不悅曰往事卿忘之乎對曰臣念不在此上皇有天下五十年一旦失意南方氣候惡且春秋高聞陛下錄故怨將內慚不懌萬有一感疾是陛下以天下之廣不能安親也帝感悟抱泌頸以泣曰朕不及此因從容問破賊期對曰賊掠金帛子女悉送范陽有苟得心渠能定中國邪華人爲之用者獨周摯高尙等數人餘皆脅制偷合至天下大計非所知也不出二年無寇矣陛下無欲速夫王者之師當務萬全圖久安使無後害今詔李光弼守太原出井陘郭子儀取馮翊入河東則史思明張忠志不敢離范陽常山安

守忠田乾眞不敢離長安是以三地禁其四將也隨祿山者獨阿史那承慶耳使子儀毋取華令賊得通關中則北守范陽西救長安奔命數千里其精卒勁騎不逾年而斃我常以逸待勞來避其鋒去剪其疲以所徵之兵會扶風與太原朔方軍互擊之徐命建寧王爲范陽節度大使北並塞與光弼相犄角以取范陽賊失巢窟當死河南諸將手帝然之會西方兵大集帝欲速得長安曰今戰必勝攻必取何暇千里先事范陽乎泌曰必得兩京則賊再彊我再困且我所恃者磧西突騎西北諸戎耳若先取京師期必在春關東早熱馬且病士皆思歸不可以戰賊得休士養徒必復來南此危道也帝不聽二京平帝奉迎上皇自請歸東宮以遂子道泌曰上皇不來矣人臣尚七十而傳況欲勞上皇以天下事乎帝曰奈何泌乃爲羣臣通奏具言天子思戀晨昏請促還以就孝養上皇得初奏答曰當與我劍南一道自奉不復東矣帝憂及再奏至喜曰吾方得爲天子父遂下誥戒行宮闕李輔國以泌親信疾之泌畏禍願隱衡山有詔給三品祿賜隱士服爲治室廬泌嘗取松樛枝以隱背名曰養和後得如龍形者因以獻帝四方爭效之代宗立召至舍蓬萊殿書閣初泌無妻不食肉帝乃賜光福里第彊詔食肉爲娶朔方故留後李暐甥昏日敕北軍供帳元載惡不附己因江西

觀察使魏少游請僚佐載稱泌才以試祕書少監充判官載誅帝召還復爲常袞所忌出爲楚州刺史辭不行帝亦留之會澧州闕袞盛言南方凋瘵請輟泌治之乃授澧朗峽團練使徙杭州刺史皆有風績德宗在奉天召赴行在授左散騎常侍時李懷光叛歲又蝗旱議者欲赦懷光帝博問羣臣泌破一桐葉附使以進曰陛下與懷光君臣之分不可復合如此葉矣由是不赦始朱泚亂帝約吐蕃赴援賂以安西北庭既而渾瑊與賊戰咸陽泚大敗吐蕃以師追北不甚力因大掠武功而歸京師平來請如約帝業許欲遂與之泌曰安西北庭控制西域五十七國及十姓突厥皆捍兵處以分吐蕃勢使不得併兵東侵今與其地則關中危矣且吐蕃向持兩端不戰又掠我武功乃賊也奈何與之遂止貞元元年拜陝虢觀察使泌始鑿山開車道至三門以便饟漕以勞進檢校禮部尚書淮西兵防秋屯鄜州已而四千人亡歸或曰吳少誠密招之既入境泌邀險悉擊殺之三年拜中書侍中同中書門下平章事累封鄴縣侯初張延賞減天下吏員人情愀怨至流離死道路者泌請復之帝未從因問今戶口減承平時幾何曰三之二帝曰人既凋耗員何可復泌曰不然戶口雖耗而事多承平十倍陛下欲省州縣則可而吏員不可減今州或參軍署務縣佐史判案所謂省官者去其

冗員非常員也帝曰若何為冗員對曰州參軍無職事及兼試內官考額兼試自至德以來有之比正員三之一可悉罷帝乃許復吏員而罷冗官泌又條奏中朝官常侍賓客十員其六員可能左右贊善三十員其二十員可罷如舊制諸王未出閤官屬皆不除而所收科奉乃多於減員矣帝悅是時州刺史月奉至千緡方鎮所取無藝而京官祿寡薄自方鎮入八座至謂罷權薛邕由左丞貶歙州刺史家人恨降之晚崔祐甫任吏部員外求為洪州別駕使府賓佐有所忤者薦為郎官其當遷臺閣者皆以不赴取罪去泌以為外太重內太輕乃請隨官閑劇普增其奉時以為宜而竇參多沮亂其事不能悉如所請泌又白罷拾遺補闕帝雖不從然因是不除諫官唯用韓皐歸登泌因收其公廨錢令二人寓食中書舍人署凡三年始以皐綬梁肅為左右補闕太子妃蕭母郜國公主也坐蠱媚幽禁中帝怒責太子太子不知所對泌入帝數稱舒王賢泌揣帝有廢立意因曰陛下有一子而疑之乃欲立弟之子臣不敢以古事爭且十宅諸叔陛下奉之若何帝赫然曰卿何知舒王非朕子對曰陛下昔為臣言之陛下有嫡子以為疑弟之子敢自信於陛下乎帝曰卿違朕意不顧家族耶對曰臣衰老位宰相以諫而誅分也使太子廢他日陛下悔曰我惟一子殺之泌不吾諫吾亦殺

爾子則臣絕祀矣雖有兄弟子非所歆也卽噫嗚流涕因稱昔太宗詔太子不道藩王窺伺者兩廢之陛下疑東宮而稱舒王賢得無窺伺乎若太子得罪請亦廢之而立皇孫千秋萬歲後天下猶陛下子孫有也且郜國爲其女妒恚而蠱惑東宮豈可以妻母累太子乎執爭數十意益堅帝悟太子乃得安初興元後國用大屈封物皆三損二舊制堂封歲三千六百緡後總千二百至是帝使還舊封於是李晟馬燧渾瑊各食實封悉讓送泌泌不納時方鎭私獻於帝歲凡五十萬緡其後稍損至三十萬帝以用度乏問泌泌請天下供錢歲百萬給宮中勸不受私獻凡詔旨須索卽代兩稅則方鎭可以行法天下紓矣帝嘗從容言盧杞淸介敢言然少學不能廣朕以古道人皆指其姦而朕不覺也對曰陛下能覺杞之惡安致建中禍邪李揆和蕃顏眞卿使希烈其害舊德多矣又楊炎罪不至死杞擠陷之而相關播懷光立功逼使其叛此欺天也帝曰卿言誠有之然楊炎視朕如三尺童子有所論奏可則退不可則辭官非特杞惡之也且建中亂卿亦知桑道茂語乎乃命當然對曰夫命者已然之言主相造命不當言命言命則不復賞善罰惡矣桀曰我生不有命自天武王數紂曰謂己有天命君而言命則桀紂矣帝曰朕請不復言命俄加集賢殿崇文館大學士修國史泌建言

學士加大始中宗時及張說爲之固辭乃以學士知院事至崔圓復爲大學士亦引泌爲讓乃止帝以前世上巳九日皆大宴集而寒食多與上巳同時欲以三月名節自我爲古若何而可泌請廢正月晦以二月朔爲中和節因賜大臣戚里尺謂之裁度民間以青囊盛百穀瓜果種相問遺號爲獻生子里閭釀宜春酒以祭句芒神祈豐年百官進農書以示務本帝悅乃著令與上巳九日爲三令節中外皆賜緡錢燕會四年八月月蝕東壁泌曰東壁圖書府大臣當有憂者吾以宰相兼學士當之矣昔燕國公張說由是以亡又可免乎明年果卒年六十八贈太子太傅泌出入中禁事四君數爲權倖所疾常以智免好縱橫大言時時讜議能寤移人主然常持黃老鬼神說故爲人所譏切初肅宗重陰陽巫祝擢王璵執政大抵興造工役輒牽禁忌俗說而黎幹以左道位京兆尹常使禁工騈珠刺繡爲乘輿服舉焚之以爲禳禬德宗素不爲然及嗣位罷內道場除巫祝代宗將葬帝號送承天門而轀車行不中道問其故有司曰陛下本命在午故避之帝泣曰安有枉靈駕以謀身利命直午而行又宣政廊壞太卜言孟冬魁罡不可營繕帝曰春秋啟塞從時何魁罡爲敢詔葺之及桑道茂城奉天事驗始尙時日拘忌因進用泌泌亦自有所建明獨柳玭稱兩京復泌謀居多其功乃

大於曾連范蠡云　按鄴侯外傳李泌字長源趙郡中山人也六代祖弼唐太師父承休唐吳房
令休娶汝南周氏初周氏尚幼有異僧僧伽從泗上來見而奇之且曰此女後當歸李氏而生三子
其最小者慎勿以紫衣衣之當起家金紫爲帝王師及周氏旣娠凡三年方疑而生泌生而髮至於
眉先是周每產必累日困憊惟娩泌獨無恙由是小字爲順泌幼而聰敏書一覽能誦六七歲學屬
文當其爲兒童時身輕能於屛風上立熏籠上行道者云十五歲必白日昇天父母保惜親族憐愛
聞之皆若有甚厄也一旦空中有異香之氣及音樂之聲李氏之血屬必迎罵之至其年八月十五
日笙歌在室時有彩雲掛於庭樹李氏之親愛乃多貯蒜韲至數斛伺其異音奇香之至潛令人登
屋以巨杓颺濃蒜潑之香樂遂散自此更不復至後二年賦長歌行曰天覆吾地載吾天地生吾有
意無不然絕粒昇天衢不然鳴珂遊帝都焉能不貴復不去空作昂藏一丈夫一丈夫兮一丈夫平
生志氣遂良圖請君看取百年事業就一葉扁舟泛五湖詩成傳寫之者莫不稱賞張九齡見獨誡
之曰早得美名必有所折宜自韜晦斯盡善矣藏器於身古人所重況童子邪但當爲詩以賞風景
詠古賢勿自揚己爲妙泌泣謝之爾後爲文不復自言九齡尤喜其有心言前途不可量也又當以

直言規諷九齡感之遂呼為小友九齡出荊州邀至郡經年與遊東都別業遂遊衡山嵩山因遇神仙桐柏真人羨門子安期先生降之羽車幢節流雲神光照灼山谷將曙乃去仍授以長生羽化服餌之道且戒之曰太上有命以國祚中危朝廷多難宜以文武之道佐佑人主功及生靈然後可登真脫屣耳自是多絕粒咽氣修黃老谷神之要及歸京師盛王延於第玉真公主以弟呼之特加優異常賦詩必播於王公樂章及丁父艱絕食哀毀服闋復遊嵩華不顧名祿天寶十載元宗訪召入內獻明堂九鼎議應制作皇唐聖祚文多講道德經肅宗為太子敕與太子諸王為布衣之交尋為楊國忠所害以其所作感遇詩諷及時政擿而陷之詔於蘄春安置天寶十一載抖周亡歸家太子諸王皆使弔祭尋祿山陷潼關元宗肅宗分道巡狩泌常竊賦詩有興復志虢王巨為河洛節度使使人求泌於嵩山間會肅宗手札至虢王備車馬送至靈武肅宗延於臥內動靜顧問規畫大計遂復兩都泌與上寢則對榻出則聯鑣代宗時為廣平王領天下兵馬元帥詔授侍謀軍國天下兵馬元帥府行軍長史判行軍事仍於禁中安置崔圓房琯自蜀至冊肅宗為皇帝并賜泌手詔衣馬枕鞍等既立大功而幸臣李輔國害其能將不利之因表乞遊衡嶽優詔許之給以三品祿俸山居累

年夜爲寇所害投之深谷中及明亦攀緣他徑而出爲樵葉所藉略無所損初肅宗之在靈武也嘗憂諸將李郭等皆已爲三公宰相崇重既極慮收復後無以復爲賞也泌對曰前代爵以報功官以任能自堯舜以至三代皆所不易今收復後若功賞茅土不過二三百戶一小州豈難制乎肅宗曰甚善因曰若臣之所願則特與他人異肅宗曰何也泌曰臣絕粒無家祿位與茅土皆非所欲爲陛下帷幄運籌收京師後但枕天子膝睡一覺使有司奏客星犯帝座一動天文足矣肅宗大笑及南幸扶風每頓必令泌領元帥兵先發清行宮收管鑰奏報然後肅宗至至保定郡泌稍懈先於本院寐肅宗來入院不令人驚之登牀捧泌首置於膝良久方覺上曰天子膝已枕矣克復之功當在何時可促償之泌遽起謝恩肅宗持之不許因對曰是行也以臣觀之假九廟之靈乘一人之感當如郡名必保定矣既達扶風旬日而西域河隴之師皆會江淮庸調亦相繼而至肅宗大悅又肅宗嘗夜坐召潁王等三弟同於地爐罽毯上以泌多絕粒肅宗每爲自燒二梨以賜泌時潁王恃恩固求肅宗不與曰汝飽食肉先生絕粒何乃爭耶潁王曰臣等試大家心何乃偏耶不然三弟共乞一顆肅宗亦不許別命他果以賜之王等又曰臣等以大家自燒故乞他果何用因曰先生恩渥如此臣

等請聯句以為他年故事頴王曰先生年幾許顏色似童兒其次信王曰夜抱九仙骨朝披一品衣其次沐王曰不食千鍾粟惟餐兩顆梨既而三王請成之肅宗因曰天生此間氣助我化無為泌起謝肅宗又不許曰汝之居山也棲神幽林不交人事居內也密謀籌運動合元機社稷之鎮也泌恩渥隆異故元載輔國之輩嫉之若仇代宗即位累有頒賜中使旁午於道別號天柱峯中嶽先生賜朝天玉簡未幾徵入翰林元載奏以朝散大夫檢校祕書少監為江西觀察判官元載伏誅追入京師又為常袞所嫉除楚州刺史未行改豐朗二州團練使兼御史中丞又改授杭州所至稱理興元初徵赴行在遷左散騎常侍尋除陝府長史先陝號防禦使陳許戍卒三千自京師逃歸至陝州界泌潛師險隘盡破之又開三門陸運一十八里漕米無砥柱之患大濟京師二年六月就拜中書侍郎平章待制崇文館大學士修國史封鄴侯時順宗在春宮妃蕭氏母郜國長公主交通於外上疑其有他志連坐貶黜春宮數人皇儲危懼泌周旋陳奏德宗意乃解頗有讜正之風五年春德宗以二月一日為中和節泌奏令有司上農書獻穜稑之種王公戚里上春服士庶往來相問村落作中和酒祭勾芒神以祈年穀至今行之泌曠達敏辯好大言自出入禁中累為權臣所擠恆由召對以

言論縱橫上悟聖主以躋相位是歲三月薨贈太子太傅是月中使林遠於藍關逆旅遇泌單騎常服言皆往衡山話三朝之舊慘然久之而別遠到長安方聞其薨德宗聞之尤加愴異曰先生自言當歷佐四聖而復脫屣也斯言驗矣泌自丁家艱無復名宦之意服氣修道周遊名山詣南嶽張先生受籙德宗追謚張為元和先生又與明瓚禪師遊著明心論嘗於衡嶽寺讀書余嬾殘所識曰非凡人也聽其中宵梵唱響徹山林泌頗知音能辨休戚謂嬾殘經音先悽愴而後喜悅必謫墮之人時至將去矣候中夜潛往謁焉嬾殘命坐發火出芋以啗之謂泌曰慎勿多言領取十年宰相泌拜而退天寶八載在表兄鄭叔則家已絕粒多歲身輕能行屏風上引指使氣吹燭可滅每導引骨節皆珊然有聲時人謂之鏁子骨在鄭家時忽兩日冥然不知人事既寤見身自頂踊出一二三寸傍有靈仙揮手動目如相勉助者如是足將及頂乃念烟火事未畢復有庭闈之戀願畢家事於是在傍者皆散走一人儀狀甚巨衣冠如帝王者前有婦人禮服而跪如帝王者責曰情之未得因欲令來使勞靈仙之重跪者對曰不然且教伊近天子於是遂寤後二歲為元宗所召後常有隱者八人容服甚異來過鄭家數日言仙法嚴備事無不至臨去歎曰俗緣意未盡可惜心與骨耳泌求隨去曰

不可姑與他爲宰相耳出門不復見因作八公詩敘之復有隱者攜一男六七歲來過云有故須南行旬月當回緣此男有痢疾既同是道者願且寄之又留一函曰若疾不起望乞以瘞之既許乃問男曰不驕留此得乎曰可遂去泌求藥療之終不愈八九日而殂即以函盛瘞庭中薔薇架下累月其人竟不回試發函視之有一黑石天然中方上有字如錐畫云神眞鍊形年未足化爲吾子功相續丞相瘞之刻元玉仙路何長死何促泌每訪隱選異採怪木蟠枝持以隱居號曰養和人效而爲之乃作養和篇以獻肅宗泌去三四載二聖登遐代宗踐祚乃詔追至闕舍於蓬萊延喜閣由給事以上及方鎭除降代宗必令商量軍國大事亦皆泌參決因語及建寧王靈武之功請加贈太子代宗感悼久之云吾弟之功非先生則世人不知豈止贈太子也即敕於彭原迎喪贈承天皇帝葬齊陵引至城門奏以龍輴不動代宗自蓬萊院謂曰吾弟是欲見先生宜速往酬祝兼宣朕意且吾弟定策大功追此大號時人未知可作一文以傳不朽用慰元魂泌曰已發引矣他文不及作挽歌詞可乎代宗曰可即於御前製之詞甚悽愴代宗覽之而泣命中人馳授挽者泌至宣代宗命祝酬歌此二章於是龍輴行疾如飛都人觀之莫不感涕先是建寧王倓有艱難定策之功於代宗爲弟人

或譖於肅宗云有圖嗣害兒之心遂遇害及肅宗追思倓無罪泌慮復及諸王因事言曰昔高宗有子八人皇祖睿宗最幼武后生者自爲行第故皇祖第四長曰孝敬皇帝監國而仁明爲武后所忌而鴆之次曰雍王賢爲太子中宗睿宗常所不安朝夕憂懼雖父母之前無由敢言乃作黃臺瓜詞令樂人歌之欲微悟父母之意冀天皇天后聞之歌曰種瓜黃臺下瓜熟子離離一摘使瓜好再摘使瓜稀三摘猶尚可四摘抱蔓歸然太子竟亦流廢終於黔州建寧之事已一摘矣慎無再摘肅宗曰先生忠於社稷憂朕家事言皆爲國龜鑑豈可暫離朕耶時元宗有誥只要劍南一道自奉未議北迴泌請肅宗奉表請歸東宮次作功臣表述馬嵬靈武之事請上皇還京初肅宗表至元宗徘徊未決及功臣表至乃大喜曰吾方得爲天子父下誥定行日且曰必李泌也肅宗召泌且泣且喜曰上皇自下誥還京皆卿力也又天寶末員外郎竇庭芝分司洛邑常敬事道者葫蘆生每言吉凶無不中者一日侵晨生至竇門頗甚嗟嘆庭芝請問良久乃言君家大禍將成舉家啼泣請問求生之路生曰若非遇黃中君但見鬼谷子亦可無患矣生乃具述形貌服飾仍戒以浹旬求之於是與昆弟羣從奴僕羣行求訪遍於洛下時泌居於河清因省親友策蹇入洛至中橋遇京尹避道所乘騾

騾忽驚軼而走徑入庭芝所居與僕者共造其門車馬羅列將出忽見泌皆驚愕而退俄有人云分司竇員外宅所失騾收在馬廐請客入座主人當願修謁泌不得已就其廳庭芝既出降階再拜延接慇懃遂至信宿至於妻子咸備家人之禮數日告去贈遺殊厚但云遭遇之辰願以一家奉託時胡蘆生適在其家云既遇斯人無復憂矣及朱泚搆逆庭芝方廉察陝西車駕出幸奉天遂於賊庭歸欵鑾輿反正德宗首令誅之時泌自南嶽徵還行在便爲宰相因第臣僚罪狀遂請庭芝減死德宗意不解云卿以爲竇王姻懿耶以此論之尤爲不可然莫有他事俾其全否卿但言之於是具以前事聞由是特原其罪泌始奏上密遣中使乘傳于陝問之竇錄奏其事德宗曰言黃中君蓋指於朕邪未知呼卿爲鬼谷子何也泌曰先奘在河清谷前鬼谷恐以此言之也興元四年二月德宗謂泌曰朕卽位以來宰相皆須姑息不得與其較量道理自用卿以來方豁朕意是乃天授卿於朕耳雖夷吾仲父傅說霖雨何以及茲其軍謀相業載於國史泌有集二十卷行於世

李公子

按陳繼儒李公子傳李公子者父泌爲唐鄴侯侯既老謝事辟穀公子官襲侯封不願侯願詞賦科

時肅宗新復兩京以兩京賦試進士御泰清殿親臨之公子立就萬言未嘗加點賦上上方膳午太常作樂命輟樂讀之愛其美也袖入宮中擢第一人勅石刻兩京賦於殿前公子方十九眉目清暎紫衣白馬宛如神仙上一見大喜謂侍臣曰鄴侯宣勞再造邦家曾不肯剖粒自飽今其子雖不願侯授官宜與侯等以集賢學士授之公子謝曰臣實不敢當此但乞告身一通便宜山水間縣伯不得追呼足矣上嘉其志御寫敕札并賜宮嬪兩人曰一以掌書一以煖酒郭汾陽有女曰清明君者有殊色喜讀離騷古陶謝詩嘗刪詩去其鄭衛者手錄一卷日日批註閨房中以小室廟祀舜二妃配媭以齊共伯之母黔婁之妻春秋祭之以文其高閑如此汾陽王難其配以李兩京賦視之清明君慨然嘆息曰可矣既歸李李年少謔浪醉時微以謔語侵清明君不悅見其謝過乃笑曰妾之天性栖栖藝文固其所長若欲濡首酒杯從公嚬笑問乞煖熱所謂籩豆之事則有司存無已願以黃金千斤為公子買妾數百以任恣討汾陽王聞之遣人分馳四方四方有奇女子以詩名顯者搜訪殆盡而其中曰纖纖曰白娟曰驚翮曰春英曰紅草曰彙兒曰綠綵曰碎桃皆骨柔氣清熟於古文奇字而纖纖善箏白娟善歌春英善鑒古器善笙紅草善彈鳥善鼓琴彙兒善嘯綠綵碎桃善種花

花經二人手無不活又善騎馬驚翻善丹青善舞公子樂之以酒酒必以詩詩成諸美人起而和歌歌無雜聲其地修竹清泉細簾嘉樹月出之時鳥啼絃亂相與牽衣抱袖紅白低迷起視草頭蕉葉之上大都墨漬酒痕而已清明君無問晴雨每候山果新熟則遣美人捧進公子或書史有奇事可讀者以綵線識之則遣捧進公子或成新篇或偶得一二佳句不忍獨賞則遣捧進公子故美人人人得親公子也而清明君當其酒半嘗乘紫帷小車臨焉公子率纖纖以下短謳長歌彈箏鼓瑟次第上壽酒已則各以平日所賦詩獻清明君焚香綏坐細加品題稍不安者為改點數字每點一字輒以一觴罰公子曰君老於詩者也不為美人更之乃含糊作影子過耶是必容香火情美人皆笑曰善誠如夫人言是宜罰如此者連罰數觴公子竟醉矣公子嘗游於蘇州時有新進士選名妓百人浮於荷花蕩中衆進士本非大骨相驟得此足高志揚畢露醜態公子更布衣坐小舟往來覷之有進士呼曰是小船中秀才何為者汝能飲酒乎曰能能賦詩乎曰能曰若是汝且過我公子岸然據其上座執酒巵瞪視雲霄不為禮衆進士以為狂生也俟其酒乾欲以詩困之及分韻公子謝不能曰頑固以譏語誑君一杯酒耳實不曉詩為何物衆進士顧諸妓大笑曰吾故料狂奴未必諳此

吾輩且自作詩許久沈吟不成一語語出又村鄙可笑者乃手舞足蹈互相傳示嘆賞不已已而悉出金玉寶器以陳富貴耳語諸妓曰是秀才曾見此否傍有一黃衣妓者秀質楚楚愁態萬端公子叩之曰吾觀汝一似有憂者汝有心事可訴我我爲汝料理不難一進士掀髯大言曰汝欲了此君心事但恐酸秀才正自不堪是嘗負我千金分毫無所償今見我不覺斂容耳公子笑曰此細事何足憂於是衆進士又大笑轉以爲狂生也頃之公子之樓船適至鼓吹大作公子呼進士與各妓過船羅列食器酒鎗皆五色寶玉明珠翡翠雕鏤裝綴之奇麗特甚公子見之斥曰何乃陳此俗物亟撤去悉付黃衣娘子今日一段心事爲汝結證了也已命更席則陶匏梵鼎無非三代物最近者亦秦漢銅器隔簾女伴隱隱作樂出譜俱內調及公子新詩人間無聞者進士目視不敢問使各妓拜而請詩欲因詩尾得公子姓名已知其爲公子也皆紛紛向前奪詩公子令曰汝輩且置酒於此若酒冷而詩不成者罰我詩成而酒熱者罰汝往往酒未及温已搖筆滿紙矣紙盡無可奈何乃裂白絹絹盡則裂帷幕屏褥之類又盡則各剪裙葉或絕長袖以進所得片言隻字如獲奇寶貼身藏之衆進士誘之以酒酩酊多半竊去妓有啼者公子以爲可憐也公子起立作樂女伴乘間說之曰汝

輩盡肯落籍從公子游乎有別院在湖山之上門前朱樓一帶覆以垂楊松篁中粉廊紅樹高臺短橋宜雪宜月四面繞以梅花五六十里秋深之際則林楓萬株擁若霞氣楓樹間有高樓翼以堂廡其正中以奉藏經其兩旁以貯古今異書左有酒庫凡天下名酒無不藏右有泉庫凡天下名泉無不具若此者可以休汝矣諸妓唯唯乃盡從公子歸公子悉召酒人劍客高僧道士曉夜酣飲沉浮此中賦詩之暇非細談釋部則酬論兵符燭盡酒空醉而後已賓客既散時與綠綵碎桃高裝駿馬踏入深山中過平原易地著鞭奪路拋閃如飛樹叢邊聽山鳥聲則命紅衣彈鳥偶不中皆拍手笑浮以半觴轉入幽險處美人車不得度攀蘿挽石欲上欲下笑哭襍出忽到荒岡崇嶺之上天風四來暈兒清嘯一聲木葉亂舞裙裾飄脫步立不定公子懼其傷也乃徐返焉天下聞公子名饑寒之士輻輳來集候其將歸皆俯伏道左叩頭大呼曰非公子無以活我公子轉盼間賞勞都徧日費千金無幾微顏色一日就中忽有執公子衣者曰願辟人臣有所言公子不憶於陵時乎汝所謂於陵陳仲子者也上帝憐汝貞苦故今日置汝李家涉獵世味清明君即向時辟纑夫人耳夫日之光有短長月之魄有生死人之福有往還公子宜早決且汝父鄭侯及婦翁汾陽王皆為清微天帝君待

汝夫婦來久矣言訖不見公子大悟以家產萬億計悉散之與清明君入洞庭石公山修道不知所終後陸贄之葬亭常見公子往來三泖中

司命君

按仙傳拾遺司命君者常生於民間幼小之時與唐元瓌同學元瓌云君家世奉道晨夕香燭持高上消災經老君枕中經累有祥異奇香瑞雲生於庭宇母因夢天人滿空皆長丈餘麾旆旌蓋蔭其居宅有黃光照其身若金色因孕之而生生即張目開口若笑之容幼而穎悟誦習詩書元瓌所不及十五六歲忽不知所之蓋遊天下尋師訪道矣不知師何人得神僊之訣寶應二年元瓌為御史充河南道採訪使至鄭州郊外忽與君相見君衣服藍縷容貌憔悴元瓌深憫之與語敘舊問其所學曰相別之後但修真而已邀元瓌過其家留騎從於旅次相候君與元瓌同往引入市側門巷低小從者一兩人纔入外門便閉從者不得入第二門稍寬廣又入一門屋宇甚大揖元瓌於門下先入為席良久出迎元瓌見其容狀偉爍年可二十許雲冠霞衣左右玉童侍女三五十輩皆非世所有元瓌莫之測相引升堂所設饌食珍美器皿瓌異雖王者宴賜亦所不及徹饌命酒君與妻同坐

乃曰不可令侍御獨坐卽召一人坐於元環之側元環視之乃其妻也奏樂酣飲既醉各散終不及相問言情遲明告別君贈元環金尺玉鞭出門行數里因使人訪其處無復蹤跡矣及還京問其妻曾有異事乎具言某日昏然思睡有黑衣人來稱司命君召某便隨去既至司命宮中見與君同飲所見歷然皆同不謬後十年元環奉使江嶺又於江西泊舟見君在岸上邀入一草堂又到僊境留連飲饌但音樂侍衛稍多於前皆非舊人矣及散贈元環一酒器如玉非玉不言其名自此敘別不復再見亦不知司命所主何事所修何道品位僊秩定何高卑復何姓氏耳一日有胡商詣東都所居謁元環曰宅中有奇寶之氣願得一見元環以家物示之皆非也乃出司命所贈飲器與商起敬而後跪接之捧而頓首曰此天帝流華寶爵耳致於日中則白氣連天承以玉盤則紅光照室卽與元環就日試之白氣如雲鬱勃徑上與天相連日夜更試之此不謬矣此寶太上西北庫中鎮中華二十四寶也頃年已旋降令此第二十二寶亦不久留於人間卽當飛去得此寶者受福七世敬之哉元環以玉盤承之夜視紅光滿室

陶八八

按續文獻通考陶八八肅宗時道士嘗以丹授顏眞卿後爲李希烈所害此尸解中名曰劍解

劉處靜

按處州府志處靜守道遊沛國彭城人其先避地家遂昌唐肅宗時與丞相李泌爲友遇異人授以吐納之術肅宗召見賜緋衣退居仙都山隱眞巖結廬金龍洞側咸通十四年六月辛酉解化自識元虛志後數十年有鄉人于襄漢間見之語其弟子啟墓視之所存惟劍履焉 按天台縣志處靜自號天台山耕人會昌中與葉藏質應夷節爲林泉友

慈心仙人

按廣異記唐廣德二年臨海縣賊袁晁寇永嘉其船遇風東漂數千里遙望一山青翠森然有城壁五色照曜迴舵就泊見精舍琉璃爲瓦玳瑁爲牆既入房廊寂不見人房中唯有胡猻子二十餘枚器物悉是黃金無諸雜類又有衾茵亦甚炳煥多是異蜀重錦又有金城一所餘碎金成堆不可勝數賊等觀不見人乃競取物忽見婦人從金城出可長六尺身衣錦繡上服紫綃裙謂賊曰汝非袁晁黨耶何得至此此器物與爾何與輒敢取之向見猻子汝謂此爲狗乎非也是龍耳汝等所將之

物吾誠不惜但恐諸龍嗇怒前引汝船死在須臾耳宜速還之賊等列拜各送物歸本處因問此是何處婦人曰此是鏡湖山慈心仙人修道處汝等無故與袁晁作賊不出十日當有大禍宜深慎之賊黨因乞便風還海岸婦人廻頭處分尋而風起羣賊拜別因便揚帆數日至臨海船上沙塗不得下爲官軍格死唯婦人六七人獲存浙東押衙謝詮之配得一婢名曲葉親說其事

葛三郎

按原化記大曆初鍾陵客崔希眞家於郡西善鼓琴工繪事好修養之術二年十月初朔夜大雪希眞晨出門見一老人衣蓑戴笠避雪門下崔異之請入既去蓑笠見神色毛骨非常人也益敬之問曰家有大麥麪聊以充飯叟能是乎老父曰大麥受四時氣穀之善者也能沃以豉汁則彌佳崔因命家人具之閤又獻松花酒老父曰花澀無味某野人也能令其醇美乃於懷中取一丸藥色黃而堅老父以石碎之置於酒中則頓甘美矣復以數丸遺希眞希眞請問老父笑而不答崔入宅於窗窺之見老父於幃幄前所掛素上如有所塗瞬息而罷崔少頃具饌獻受而不辭崔後入內出已去矣遂踐雪尋跡數里至江入蘆洲中見一大船船中數人狀貌皆奇而樵客在側其人顧笑曰葛三

乃見逼於人伊迴謂崔曰尊道嚴師之禮不必然也崔拜而謝之歸視幄中得圖焉有三人二樹一白鹿一藥筊其二人蓋方外之狀手執元芝採藥者一仙樹似柏皆斷茇為風雨所敗枯槁之狀根相連屬皆常非意所及後將圖并丸藥詣茅山問李涵光天師天師曰此真人葛洪第三子所畫也李君又曰人寫神形狀於朽木之下意者得道者靜過松柏也其藥乃千歲松膠也　按神仙感遇傳會稽崔希真嚴冬之日有負薪老叟立門外雪中崔凌晨見之有傷憫之色揖問之叟去笠與語顧其狀貌不常乃問其姓氏某姓葛弟三崔延坐崔曰雪寒既甚作大麥湯餅可乎叟曰大麥四時氣足食之益人勿以豉不利中府崔然之自促令備饌時崔張絹欲召畫工為圖違阻沍寒畫工未至張絹倚於壁叟取几上筆墨畫一株枯松一採藥道士一鹿隨之落筆迅逸畫蹤高古殆非人世所有食畢致謝而去崔異其事寶以自隨因遊淮海遇鑒古圖畫者使閱之鑒者曰此稚川之子葛三郎畫也崔咸通初入長安於灞橋遇鬻蔬者狀貌與叟相類因問非葛三郎乎蔬者笑曰非也葛三郎是晉代葛稚川之子人間安得識之負蔬而去不知所之

尹氏女

按廣西通志尹氏女全州人幼不茹鉛飾居小洞煉丹保眞大曆二年上昇後人於所居紫潭上建尹氏觀至今丹竈在焉

司馬光玉

按安陸府志光玉馮翊人唐大曆五年南遊至長林縣盥沐易服召弟子曰吾其往眞都矣遂尸解

韋仙翁

按異聞集唐代宗皇帝大曆中因晝寢夢一人謂曰西嶽太華山中有皇帝壇何不遣人求訪封而拜之當獲大福卽日詔遣監察御史韋君馳驛詣山尋訪至山下州縣陳設一店具飯店中所有行客悉令移之有一老翁謂店主曰韋侍御一飡卽過吾老病不能遠去但於房中坐得否店主從之少頃韋君到店良久忽聞房中嗽聲韋問有何人在此道人視之乃曰有一老父韋君訪老父何姓答曰姓韋韋君曰相與宗盟合有繼敘邀與同席老父因訪韋公祖父官諱又訪高祖爲誰韋君曰曾祖諱某任某官高祖斈道不仕隋朝入此山中不知所在老父愀然歎曰吾卽爾之高祖也吾名集有二子爾卽吾之小子曾孫也豈知於此與爾相遇韋君涕泣載拜父老止之謂曰爾祖母見

在爾有二祖姑亦在山中今逃寒食故入郭與渠輩求少脂粉耳有一布襆襆內有茯苓粉片欲貨此市買問韋君爾今何之韋君曰奉敕於此山中求眞壇州縣及山中人莫有知者不審翁能知此處否老父曰蓮花中峯西南上有一古壇髣髴餘址此當是也但不定耳遂與韋君同宿老父絕糧不食但飲少酒及人參茯苓湯明日韋君將入山老父曰吾與爾同去韋君乃以乘馬讓之老父曰爾自騎吾當杖策先去韋君乘馬奔馳竟不能及常在馬前三十步至山足道路險阻馬不能進韋君遂步隨老父入谷行不里許到室見三嫗老父曰此乃爾之祖母及爾之二祖姑也韋君悲涕載拜祖母年可七八十姑各四十餘俱垂髮皆以木葉爲衣相見甚喜謂曰年代遷變一朝遂見元孫欣慰久之遂與老父上山訪壇登攀嶮峻韋君殆不可堪老父行步若飛廻顧韋君而笑直至中峯西南隅果有一壇韋君灑掃拜謁立標記而廻却到老父石室辭出谷韋君曰到京奏報畢當請假却來請覲老父曰努力好事君主韋君遂下山返到闕庭具以事奏代宗歎異乃遣韋君齎手詔入山命刺史以禮邀致韋君到山中求覓遂失舊路數日尋訪不獲訪山下故老皆云自少年已來三二年則見此老父一到城郭顏狀只如舊不知其所居韋君望山慟哭而返代悵恨具以事跡宣付

黃洞源附瞿廷伯

按續文獻通考洞源武陵人大曆間學道於桃源宮辰州瞿廷伯走武陵師事之尋遇一老母遂辭洞源曰歸山去洞源留之不可約十八年再見後洞源往潤州之茅山廷伯忽至洞源曰吾將蹈滄海次日亦化溫造爲記其事於桃源宮一云廷伯幼時因戲躍入井中後自大酉華妙洞中出依善卷祠修道功成止桃源宮久之昇仙而去　按湖廣通志桃源桃花觀有南嶽道士黃洞源居此大曆四年瞿廷伯自辰溪來年十四太和末散稽首宇下願登道域一日樵谿洞中確有所遇久之從庭前大栗樹背行冉冉遂滅沒化去

商棲霞

按和州志棲霞歷陽人大曆中道士居於白石山下於彭祖白石洞中得導引術善能吐故納新絕粒三十餘年

張殖

按仙傳拾遺殖彭州導江人也遇道士姜元辯以六丁驅役之術授之大曆中西川節度使崔寧有密切之事差人走馬入奏發已三日忽於案上文籍之中見所奏表淨本猶在其函中所封乃表草耳計人馬之力不可復追憂惶不已莫知其計知殖術召而語之殖曰此易耳不足憂也乃炷香一爐以所寫淨表置香烟上忽然飛去食頃得所封表草墜於殖前及使回問之並不覺進表之時封題印署如故崔公深異之禮敬殊常問其所受道之由云某師姜元辯至德中於九龍觀捨力焚香數歲因拾得殘缺經四五紙是太上役使六丁法呪術備足乃選深山幽谷無人跡處依法作壇持呪晝夜精勤本經云一十四日元辯為九日而應忽有黑風暴雨驚駭震動頃刻雨下而壇場一濕又有雷電霹靂亦不為驚懼良久見奇形異狀鬼神繞之亦不為畏須臾有鐵甲兵士數千金甲兵士數千鼓噪而下亦不驚怖久之神兵行列如有所候即有天女著繡履繡衣大冠佩劍立問元辯曰既有呼召有何所求元辯以術數為請六丁兵杖一時隱去自此每日有一丁侍之凡所徵求無不立應以術授殖謂曰術之與道相須而行道非術無以自致術非道無以延長若得術而不得道亦如欲適萬里而足不行也術者雖萬端隱見末除死籙固當棲心妙域注念丹華立功以助其

外鍊魄以存其內內外齊一然後可適道可以長存也峨嵋山中神仙萬餘人有皇人統領置宮府分曹屬以度於人吾與汝覯道之纖芥未造其元微龍蛇之変與汝入洞府朝真師庶可以講長生之旨也師元辯隱去二十餘歲此年龍蛇之変當隨師登峨嵋入洞天不久往矣是年大曆十二年丁巳殂與元辯隱去不復見

崐崘奴

按劍俠傳唐大曆中有崔生者其父為顯僚與蓋天之勳臣一品者熟生是時為千牛其父使往省一品疾生少年容貌如玉性稟孤介舉止安詳發言清雅一品命妓軸簾召生入室生拜傳父命一品欣然慕愛命坐與語時三妓人艷皆絕代居前以金甌貯緋桃而擘之沃以甘酪而進一品遂命衣紅綃妓者擎一甌與生食生少年赧妓輩終不食一品命紅綃妓以匙而進之生不得已而食妓哂之遂告辭而去一品曰郎君閒暇必須一相訪無間老夫也命紅綃送出院時生回顧妓立三指又反掌者三然後指胸前小鏡子云記取餘更無言生歸達一品意返學院神迷意奪語減容沮恍然凝思日不暇食但吟詩曰悞到蓬山頂上遊明璫玉女動星眸朱扉半掩深宮月應照瓊枝雪艷

愁左右莫能究其意時家中有崐崘磨勒顧瞻郎君曰心中有何事如此抱恨不已何不報老奴生曰汝輩何知而問我襟懷間事磨勒曰但言當爲郎君解釋遠近必能成之生駭其言異遂具告知磨勒曰此小事耳何不早言之而自苦耶生又白其隱語勒曰有何難會立三指者一品宅中有十院歌妓此乃第三院耳反掌三者數十五指以應十五日之數胸前小鏡子十五夜月圓如鏡令郎君來耳生大喜不自勝謂勒曰何計而能達我鬱結耶磨勒笑曰後夜乃十五夜請染青絹兩疋爲郎君製束身之衣一品宅有猛犬守歌妓院門外常人不得輒入入必噬殺之其警如神其猛如虎即曹孟海州之犬也世間非老奴不能斃此犬耳今夕當爲郎君撾殺之遂宴犒以酒肉至三更攜鍊椎而往食頃而回曰犬已斃訖固無障塞耳是夜三更與生衣青衣遂負而逾十重垣乃入歌妓院內止第三門繡戶不扃金釭微明惟聞妓長歎而坐若有所伺翠鬟初墜紅臉纔舒幽恨方深殊愁轉結但吟詩曰深谷鶯啼別院香偷來花下解珠璫碧雲飄斷音書絕空倚玉簫愁鳳凰侍衛皆寢鄰近闃然生遂掀簾而入姬默然良久躍下榻執生手曰知郎君穎悟必能默識所以手語耳又不知郎君有何神術而至此生具告磨勒之謀負荷而至姬曰磨勒何在曰簾外耳遂召入以金甌

酌酒而飲之姬白生曰某家本居朔方主人擁旄遐爲姬僕不能自死尙且偷生臉雖鉛華心頗鬱
結縱玉筋舉饌金甌泛漿雲屏而每近綺羅繡被而常眠珠翠皆非所願如在桎梏賢爪牙旣有神
術何妨爲脫狴牢所願旣伸雖死不悔請爲僕隸願侍光容又不知郎君高意如何生慨然不語磨
勒曰娘子旣堅確如是此亦小事耳姬甚喜磨勒請先爲姬負其囊槖妝奩如此三復焉然後曰恐
遲明遂負生與姬而飛出峻垣十餘重一品家之守禦無有警者遂歸學院而匿之及旦一品家方
覺又見犬已斃一品大駭曰我家門垣從來邃密扃鎖甚嚴勢似飛騰寂無形跡此必是一大俠矣
無更聲聞徒爲患禍耳姬隱崔生家二歲因花時駕小車而遊曲江爲一品家人潛識認遂白一品
一品異之召崔生而詰之生懼而不敢隱遂細言端由皆因奴磨勒負荷而去一品曰是姬大罪過
但郎君驅使踰年卽不能問是非某須爲天下人除害命甲士五十人嚴持兵仗圍崔生院使擒磨
勒磨勒遂持匕首飛出高垣瞥若翅翎疾同鷹隼攢矢如雨莫能中之頃刻之間不知所向然崔家
大驚愕後一品悔懼每夕多以家僮持劍戟自衞如此周歲方止後十餘年崔家有人見磨勒賣藥
於洛陽市容髮如舊耳

裴老

按神仙感遇傳大曆中有水部王員外者酷好道術雖居朝列有布衣方藥之士日與遊從一日有道侶數人在廳王君方與談諧會除廁裴老攜穢路側密近廳所王君妻令左右止之因附耳於壁聽道侶言竊笑不已王君僕使皆怪之少頃裴老傭事畢王君將如廁遇於戶外裴老斂衣似有白事曰員外甚好道王君驚曰老人安得知莫有所解否對曰某嘗留心知員外酷似好道然無所遇適來廳上數人大是凡流但眩惑員外希酒食而已王君異之其妻罵之曰君身爲朝客乃與穢夫交結道人逐之裴老笑請去王君從容邀曰老人請後日相訪王君齋沐潛室裴老布袍曳杖而至有隱逸之風王君坐話茶酒更進裴老曰員外非眞好道乃是愛藥術試爐火可驗取一鐵合重二斤分爲兩片致於火中須臾色赤裴老解布衫角藥兩丸小於米粟撚碎於合上復以火燒之食頃裴老曰成矣令王君僕使壯者以火筯持之擲於地逡巡成金色如雞冠王君降禮再拜而謝之裴老曰此一兩敵常金三兩然員外亦不用留將施貧乏遂辭去曰從此亦無復來矣王君曰願至仙伯高第申起居容進否裴老曰可蘭陵西坊大菜園後相尋遂別王君乃易服往果見小門叩之有

蒼頭出曰莫是王員外否遂引入堂宇甚新潔裴老道服相迎侍女十餘人皆有殊色茶酒果實甚珍服用輝煥迫晚王君告去裴老送出門旬日再去其第已為他所貨裴老亦不知所在

茅安道

按九江府志安道廬山道士能書符役鬼幻化無端嘗授二弟子以隱形洞視之術曰資爾學道即不得恣情而衒其術也苟違吾教能令術窮二子至潤州謁韓晉公滉弛慢縱誕韓大怒縛之二子行其術果不驗韓欲痛絕其源詰問術師姓名二子方欲陳述而安道已在門矣龐眉美髯韓不覺離席迎之安道曰二子愚騃干冒尊嚴請詰而愧之然後行刑韓致二子堦下械繫甚堅安道就取硯水噀二子化為雙黑鼠自變巨鳶攫二鼠冲飛而去韓驚駭良久

卷終

神仙部列傳二十三

唐六　呂眞人

按呂眞人江州望江亭自記吾京川人唐末三舉進士不第因遊江湖間遇鍾離子受延命之術尋又遇苦竹眞君傳日月交拜之法久之適終南山再見鍾離子得金液大丹之功年五十道始成身長五尺二寸面黃白鼻聳直左眉有黑子服白襴衫繫皁絛變化不可測或爲進士或爲兵世多稱吾能飛劍戮人者吾聞之笑曰慈悲者佛也仙猶佛爾安有取人命乎吾固有劍蓋異於彼一斷貪嗔二斷愛慾三斷煩惱此其三劍也吾道成以來所度者何仙姑郭上竈二人性通羽吾授之以歸相法吾嘗謂世人奉吾眞何若行吾行既行吾行又行吾法不必見吾自成大道不然日與吾遊何益哉　按呂眞人本傳呂喦字洞賓世爲河中府永樂縣人曾祖延之終浙東節度使祖渭終禮部侍郎父讓海州刺史貞元十四年四月十四日巳時生母就蓐時異香滿室天樂浮空一白鶴自天飛下竟入帳中不見生而金形木質道骨仙風鶴頂龜背虎體龍腮翠眉層稜鳳眼朝鬢頸修顴

露額闊身圓鼻梁聳直面色黃白左眉角一黑子左眼下一黑子筋頭大如功曹使者狀兩足下紋隱起如龜性敏日記萬言矢口成文既長身五尺二寸喜頂華陽巾衣白黃襴衫繫大皁絛狀類張子房二十不娶始在襁褓馬祖見之曰此兒骨相不凡自是風塵物表他時遇廬則居見鐘則扣留心記取後遊於廬山始遇火龍真人傳天遁劍法自是混俗貨墨於人間號純陽子咸通中舉進士第時年六十四歲後遊長安酒肆見一羽士青巾白袍長髯秀目手攜紫筇腰掛大瓢書三絕句於壁一曰坐臥常攜酒一壺不教雙眼識皇都乾坤許大無名姓疎散人中一丈夫二曰得道真仙不易逢幾時歸去願相從自言住處連滄海別是蓬萊第一峯三曰莫厭追歡笑語頻尋思離亂可傷神閑來屈指從頭數得到清平有幾人洞賓訝其狀貌奇古詩意飄逸因揖問姓氏羽士曰吾鍾離其姓權其名雲房其字洞賓再拜延坐異人曰可吟一絕予欲觀之洞賓筆不停綴書二十八字曰生自儒家遇太平懸纓重滯布衣輕誰能世上爭名利臣事玉皇歸上清異人見詩喜曰予所居在終南鶴嶺可從予此行否洞賓因隨雲房同憩肆中雲房自起執炊洞賓忽欲昏睡枕案邊假寐以舉子赴京狀元及第始自州縣小官擢朝署由是臺諫給舍翰苑秘閣郎曹無不備歷升而復黜

而復升前後兩娶富貴家女婚嫁早畢孫甥振振簪笏滿門如此幾四十年最後獨相十年權勢熏炙忽被重罪籍沒家資分散妻孥流於嶺表一身孑然窮苦憔悴立馬風雪中方此浩歎恍然夢覺雲房在傍炊尚未熟笑曰黃粱猶未熟一夢到華胥洞賓驚曰君知我夢耶雲房曰子適來之夢升沉萬態榮悴多端五十年間一頃耳得不足喜喪何足憂且有大覺而後知此人間世其大夢也洞賓感悟慨歎知宦途不足戀矣再拜曰先生非凡人也願求度世術雲房詭曰子骨節未完志行未定若欲度世須更數世可也翩然別去洞賓怏怏自失棄官歸隱雲房自是十試洞賓第一試者洞賓自外遠歸忽見家人皆病死洞賓心無悼恨但備葬具而死者俱起無恙第二試者洞賓鬻貨於市議定其直市者翻然止酬其直之半洞賓無所爭并直之半皆不取委貨而去第三試者洞賓元日出門忽丐者倚門求施洞賓與以錢物而丐者索不已且出惡言嫚罵抽刃相向洞賓再三禮謝披襟受刃丐者笑而去第四試者洞賓牧羊山中遇一虎追逐漸逼洞賓推羊下峻阪而獨以身當之虎即釋去第五試者洞賓獨居山中草舍讀書一日危坐忽見一女年可十七八容華絕世光艷照人粧飾靚麗自言歸寧母家至此迷路日云莫矣足弱倦行借此少憩言訖顰眉嬌咤若不自勝

旣而窈窕萬態調戲百端追夜逼同寢而洞賓竟不爲動如是三日始辭去第六試者洞賓一日出郊暨歸則家貲已爲盜刼席捲殆無以供朝夕洞賓無慍色躬耕自給忽於鋤下見金數十餅速揜之一無所取第七試者洞賓見有貨銅器者市之以歸則皆金也卽訪賣主還之第八試者有風狂道士坊陌上市藥自言服者立死旬日不售洞賓謂此必有意因買藥歸道士曰子速備後事可也吾將行矣旣而服之無恙第九試者洞賓因春潦汎溢衆方病涉獨棹一小舟至中流風濤掀舞而洞賓端坐不動任生任死竟亦無虞第十試者洞賓獨坐一室忽見奇形怪狀鬼神無數有見擊者有欲殺者洞賓一切不問復有夜叉數十械一死囚血肉淋漓哭泣號叫言汝宿世殺我今急償我命洞賓曰殺命償命宜也其又奚辭遽索刀繩欲自盡忽聞空中叱聲鬼神皆不復見一人撫掌大笑而下乃雲房也謂洞賓曰塵心難滅仙才難值吾之求人甚於人之求吾也吾十度試子皆過了得道必矣但功行尙未有完吾今授子黃白祕方可以濟世利物使三千功滿八百行圓吾來度子洞賓曰所作庚辛有變異乎曰三千年後還本質耳洞賓愀然曰誤三千年後人不願爲也雲房笑曰子推心如此三千八百悉在是矣因與洞賓叙其得道來歷曾遇苦竹眞君謂曰汝此去遊人間

若遇人有兩口者卽汝弟子吾後遏遊山海竟未見人有兩口者今詳君姓竇符苦竹之記矣又曰君能從我遊乎洞賓因隨之至鶴嶺見一小洞星月交輝四顧寂寥雲房執洞賓手偕行纔數步恍如騎快馬歷山川俄頃已至洞南門下鑰矣雲房以碧絲繫洞賓帶俱從門隙中入豁然開朗登一高峯至一大洞門東前有二虎踞守雲房叱之虎伏不動乃引洞賓入金樓玉臺珍禽琪樹光景照耀氣候如春相與坐盤陀石飲元和酒三杯談道未竟俄有一青衣雙髻金鈴珠裳翠袂雲履玉珮異香氤氳手持璽紙金書曰羣仙已集蓬萊上宮要先生赴天池會論五元眞人神遊記事雲房將去洞賓送以詩曰得道來求相見難又聞東去幸仙壇杖頭春色一壺酒頂上雲攢五嶽冠飲海龜兒人不識燒山符子鬼難看先生去後身須老乞與貧儒換骨丹蓋慮雲房之不返也雲房曰汝但駐此吾去不久遂望東南乘紫雲冉冉而去洞賓遂將雲房所付素書數卷披閱誦玩獨處洞中旬日雲房回曰子在是岑寂得無欲歸否洞賓曰既辦心學道豈有家山思乎雲房曰善哉善哉汝等不知分合陰陽之妙守陰只是魄存陽只是魂若能聚其陽魂以合陰魄使陰陽相會魂魄同眞是謂眞人洞賓曰魂魄冥冥至理甚深何以全形師曰慧發冥冥泰定神靈神既混合豈不契眞金形

玉質本出精誠大藥既成身乃飛輕洞賓問天地曰乾三索而天交於地乃生三陽坤三索而地交於天乃生三陰陽中藏陰乃曰眞陰眞陰到天因陽而生陰中藏陽乃曰眞陽眞陽到地因陰而發交合得道自然長久洞賓問日月曰月受日魂以陽變陰陰極陽純月華瑩淨修煉到此積氣成神洞賓問四時五行曰一心自有五行一日自有四時大抵陰陽相推而已陽不得陰不成到底無陰而不死陰不得陽不生到底陰盡而皆陽洞賓問水火龍虎曰身中有君火臣火民火眞火出於水中恍恍惚惚其中有物視之不可見取之不可得眞水生於火中杳杳冥冥其中有精見之不可留留之不可住腎水也水中有氣名曰眞火心火也火中生液名曰眞水以水生木腎氣足而肝氣生以絕腎之餘陰而氣過肝時卽爲純陽藏眞一之水恍惚名眞龍以火剋金心液盛而肺液生以絕心之餘陽而液到肺時卽爲純陰藏眞陽之氣杳冥名眞虎氣中取水水中取氣日得黍大歸於黃庭此大丹也洞賓問鉛汞曰鉛性沈重而喜墜此腎水以潤下而易漏汞性輕飛而喜升此心火以炎上而易散以鉛制汞以沈重而鎭輕飛內丹結矣洞賓問抽添曰冬至後陽升於地地抽其陰太陰抽而爲厥陰少陽添而爲陽明厥陰抽而爲少陰陽明添而爲太陽夏至後陰降於天天抽其陽

太陽抽而為陽明少陰添而為厥陰陽明抽而為少陽厥陰添而為太陰又如日月月受日魂日受月魄前十五日月抽其魂而日添其魂精華已滿光照下土不然無初生而變上弦上弦而變月望也月退陰魄日收陽精後十五日日抽其魂而月添其魄光照已謝陰魄已定不然無月望而變下弦下弦而變晦朔也日月往復而變九六此抽添之象也洞賓問河車曰人身陽少陰多無非是水故有取於河車之說河車起於北方正水中而非若旁門搬運力也洞賓問內不坐忘之妙曰龍虎交媾陰陽匹配九皇眞人引一朱衣童子下降九皇眞母引一皂衣女子上升相見黃屋之前有一黃衣老嫗接引如夫婦之合盡時歡洽女復下降男復上升如夫婦之離既畢產一物大如彈丸色同朱橘拋入黃屋以金氣盛留洞賓問如此修行有魔難否曰子知十魔九難乎衣食逼迫一難也恩愛牽纏二難也利名縈絆三難也災患橫生四難也盲師約束五難也議論差別六難也志意懈怠七難也歲月蹉跎八難也時世亂離九難也一六賊魔二富貴魔三六情魔四恩愛魔五患難魔六神佛為害是聖賢魔七刀兵魔八女樂魔九女色魔十貨利魔洞賓問云何證驗曰始也淫邪盡絕外行兼修採藥之際金精充滿陰魂銷融次心經涌溢口出甘液次陰陽擊搏腹鳴如雷次魂魄

未定夢寐驚恐次或生微疾不療自愈次丹田夜煖形容豐清次若處暗室而神光自現次若抱嬰兒而上金闕次雷鳴一聲關節通而驚汗四溢次玉液烹煉成凝酥而雪花散墜或化血成乳而漸畏腥膻或壓骨將輕而漸變金玉次行如奔馬次對景無心次吹氣療疾次內觀明朗次雙睛如漆次紺髮再生次眞氣足而常自飽次食不多而酒無量次神體光澤精氣秀媚次口生異味鼻有異香次目視萬里次瘢痕銷滅次涕淚涎汗皆絕次三尸九蟲悉除次內志清高上合太虛凡情皆歇心境俱空次魂魄不游夢寐自絕神采晶爽不分晝夜次陽精成體靈府堅固寒暑不犯生死不干次噓呵可干外求次神光常生坐臥次靜中時聞天樂金石絲竹之清非世所常聞次內觀或游華胥樓臺殿閣之麗非世所常見次見凡人腥穢次見內神出現次見外神來朝功圓行滿膺籙受圖紫霞滿目金光罩體或見火龍飛或見元鶴舞綵雲繚繞瑞氣繽紛天花亂墜神女下降出凡入聖逍遙自然此乃大丈夫功成名遂之日也雲房恐傳以上眞元訣盡豁塵濁俄有扣戶者乃清溪鄭思遠與太華施眞人由東南而來緩步淩虛體凝金碧相揖共坐曰契闊來久適尹思逸煉丹所遂造仙扉施眞人曰此一侍者何也師曰本朝呂海州譲之子少習儒業失意上國邂逅長安酒肆從

吾奉道通陰陽制煉形神入妙之微洞賓乃拜二仙鄭尹曰形清神在目秀精藏子欲脫塵網可示一詩授洞賓金管霞箋靈膠犀硯洞賓立獻詩曰萬劫千生到此生此生身始覺飛輕抛家別國雲山外煉魄全魂日月精此見至人論九鼎欲窮大藥訪三清如今獲遇眞仙面紫府仙扉得姓名三仙相見歎其才清句麗時春禽呦嚶師謂洞賓曰可於洞口題曰春氣塞空花露滴朝陽拍海嶽雲歸又謂洞賓曰吾朝元有期十洲羽客至玉京奏此功行以陞仙階汝恐不久居此洞後十年洞庭湖相見取筆於洞中石壁草書一十六字曰晝日高明夜月圓清陰陽魂神混合上升擲筆告洞賓曰世間遊行當施利濟之道行滿功成復相際會雲房又以靈寶要法授洞賓始雲房於終南石壁間得靈寶經三部上部曰元始金誥中部曰元皇玉籙下部曰太上眞元義凡數千卷雲房撮其要法分十六科及六義蓋明陰中有陽陽中有陰天地升降之道氣中生水水中生氣心腎交合之機以八卦運十二時而其要在艮以三田互相反復而其要在泥丸至下手工夫姑借咽氣嗽液爲喻而眞氣口訣實在口傳心授不在文字間也雲房又以靈丹數粒示洞賓曰此非世間五金八石乃世間異寶合成雖有質而無形如雲如火如光如影可見而不可執服之與人魂識合爲一體輕虛

微妙非如有形之丹也復贈詩一章曰知君幸有英雲骨所以教君心恍惚含元殿上水晶宮分明指出神仙窟大丈夫遇眞訣須要執持心猛烈五行匹配自刀圭執取龜蛇顛倒訣三尸神須打撤進退天機明六甲知之三要萬神歸來獨火龍離九闕九九道至成眞日三界四府朝元節氣翱翔兮神烜爀蓬萊便是吾家宅羣仙會飲天樂喧雙童引入昇元客道心不退故傳君立誓約言親洒血逢人兮莫亂說遇友兮不須訣莫怪頻發此言辭輕慢必有陰司折執手相別意如何今日爲君重作歌說盡千般元妙理未必君心信也麼此後分明說與汝保惜吾言上大羅鍾呂授受將畢忽有二仙絳衣霞綵手捧金簡寶符云上帝詔鍾離權爲九天金闕選仙使謂洞賓曰吾即昇天汝好住世間修功立德他時亦當如我洞賓再拜曰嵒之志異於先生必須度盡天下衆生方上昇未晚也於是翱翔彩鳳金幢玉節仙吹嘹喨鍾離先生與捧詔二仙乘雲冉冉而去洞賓既得雲房之道又得火龍眞人天遁劍法一斷煩惱二斷色慾三斷貪嗔嘗有詩曰昔年曾遇火龍君一劍相傳伴此身天地山河從結沫星辰日月任停輪須知本性緜多劫空向人間歷萬春昨夜鍾離傳一語六天宮殿欲成塵洞賓初遊江淮試靈劍遂斬長蛟之害隱顯變化不一迨今四百餘年其對雲房發

大誓願至今浮沉濁世行化度人洞賓今雖在世然已出離世間矣洞賓曰世人競欲見吾既見吾而不能行吾言雖日夕與吾同處何益哉人若能忠於國孝友於家信於交友仁於待下不慢自心不欺暗室以方便濟物以陰騭格天人愛之鬼神敬之即此一念已與吾同雖不見吾猶見吾也蓋人之性念於善則屬陽明其性入於輕清此天堂之路念於惡則屬陰濁其性入於粗重此地獄之階天堂地獄非果有主之者皆由人心自化成耳宋藝祖建隆初洞賓自後苑出對上稱朱陵上帝以火德王天下留語移時語祕不傳上解赭袍玉帶賜之俄不見上命繪像於太清樓道錄陳景元傳其像於世政和中宮禁有祟白晝現形盜金寶奸妃嬪獨上所居無恙自林靈素王文卿諸侍宸等治之息而復出上精齋虔禱奏詞凡六一日晝寢見東華門外有一道士碧蓮冠紫鶴氅手持水晶如意前揖上曰臣奉上帝命來治此祟良久一金甲丈夫捉祟而啗之且盡上問丈夫何人道士曰此乃陛下所封崇寧眞君關羽也上勉勞再四復問張飛何在羽曰飛乃臣累劫兄弟世世爲男子身今已爲陛下生于相州岳家他日輔佐中興飛將有功焉上問卿姓名曰臣姓陽四月十四日生夢覺錄之召侍宸言之意其爲洞賓也自是宮禁帖然遂詔天下有洞賓香火處皆正妙通眞人

之號蓋自此始其詞曰朕嘉興民偕之大道凡厥仙隱具載冊書而況默應禱祈宜示恩寵呂眞人匿景藏文遠邇游方逃建福庭適行寓舍歟茲符契錫以號名神明儼然尚垂照鑒可封妙道眞人塑像於景靈宮歲時奉祀焉　按枕中記開成七年道士有呂翁者得神仙術行邯鄲道中息邸舍攝帽弛囊而坐俄見旅中少年乃盧生也衣短褐乘青駒將適於田亦止旅中與翁共席而坐言笑殊暢久之盧生名英顧其衣裝弊褻乃長嘆息曰大丈夫生世不諧困如是也翁曰觀子形體無苦無恙談諧方適而嘆其困者何也生曰吾苟此生耳何適之謂翁曰此不謂適而何謂適答曰士之生世當建功樹名出將入相列鼎而食選聲而聽使族益昌而家益肥然後可以言適乎吾嘗志於學富於游藝自惟當年青紫可拾今已過壯猶勤畎畝非困而何言訖而目昏思寐時主人方蒸黍翁乃探囊中枕以授之曰子枕吾枕當令子榮之如志其枕青磁而竅其兩端生俛首就之見其竅漸大明朗乃舉身而入遂至其家數月娶清河崔氏女女容甚麗生資愈厚生大悅由是衣裝服馭日益鮮盛明年舉進士登第釋褐祕校應制渭南尉俄遷監察御史轉起居舍人知制誥三載出典同州遷陝郊生性好土功自陝西鑿河八十里以濟不通邦人利之刻石紀德移節汴州領河南

採訪使徵爲京兆尹是歲神武皇帝方事邊界恢弘土宇會吐蕃悉採邏及燭龍莽布支攻陷瓜沙而節度使王君㚟新被殺河湟震動帝思將帥之才遂除御史中丞河西道節度大破戎虜斬首七千級開地九百里築大城以遮要害邊人立石於居延山以頌之歸朝册勳恩禮極盛轉吏部侍郎遷戶部尚書兼御史大夫時望清重羣情大翕習大爲時宰所忌以非言中之貶爲端州刺史三年徵爲常侍未幾同中書門下平章事與蕭中令嵩裴侍中光庭同執大政十餘年嘉謨密命一日三接獻替啟沃號爲賢相同列害之復誣與邊將交結所圖不軌下制獄府吏引徒至其門而急收之生惶駭不測謂妻子曰吾家山東有良田五頃足以禦寒餒所苦求祿而今及此思衣短褐乘青駒行邯鄲道中不可得也引刀自刎其妻救之獲免其羅者皆死獨三省定爲中官保之減死罪投驩州數年帝知冤復追爲中書令封燕國公恩旨殊異生五子曰儉曰傳曰位曰倜曰倚皆有才器儉進士登第爲考功員外傳爲侍御史位爲太常丞倜爲萬年尉倚最賢年二十八爲左襄其姻媾皆天下望族有孫十餘人兩竄荒徼再登台鉉出入中外徊翔臺閣五十餘年崇盛赫奕性頗奢蕩好佚樂後庭聲色皆第一綺麗前後賜良田甲第佳人名馬不可勝數後年漸衰邁屢乞骸骨不許病

中人候問相踵於道名醫上藥無不至焉將歿上疏曰臣本山東諸生以田園為娛偶逢聖運得列官敘過蒙殊獎特被鴻私出擁節旌入昇台輔周旋中外綿歷歲時有忝天恩無裨聖化負乘貽寇履薄增憂日懼一日不知老至今年逾八十位極三事鐘漏並歇筋骸俱耄彌留沉頓待時益盡顧無誠效上答休明空負深恩永辭聖代無任感戀之至謹奉表陳謝詔曰卿以俊德作朕元輔出擁藩翰入贊雍熙昇平二紀實卿所賴比嬰疾疹日謂痊平豈斯沉痼良用憫惻今令驃騎大將軍高力士就第候省其勉加鍼石為予自愛猶冀無妄期於自瘳是夕薨盧生欠身而寤見其身方偃於邸舍呂翁坐其傍主人蒸黍未熟觸類如故生蹶然而興曰豈其夢寐也翁謂生曰人生之適亦如是矣生撫然良久謝曰夫寵辱之道窮通之運得喪之理死生之情盡知之矣此先生所以窒吾欲也敢不受教稽首再拜而去　按道書全集洞賓遊武昌詭為貨墨客墨一笏僅寸餘而價錢三千連日不售眾咸笑侮有鼓刀王某曰墨小而價高得無有意耶自以錢三千求一笏且與客劇飲醉歸昏睡午夜俄有扣戶者乃客以錢還之辭去比曉視墨乃紫磨金一笏上有呂字偏尋客已不復見　洞賓遊武昌天心橋詭姓名鬻敝木梳索價千錢連月不售俄有老嫗行乞年八十餘龍鍾

傴僂禿髮如雪洞賓謂曰世人徇目前襲常見吾宵價貨薇穢物豈無意而千萬人咸無超卓之見尚可與語道耶乃以梳爲媼理髮隨梳隨長鬒黑委地形容變少衆始神之爭以求梳洞賓笑曰見之不識識之不見乃投梳橋下化爲蒼龍飛去洞賓與媼不見

馬善㝎鄱人熙寧初舉進士不第學道一日與一侯道人行汴水見一羽士青巾布袍體秀骨異目如明水面無塵土馬召啜茶且飲食之侯性素嗔叱之羽士曰吾有不死法侯詰之羽士曰汝有何法侯曰飛符召鬼點石化金歸錢返壁羽士曰子所爲皆非正法侯曰子何能曰吾能壯吾氣清吾神侯曰何謂壯吾氣羽士曰但試覷之乃吐氣射酒肆去燭數十丈而燭立滅復吐氣吹侯面若䬍風大發凜凜不可支二人起謝曰先生非凡人也幸見教羽士曰學仙須立功行功卽勤苦修煉行卽濟人利物侯曰弟子平生以藥濟人非功行乎羽士曰子殺一物命以救人命是殺彼以生此也不若止用符水愈疾自佳語及曙羽士別去曰吾將返湘水之濱矣與子酌別於柳陰下以百錢令侯市酒適無酒羽士以瓶一隻令侯取汴水一瓶以藥一丸投之立成美酒三人共飲大醉羽士留詩一章曰三口共一室室畔水偏清生來走天下卽是姓兼名既別二人思之乃洞賓也

韓忠獻公琦晚年始延方士洞賓鶉衣垢

面求謁韓意輕之曰汝何能耶曰能墨試令為之卽掘地坎漫焉韓不悅洞賓和揉坎中泥為墨曰成矣遂去公徐取墨視之乃黃金也上有吕字韓追悔無已　監文思院趙應道病瘵癱幾委頓泣別親舊曰吾死矣夫閨閣中一物皆捨得獨鶴髮老親無托奈何語未竟俄有道人扣門語趙曰病不難愈也取紙二幅各摺其中為二方竅徑可二尺許以授趙曰俟夜燒一幅灰調乳香湯塗病上留一幅以待後人言訖道人不復見矣始悟兩方竅乃吕字也　梓潼婁道明家富善元素術常蓄少女十人纔有孕卽遣去復置新者晝夜迭御無休息而神清體健面若桃紅或經日不食年九十有七止如三十許人尤好夸誕大言對客會飲或言元女送酒或言素女送果或言彭祖容成輩遺書自以為眞仙也一日洞賓詭為乞人登門婁不識之叱使去洞賓以兩足蹈石上遠成兩方竅深可三寸婁始驚異延置坐右曰子非凡人也出侍女歌游仙詞命之酒洞賓口占望江南詞酬之曰瑤池上瑞霧藹群仙素練金童鏘鳳板青衣玉女撫鵾絃身在大羅天沉醉處縹緲玉京山唱徹步虛清燕罷不知今夕是何年海水又桑田侍女進蜀牋請書洞賓自紙尾倒書徹紙首字足不遺空隙婁大驚喜方欲請問道要洞賓曰吾已口口相傳矣婁請益復曰吾已口口相傳矣俄登門外大

柏樹杪不見後數日叟忽不快吐膏液如銀者數斗而卒口口相傳之說與夫石上兩方竅皆呂字之寓也　洞賓嘗遊廣陵市以十千錢散之坊陌暨翌日晚視之十千拾者無遺止遺其三一落泥中一落草中一落井中磚石縫去井口三寸許最後有二人汲水見而爭取之復嘆世人財利之心如是也　洞賓遊羅浮朱明觀至小庵中值道士他出獨一小童在童揖曰先生坐此乎遂竊道士酒以獻洞賓滿引使小童盡其餘童不屑童素患左目內障洞賓以所餘酒噀其目忽然開明若素無患者乃取筆畫一山於壁上下作池三口謂童曰汝飲吾酒則得仙矣不飲命也然亦當享高壽言訖飛入石壁隱去及道士歸見所畫山徹壁內外大驚曰山下三口乃品字非呂先生乎後童果百五歲而終　洞賓遊江州廬山眞寂觀臨砌淬劍道士侯用晦問之曰先生劍何所用曰地上一切不平事以此去之侯心異之以酒果召飲謂曰先生道貌清高必非風塵中人洞賓曰且劇飲無相窮詰既醉以筋頭書劍詩一首於壁曰欲整鋒鋩敢憚勞淩晨開匣玉龍嗥手中氣概冰三尺石上精神蛇一條奸血默隨流水盡凶豪今逐漬痕消削平浮世不平事與爾相將上九霄題畢初見若無字而黑迹燦然透出壁後侯大驚再拜因問劍法曰有道劍有法劍道劍則出入無形法劍則

以術治之者此俗眼所共見第能除妖去祟耳侯曰今以道劍殺戮奸人於稠衆中得不駭俗乎曰人以神為母氣為子神存則氣聚神去則氣散但戮其神則去其氣而人將自沒或假於人皆此類也侯嘆曰此眞仙之言也願聞姓氏曰吾呂岩也言訖因擲劍於空中隨之而去　陳執中建甲第東都親朋合樂俄有襤褸道士至即洞賓也陳公問曰子何技能曰我有仙樂一部欲奏以侑華席腰間出一軸帶掛於柱上繪仙女十二人各執樂器道士呼使下如人纍纍列於前兩女執幢幡以導餘女奏樂皆玉肌花貌麗態嬌音頂七寶冠衣六銖衣金珂玉珮轉動珊然鼻上各有一粒黃玉如黍大而體甚輕虛終不類生人樂音清徹煙霄曲調特異三闋竟陳曰此何物女子道士曰此六甲六丁玉女人學道成則身中三魂七魄五臟六腑諸神皆化而為此公亦願學否陳以為幻惑頗不快道士顧諸女曰可去矣遂皆復上畫軸道士取軸張口吞之索紙筆大書曰曾經天上三千劫又在人間五百年腰下劍鋒橫紫電爐中丹焰起蒼煙纔騎白鹿過滄海復跨青牛入洞天小技等閑聊戲爾無人知我是眞仙末題曰谷客書即出門俄不見陳謂谷客乃洞賓也悔恨欲抉目未幾謝世　淥江筆師翟某喜接方士洞賓往謁之翟館於家禮遇殊至自是往來彌年一日挈翟遊江

之滸嚙筆管爲二片浮於波上洞賓履其一引翟師效之翟師怖不敢前洞賓笑而濟及岸俄不見翟始知其異人也浹旬復來自挈飲食食翟皆臭腐也翟掩鼻謝弗食洞賓太息曰君不能惡食吾以肉醬兩甑遺君遂去不復見開視醬甑皆紫金也　洞賓遊廬山酒肆見剖魚作鱠曰吾令此魚再活鱠者不信洞賓以藥一粒納魚腹中良久跳躑如生鱠者驚試放於江圉圉洋洋悠然而逝竟洞賓不見

紹興中一縣官喜道術建大齋寶籙宮方士大集角技能洞賓詭姓氏寓焉自贊其能異衆取藥少許置諸掌吹數過俄紅暈四溢成寶輪相現洞賓二字衆大愕覓之已不見矣　景定甲子衡州衡嶽觀以三月三日元帝生辰設醮先一日有懷孕師尼至觀求宿衆惡其厭穢拒之不可令宿門外中夜聞孩聲乃尼產焉主者大怒次早尼抱孩欲入醮壇觀看衆拒之門外拖曳逾時尼以孩擲地鮮血濺地尼飛入空中拍掌大笑而去視孩則葫蘆血則硃砂也葫蘆內有回仙兩字乃大驚　滕宗諒子京謫守巴陵洞賓詭爲回道士上謁風骨聳秀談論俊辯子京異之口占詩贈之曰華州回道人來到岳陽城別我遊何處秋空一劍橫洞賓大笑俄不見子京使人繪其像置於岳陽樓　倘

書郎賀師雄藏古鐵鏡嘗欲淬磨洞賓稱回處士謁焉乞試其技筩中取藥少許置鏡上辭去曰俟更取藥來追之已不見但見所憩太平寺扉上題詩曰手內青蛇凌白日洞中仙果艷長春須知物外煙霞客不是塵中磨鏡人視鏡上藥已飛去一點光明如玉　洞賓遊長沙詭爲回道人持小瓦罐乞錢得錢無算而罐常不滿人皆神之一日坐市道上言有能以錢滿吾罐者當授以道人爭以錢投罐竟不滿有僧驅一車錢戲曰汝罐能容之否道人唯唯及推車入罐轆轆有聲俄不見僧曰神仙耶幻術耶道人口占詩曰非神亦非仙非術亦非幻天地有終窮桑田幾遷變身固非我有財亦何足戀曷不從吾遊騎鯨騰汗漫僧益驚疑欲執之道人曰若惜此錢耶吾今償你取片紙投罐祝曰速推車出良久不出曰非我自取不可因跳入罐寂然僧擊罐碎有片紙題一詩曰尋眞要識眞見眞渾未悟一笑再相逢驅車東平路僧悵然歸次東平忽見道人曰吾俟君久矣以車還之錢皆在曰我呂公也始謂汝可教今惜錢之念如此不可也僧方悔謝不及矣　安豐縣娼曹三香染惡疾爲邸以舍往來客洞賓詭爲寒士托宿僕以其襤褸拒之三香曰吾既立此門戶垢淨何擇焉遂延入殊禮遇之居無何曹疾作呻吟良苦洞賓以筯鍼其股曰回心回心時門外有一皂角樹久

槁死洞賓投以藥卽別翌日樹再生枝葉甚茂曹始悟其爲神仙而回心者呂也卽毀冠服去粉黛棄家遠遊人爲建呂先生祠奉祀爲紹興末曹忽還鄉顏狀秀異人無識者乃自言本末復去不知所終　横浦大庾嶺有富家子慕道建庵接雲水士多年一日衆建黃籙大齋方罷忽有一襤褸道人至求齋衆不知恤或加凌辱道人題一詞曰暫遊大庾白鶴飛來誰共語嶺畔人家曾見寒梅幾度花春來春去人在落花流水處花滿前溪藏盡神仙人不知末書云無心昌老來五字作三樣筆勢題畢竟入雲堂良久不出迹之已不見徐視其字深透壁後矣始知昌字無心乃呂公也衆共歎悅　徽廟時有一道人自稱昌虛中往來諸琳宮動履怪異飲酒無量啖生魚肉至數十斤飲冷水數十斛天大雨雪平地七八尺餘自埋於雪中旬日不出雪霽復起行於深潭水面如履平地又善草書作枯藤遊絲勢一舉筆數千絡繹不斷人爭擒楮以請往往不與昌字虛中呂字也　全州道士蔣暉志行高卓洞賓謁之適蔣他出洞賓題詩於壁曰宴罷高歌海上山月瓢盛露浴金丹夜深鶴透秋雲碧萬里西風一劍寒書云無上宮主訪蔣暉作遂去暉歸大驚曰宮字無上呂翁也追之不可得　青城山丈人觀黃若谷風骨清峻戒行嚴潔常以天心符水三光正炁治疾良驗而得人

錢帛卽以散施貧乏洞賓詭爲賓法師上謁留月餘所作符篆往往吹起皆爲龍蛇雲霧飛去治鬼召將必現其形通人言語足蹈成雷目瞬成電呵氣成雲噴唾成雨又善書不用筆墨但含墨水噴紙帛上自然成山川花木宮室禽獸人物之狀略加拂拭而已每書得錢卽市酒與若谷痛飲若谷飲素無量每爲賓所困一日若谷問曰先生操行異常人必自神仙中來還可語吾道否曰子左足北斗七星缺其一奚能成道耶更一生可也若谷驚曰賓公殆聖人矣蓋其左足下有黑子作北斗七星狀而缺其一未嘗爲人所知故也復問壽幾何洞賓倒書九十四字於壁作兩圓相圍之卽別去始悟兩圓相乃呂字而賓姓其字也後若谷四十九歲卒果符倒書之讖　元豐中東京有道人稱谷客與布衣滕忠同飲酒將起以藥一丸遺滕滕素有風癖服之卽愈遂別又二年於揚州開明橋東遇谷客坐水次招滕滕取路跨橋而往至則無所覩始悟其爲洞賓也怏怏未幾卒矣　熙寧中江南有李先生者自號同客人持莎笠輪竿敲短板唱漁家傲又爲鳴榔之聲以繇之音調悲激如在青霄其詞曰二月江南山水路李花零落春無主一個魚兒無覓處風和雨玉龍生甲歸天去人或與錢不受與酒卽不辭後以甲辰二月終瘞之無尸始悟同客者卽呂洞賓也　崔中舉進士

道過巴陵旅邸歌沁園春樂章洞賓適以補蹊隱市井間貿其所歌曰何曲也崔曰東都新聲也曰吾不解書子爲書吾詞崔爲書其詞曰七返還丹在人先須煉己待時正一陽初動中宵漏永溫溫鉛鼎光透簾幃造化爭馳虎龍交媾進火功夫牛斗危曲江上看月華瑩淨有個烏飛當時自飲刀圭又誰信無中養就兒辨水源清濁金木間隔不因師指此事難知道要元微天機深遠下手速修猶太遲蓬萊路待天下行滿獨步雲歸崔問姓氏曰吾生江口長山口今爲守谷客翌日訪太守言之此呂洞賓也亟令召之扣其戶應聲漸遠再呼不應排戶而入闃無人矣壁有詩曰腹內嬰兒養已成且居塵市暫娛情無端一話剛饒舌却入白雲深處行崔與太守悔恨而已　洞賓遊江夏詭爲呂元圭往來居民楊氏家爲人言禍福輒甚驗一日忽辭去曰惡人至矣吾將避之是夕提點刑獄喻某行部至鄂首覓呂已不見得其平日所與往還者岑文秀詰其所得岑曰無有喻厲以聲色將罪之岑答如故喻命搜其家得所遺卷長歌一首論內丹事喻省之曰此呂先生也元圭者拆先生二字耳惡人者謂喻追之云　宋長沙錄仲山嘉定己巳自金陵罷官歸舟次巴陵南津浦時俄覩一舟過焉舟中有黃衣翁風貌奇偉凝然佇立熟視仲山良久仲山窺其篷中無他物惟船頭有

黑瓶罐十枚篷前兩青衣童參差立仲山意其必徑渡既而僅行二丈許即回楫而黃衲翁已復端坐篷後矣再熟視仲山良久俄失船所在仲山始謂爲巨商不與之語至是恍然驚訝知其爲異人也翌旦往呂仙庵拜禮眞像果儼然衣黃衣亦有兩青童侍側而其貌則皆與昨日所見者確肖也仲山自恨凡目不識眞仙感嘆無已作水調歌頭詞有更似南津港再遇呂公船之句次年下世仲山之孫嘗出其祖所繪黃衲翁眞示余誠爲清峻絕俗云　丁晉公謂倅鄱陽洞賓作一秀才往謁曰吾唐呂渭之孫也經史百家無不通究因與晉公言君狀貌大似李德裕他日出處皆如之後晉公果大拜而竄海外信似贊皇矣　張公洎早年家居洞賓謁之與公洎講周易併言孟子存心養性之旨公洎自後文章日進因索紙筆作八分書詩一章微示他日將佐鼎席之意卒章曰功成當在破瓜年後張果參政後十六歲卒以破瓜爲二八蓋其識也　石介守道爲國子監直講一方士稱回叟上謁袖出詩曰高心休擬鳳池遊朱紱銀章寵已優莫待禍來名欲滅林泉養浩預爲謀石遜謝不悟其旨延以酒食日將夕叟辭石留之宿曰吾孤雲野鶴安可留也既及期年因賊孔直溫謀逆石嘗有書與之坐貶卒　太常博士王綸守岳州有回道士謁貌清癯短褐不拚體語音清圓

綸問世系回曰世系不必問所請教者奕棋耳與奕綸素號國手至是連負日云暮乃酌以酒問何方人回書詩曰仙籍班班有姓名蓬萊倦客呂先生凡人肉眼知多少不及城南老樹精綸驚訝間已失之矣庭下煙霧滃然移時方散　石舍人王休因避暑有襤褸樵夫持斧而前眉目秀整議論清快石問鄉里及世系曰老夫生於河南移居於終南山呂渭之裔也所學者莊子老子此外無所爲石曰終南有佳處曰佳處甚多因舉陶隱居詩曰終南何所有所有惟白雲只可自怡悅不堪持贈君石異之款留二日極談出有入無超生離死之法將別曰吾將往岳陽以丹一粒遺石服之年九十餘面如嬰兒　洞賓行巴陵市太守出犯節前驅執之太守置諸獄令書款日迫晡無一辭吏趣之洞賓曰須我酒醒吏曰汝不憂罪尚以酒爲解也言未竟俄失之但遺一幅紙曰暫別蓬萊海上遊偶逢太守問根由身居北斗星杓下劍掛南宮月角頭道我醉來眞箇醉不知愁是怎生愁相逢何事不相認却駕白雲歸去休太守驚曰此呂翁也夙興焚香謝過一日於水盆中見爲亟召畫史圖之與滕子京本絕類也　洞賓遊山陽靜光觀巧筆自繪己像於三清殿北墉眉目修整貌古怪不類世所傳上有北斗七大星君相披髮重珪立傍作一符徑丈餘書曰元祐二年作如知吾下

筆處可以語道人以疾刮符服之往往頁已或見神人儀觀甚偉曰吾神光符使也訴暴露以幕區之　江州太平觀道士有高志洞賓訪之贈詩曰落魄薛高士年高無白鬚雲中閒臥石山裏冷尋碑誇我飲大酒嫌人說小詩不知甚麼漢一任輩流嗤末小書云回道人同三客訪薛鍊師作始知洞賓併寓其字　宿州符離縣天慶觀有甯道士少年談老莊有奇趣一日晨興有竇藥道人至卽洞賓也儀狀雄偉往來彌月因有老莊之要旨授道士曰吾觀禪學皆出於老莊縱千經萬卷反復議論要自立箇門庭源流授受其實皆本於老莊之旨也臨別題二絕句於扉上作大篆體勢飛動一曰秋景蕭條葉亂飛庭松影裏坐移時雲迷鶴鑰何方去仙洞朝元失我期二曰肘傳丹篆千年術口誦黃庭兩卷經鶴觀古壇松影裏悄無人跡戶長扃既去人爭刮以治疾頁已字入木寸餘墨迹不滅　洞賓遊黍州天慶觀時道流悉赴鄰郡醮席獨一小童在洞賓求筆欲書壁童辭以觀堂新修師戒毋汚壁乃曰但煩貯火殿爐欲禮三清既往見殿後池水清泚以爪畫壁書曰石池清水是吾心剛被桃花影倒沉一到邽山宮闕內消閑澄慮七絃琴末題云回後養書壁絕高非手所能及衆嘆異始悟回爲呂後養者先生反對　洞賓嘗遊山寺以劍化作一艷婦入寺僧行縱觀神馳

志喪過雲堂前有一僧方趺坐獨不顧竟出門似若不動心者吾以為可教既出門則已候於無人之地意欲要而挑之女色蠱人罪根難滅此第一障道因緣也　洞賓抵四明金鵝寺顧方丈蕭然頃有童子出呂問此何寥寥曰莫道寥寥虛空也不著遂佳其言題詩於壁云方丈有門出不鑰見箇山童露雙脚問伊方丈何寥寥道是虛空也不著聞此語何欣欣主翁豈是尋常人我來謁見不得見渴心耿耿生埃塵歸去也波浩渺路入蓬萊山杳杳相思一上石樓時雪晴海闊千峯曉　廬山開元寺僧法珍坐禪二十年頗有戒行一日定坐見一道人來謁問曰師謂道惟坐可乎珍曰然道人曰佛戒貪嗔淫殺為甚方其坐時自謂無此心矣及其遇景遇物不能自克則此種心紛飛莫禦道豈專在坐乎因與珍歷雲堂見一僧方酣睡謂珍曰吾偕子少坐試觀此僧良久見睡僧頂門出一小蛇長三寸餘緣牀足至地遇涕唾食之復循溺器飲而去及出軒外度小溝繞花臺若駐玩狀復入度一小溝以水溢而返道人當其來徑以小刃插地迎之蛇見畏縮尋則往至牀右足循僧頂而入睡僧遽驚覺道人及珍問訊睡僧曰吾適一夢與二子言之初夢從左門出逢齋供甚精食之又逢美酒飲之因褰裳渡門外小江逢美女數十恣觀之復欲渡一小江水驟漲不能往逢一賊

欲見殺走從捷徑至右門而入遂覺道人與珍大笑而謂珍曰以牀足為門以涕唾為供以溺為醞以溝為江以花木為美女以刀為賊人之夢寐幻妄如此珍曰為蛇者何道人曰此僧性毒多嗔蘗染變化已成蛇相他日瞑目即受生於蛇中矣可不懼哉吾呂公也見子精忱可以學道故來教子珍遂隨之而往不知所終　袁州開元寺浴室有大井泉水甘冽洞賓愛之留連旬日因與寺僧款密僧朴野待之盡敬不知其為洞賓也臨行以墨一笏贈僧藏之篋笥不復省一日李大臨轉漕江西部至袁尋僧問曰呂先生嘗贈汝金乎僧恍然曰我不識呂先生但前有道人到此贈我墨耳初無金也出墨示大臨則墨即金矣大臨摩挲駭異欲以他金貿易之僧弗受但以一笏轉贈之且問轉運使何自知此李曰昨過零陵見何仙姑問呂公動履何曰近呂過此自言久客宜春與開元浴室僧相善喜其有仙風道骨以金遺之吾聞此語故來驗焉旬日洞賓復來問僧墨何在僧具以告洞賓笑曰此女饒舌遂與僧攜手出門去不知所之　洞賓詭為回處士遊大雲寺隨堂會食月餘謂寺僧曰僧饌甚精但少麪耳遂去旬日攜少許麪至自炮設數百僧皆飽足僧請處士啜茗舉丁晉公詩曰花隨僧筯破雲逐客甌圓處士曰句雖佳未盡茶之理乃書詩曰玉蘂一鎗稱絕品僧家

造法極功夫兎毛甌淺香雲白蝦眼湯翻細浪俱斷送睡魂離几席增添清氣入肌膚幽叢自落溪嵒外不肯移根入上都以丹一粒遺僧曰服此可不死遂別去後僧亦仙去　邵州城外有老媼開酒肆一日有呂道人來索飲偶無酒媼以所餘濁酒一升與之道人問價媼曰每升錢二十道人以指蘸酒書二十字于門外一紫石上而去徐視則字迹下透石底幾尺餘自是觀者如堵酒肆大售後人因其居建集仙觀　永康軍倪某新開酒樓有一道人至索飲自旦及暮飲佳醞已及石餘衆怪相聚以觀倪留酒金道人瞪目不語頹然醉倒倪坐守之曙鼓動道人忽起援筆題詩于壁曰鯨吸鼇吞數百杯玉山誰起復誰頹醒時兩袂天風冷一朶紅雲海上來末書云三山道士陽純作以土一塊擲倪面走出門仰望東北一朶紅雲而來撫掌大笑俄不見刮視其壁墨徹數分視土塊乃良金也自是酒樓大售始知陽純者乃純陽也　後周泰汴京有石氏設茶肆一女尚髫齓令行茶洞賓詭爲丐者日往據上坐求茶衣服襤褸血肉垢汚殆不可近女殊無厭惡意益取上茗待之女毋怒笞女女益待之月餘無厭洞賓謂女曰汝能啜我所飲之餘者乎女以穢甚不可下咽覆之地忽聞異香亟舐之神氣爽然洞賓曰我乃先生非丐者惜爾不能盡食吾餘然吾能從爾願欲富乎

貴乎靜乎女曰我小家子不識何爲貴得富且靜足矣洞賓去不復來後女亦貴顯年百三十五歲終　福州長溪縣老嫗開飯肆乾道中有道人來食畢以火柴頭書壁作呂洞賓三字光豔奇偉太守聞之騎往觀則字已銷沒無復餘迹信神筆也　荊州妓侯其姓者爲邸以舍客洞賓詭服求授館早出暮歸歸必大醉逾月不償一金侯召啜茶洞賓曰吾見鍾離先生謂汝可以語道侯不省以酒飲之洞賓索飲不已侯滋不悅洞賓伸臂示之金釵隱然解其一令市酒侯利其金曰飲能盡此乎曰可也即登榻鼾鼾至夜分侯迫榻洞賓以手拒之侯亟去遲明失洞賓所在視其身則手所拒處呂字徹肌上侯感悟曰此呂公也得非宿世一念之差遂至于此公其來度我乎即斷髮布裘尋洞賓不知所終　廣陵妓黃鶯有姿色豪客塡門一日有呂秀才托宿黃以其襤褸垢汚拒之秀才題二詩於屏一曰嫫母西施共此身可憐老少隔千春他年鶴髮雞皮媼今日玉顏花貌人二曰花開花落兩悲歡花與人還事一般開在枝間防客折落來地上請誰看題畢俄不見　有妓楊柳東都絕色也道人往來其家屢輸金帛然終不與楊交接楊一夕乘醉迫之道人曰吾先天坎離配合身中夫婦內交聖胎已結嬰兒將生豈復戀外色乎內交之樂過於外交之樂遠矣楊疑訝其語

時宰相張天覺館賓藺某與久狎楊以告藺而藺以告張遽往卽之道人大呼疾走徑趨棲雲庵雲堂不出良久排闥尋之則已不見惟壁上有詩曰一吸鸞笙裂太清綠衣童子步虛聲玉樓喚醒千年夢碧桃枝上金雞鳴後庵遺火無孑遺而題詩之壁巋然獨存亦一異也　宋宣和間徽宗設齋一千道人只闕一名適有一風癩道人求齋監門官力拒之其時徽宗與道士林靈素便殿談話而道人忽在其階下亟道人道去赴齋道人以布袍袖在殿柱上一抹而往徽宗見而怪之起身觀柱上有粉字書云高談闊論若無人可惜明君不遇眞陛下問臣來日事請看午未丙丁春果有靖康丙午丁未二帝北狩之難　紹興末洞賓赴青城山鶴會憩一賣餅果人家人不之識也頗異之洞賓濃墨大書詩一章于門之大木上曰但患去針心眞銅水換金鬢邊無白髮騎馬去難尋蓋寓呂洞賓來四字筆勢偉勁光彩殊常取刀削之深透木背洞賓已不復見時士人關雲祥者見之卽繪其像乃一清癯道人也是後餅果大售　潭州兵馬都監趙不閒淳熙九年四月十四日作鶴會一道人不知所從來攝衣升座不與人揖遜入知堂房內不見但於几上得一幅紙書絕句云適回相見不無緣滿院風光小洞天一劍當空又飛去洞庭猶起老龍眠末題谷客書　會稽山紹興癸丑

道會有道人攜涼笠而至會散乃掛笠於壁無掛笠之物而笠不墜題詩云偶乘青帝出蓬萊劍戟崢嶸遏九垓我在目前人不識爲留一笠莫沈埋　賈平章母兩國夫人設雲水道人齋忽有羣道人挾一孕婦將產而來齋未罷產嬰兒在地羣道人即扶女子而去只留嬰兒在地衆人扶起嬰兒乃一劍袋也始知爲呂公以戲凡俗云　吉州舊有白雲堂在龍慶寺近嘗有道人在堂掛搭喉下復有一口以吹鐵笛吹訖復塞以紙笠上題兩句詩一聲吹動斜陽外喚起江湖萬里心小孩群尾其後輒將銅錢撒地使競取之後題一詩於後堂云牽牛與織女依舊白雲堂遂去皆莫曉其意後郴州寇李元礪反白雲堂閉門不容掛搭以防奸細三年後復開開之日乃七夕後一日也始悟其詩及悟二口呂字也　江州瑞昌縣潘安撫道場嘗有道人至求掛搭無包無傘僅有一笠襤褸村俗直堂鄙之曰你無傘無包奈何掛搭道人云既不許掛搭覓一茶即去直堂入令之坐及出則道人反坐主席直堂怒曰不知賓主禮做甚道人道人不揖而去遺下一笠直堂不能舉遂會衆諷經謝罪遂舉其笠地上有呂字人病取土煎湯服之立愈數年間遂成一井水泡上結成呂字劃開復聚至今尚存　東京一歲民大病瘧有老姥家鬻茶子孫皆病一日有道人來姥善待之以子孫病

爲請道人曰翌旦待我姥早起待之道人以絳紗裹藥曰病發者使執之自愈一丸可愈百人過百人卽不驗矣姥從之子孫皆愈過瘵及百人滿果不驗矣姥拆囊已不見藥但有書呂洞賓三字而已方知遇呂先生也　桐廬有通守忘其姓名以母病發背百方不瘥祈禱備至感洞賓夜夢之曰公至孝感天命余救拔若遲一日不復可療乃授以還寶膏方括蔞五枚取子乳香五塊如棗大二味各細研以白沙蜜一斤同熬成膏每服三錢溫酒化下通守市藥治服卽愈後以施人立效　趙州貧民劉某病跛二十年每夕炷香禱天一日有道人手攜鐵瓢謂劉曰可隨我行劉隨之行二里許指地下曰此下深三尺餘有五色石試掘之果得一石大如彈丸五彩殊常道人曰子可持歸暴露九日細末以木瓜皮煎湯服俟愈可來城東駐雲堂東廊第三間左壁上再相會云劉疾脫然卽往尋之但見壁有洞賓所攜瓢云　江陵傅道人事洞賓像甚謹乾道中正旦有一客方巾布袍入共語良久招之同飮傅從之自是每日一來時傅目昏多淚客敎服生熟地黃切焙取川椒去枝節及閉口者微炒三物等分煉蜜丸空心鹽水飮下五十丸傅服之久能視物追思容貌宛類所事洞賓像云　洞賓遊岳陽詭名賣藥一粒千金三日不售乃登岳陽樓自餌其藥忽騰空而立衆方駭

蒸欲買其藥洞賓笑曰道在目前蓬萊跬步撫機不發當面錯過乃吟詩曰朝遊北越暮蒼梧袖裏青蛇膽氣麤三入岳陽人不識朗吟飛過洞庭湖　成都藥市且有道人垢面鶉衣手持丹一粒大呼於市曰我呂洞賓也有能再拜我者以丹與之衆以爲狂相聚笑之隨道人往來數四竟無拜之者道人往坐五顯廟前火池上兒童爭以瓦礫擲之道人笑曰世人欲見吾甚切旣見吾又不識吾亦命也呂乃自餌金丹俄五色雲周身有頃不見衆共悔恨　黃覺能有詩名一日送客東都門外旅次見一羽士因攜酒殽呼羽士共享之畢羽士舉杯撫水書呂字且曰明年江南見君明年果調官江南復見洞賓與以大錢七其次十又其次小錢三曰數不可益也吾以藥數寸遺子歲旦以酒磨服可一歲無病覺如其言至七十三歲藥亦垂竭卒於東京　李德成能醫盛寒時過一貧窶道士衣單衣無寒色與李入酒肆自據主席李怪之店者曰交錢取酒道士指店中取三酒瓶曰中各有一升酒錢店者視之果然乃以三升酒與之道士酌酒飲李止取一瓶二瓶自竭與李曰此小術耳吾呂洞賓也李驚喜道士書一絕曰九重天子寰中貴五等諸侯門外尊爭似布衣狂醉客不教性命屬乾坤以藥一粒遺李曰服此當享高壽卽別去李服藥髮不白齒不落百七歲而卒　鍾傳

弱翁帥平涼洞賓幅巾衣白紵衣上謁從牧童牽黃犢立庭下弱翁異其氣局閑雅指牧童曰道人能詩可賦此乎曰是兒自能之牧童大書曰草鋪橫野六七里笛弄晚風三四聲歸來飽飯黃昏後不脫蓑衣臥月明既別人皆見其擔二大甕長歌出郭或報弱翁曰甕二口此呂公也亟追之不復見矣　元豐中呂惠卿守單州天慶觀七月七日有異人過焉書詩於紙一曰四海孤遊一野人兩壺霜雪足精神坎離二物君收得龍虎丹行運水銀一曰野人本是天台客石橋南畔有舊宅父子生來有兩口多好筌歟不好拍惠卿猜余中解之曰後篇第一句賓字也第二句石橋者洞也第三句兩口者呂也第四句者吟也吟此詩者其洞賓乎　武昌守倅一日對奕有道人不通姓氏直前曰吾國手也守試與奕纔下僅八子即白太守負矣守曰汝子未盈局安知吾負道人曰吾子已分途據要津矣是以知之已而果然如是數局守皆負俄拂袖去不見守令人遍城尋之聞在郡治前吹笛纔至郡治前則聞笛聲在東門至東門則聞在西門至西門則聞在南門至南門則聞在北門至北門則聞在黃鶴樓前道人走往石照亭中不見但見亭中有詩曰黃鶴樓前吹笛時白紅蘋蓼滿江湄衷情欲訴誰能會惟有清風明月知末書一呂字　何仙姑零陵市道女也始十三歲隨女

伴入山採茶俄失伴獨行迷歸路見東峯下一人修髯紺目冠高冠衣六銖衣卽洞賓也仙姑始僕僕亟拜之洞賓出一桃曰汝年幼必好果物食此盡他日當飛昇不然止居地中也仙姑僅能食其半髯者指以歸路仙姑歸自謂止一日不知已逾月矣自是不饑無溺洞知人事休咎後尸解去洞賓嘗謂仙姑曰吾嘗遊華陰市中賣藥以靈丹一粒置他藥萬粒中有求藥者於瓢中信手探取與之觀其夙分也如是數日他藥萬粒採取入手而此丹入手卽墜因嘆世間仙骨難値如此　長沙劉跛仙遇洞賓於君山得靈龜呑吐之法功成歸隱岳麓自號瀟湘子常侍洞賓往來抱黃洞賓數游城下有詩曰南山七十二獨愛洞眞墟後有鄭思者遇跛仙于清泰門外相與俱仙去　陳濟然富而儒者也性慕道延雲水士多年竟無所遇洞賓詭爲傭者爲治圃歲餘所作工役力過常人陳愛之然止以傭者待之而已一日陳與一道友講陰符經至天發殺機天地返復未曉殺機之旨洞賓從旁抗聲曰生者不生死者不死已生而殺生未死而學死則長生矣陳大驚曰汝非傭者耶誰教汝爲此言旣而詰之則復繆悠其辭不可解道友曰田野村夫定於何處竊得此語耳非實通曉也居無何忽辭陳曰吾將遠行明年五月五日午時復來也旣去寂然陳有鄉人客於巴陵遇之曰

為我寄語陳公我呂洞賓也始意公可授道徐察之則不然不復來矣言訖走入呂仙亭竹林中不見明年端午日午時陳暴卒　按江寧府志蔣鎡字乘時家貧發蒙拆字以活隆慶中得末疾以帛絡臂於項左手執杖而行一日早有事過普德寺肩輿而往事畢下輿稍息見一道人自前山下呼鎡與語鎡乃曰我不幸得偏枯乃如此道人厲聲曰偏枯者樹之榮悴相半也樹若此即屬於火不得為木矣汝少饒今澀怒盛於肝以致生火火不生土而土焦土不生金而金鑠金不生水火反尅之子孫拂意方致汝蹶血氣滯於脈絡所謂密雲不雨者也因問道人何姓曰我思屯乾道人也屯於義為難思屯者常以難自思也因與言乾坤陰陽之理甚悉言畢曰汝可往橋上一行鎡不覺遂扶杖隨出時日初升道人橋邊對日而立口喃喃誦而無聲復呼令行遂自橋至雨花臺之麓倚樹坐以手捫鎡腰復向衣內上下捫曰幸瘦可愈不必餌藥惟武夷茶烹以澗泉能解之耳鎡問其寓曰清元觀問思屯乾道人可也別去歸遂步履如常矣後至清元觀訪之但有呂祖塑像耳乃知思者絲也以絲合屯為純乾者陽也所過真純陽也　嘉靖中有姚錦者往武定橋偶一道人向其家索齋因飯之道人見錦面上一瘤指之曰是將害事子善人也與子藥一粒謹藏之瘤癢時以水

調數飯後索茶茶罷以空甌置井口上遂去後數年瘤忽癢甚因出所藏藥敷之頃刻消矣有爲解者曰空甌置井口上乃呂字蓋遇仙也　賣藥道人不知所從來監前西倉巷有艾千戶者一子年十六七而脣上有發瘤初如豆漸大如拳觸之痛不可忍父子相抱終日啼一日艾老往南門歸至內橋途遇賣藥道人試以語之道人曰吾能治此若家何許且當詣汝告之翌日道人果至診其子曰是不難第愈時當謝我二金耳艾老許諾遂出囊中藥以一青綫繆之繫於瘤之根次日又至又次日再至語艾老曰病即愈矣明日當具金謝我翌日瘤如故父子又相抱而啼疑其紿己也午飯時子方握匕瘤砉然墜几上毫無所苦候道人竟不至矣　丙申丁酉間有一道人坐朝天宮門前丰儀甚偉縱觀者衆城北一少年亦隨衆觀之道人召之至前曰汝邪氣滿面必有妖物相擾試以語我爲治之不治且死少年懼因告之曰數月以來有一美婦人夕必共寢莫知所從來苦神氣疲耗耳道人曰是不難因從衣上取布縷數條結成圈與之曰今夕來以繫其指上勿令先覺也復授藥一丸曰以愈子病少年歸俟婦至如言繫之甫繫而結即糾緊入骨婦則狂呼痛楚不可忍跳躑牀上每躑則身漸縮小纔致寸許躍出戶外至簷上而沒其父母升屋索之從承霤中得一木女子

滿身皆苔痕也取焚之復服所與藥病遂愈少年父母得其子愈命治齋延之少年至宮前不復見一日遇之於市邀之歸道人不可袖中出一緘幷藥兩丸與之曰歸示爾父母如我至也子持物展視則呂祖像一幅而丰儀儼然道人也　按滁州志汪繼美嘉靖年間諸生遇回翁道人如世所傳洞賓像童子四人隨焉初從夢入久乃見形時挈之雲中凡與之譚輒題詩於壁好事者裒之爲遇仙集　按宜黃縣志洞賓墨跡距縣十里有山曰赤松憲使鄒極父朝請公結庵處也一日有異人過大書佛門長開四字中又書九九八十四及回字後庵僧以九月九日順寂壽八十四回者呂字人知爲呂純陽也墨跡今逸邑人饒時亨刻石記其事　鄒極自本路憲使丁外艱歸一日有過客自稱姓呂名洞來謁嗜酒飲不計升斗公不倦與對他日乘醉求臥公枕以珊瑚枕洞睨視撲於地碎之明日復至閽人語之洞遽索破枕以玉斧鑿泉得水洗之復完如故閽人以告公出見之索酒如常時公有客不果陪止給三爵令獨飲洞曰有客無主何以酒爲因笑謂侍者曰更持一酒罍來强公飲獻酬間不覺竟日夜罍中初未益而酌之不竭夜分迺去明日酒人告無故罄竭者三洞復來邀公同遊曹黃二山公意不欲往洞乃於壁間畫一圖圓徑不滿八寸樓閣仙娥樂器俱備

鈞天之數洞叱之門戶俱啟洞命極入極欲邀夫人同往洞遽躍入圖亦隨沒夫人急以衣裾印之遂成一圖子孫世藏於家後二年公卒洞又來問指公像曰向時招爾同遊今乃爾耶因咄咄不已而去　按天台縣志呂洞賓游天台居福聖觀靈應事跡甚多嘗題一絕於壁云青蛇繞地月徘徊夜靜雲閒鶴未回欲度有緣人換骨暫留蹤跡在天台宋紹興間一丐者負其母歌於市云只兩口既久詢丐者所聚處則無是人一日到台州出崇和門至泉井岸擲其母於水乃一巨瓠跨而昇空人方思兩口乃呂字也　按寶慶府志宣和二年道儒冠於武岡譙樓嘆曰佳哉山水五百年無兵火可避亂也市中小兒見其狀問之曰公非呂洞賓耶中卽有衲衣求長生藥者因忽不見後有自紫陽來者以青錢百餘謂鼓匠曰呂先生還酒錢卽向日登樓生也郡人因於譙樓建止戈坊　按廣德州志呂純陽嘗至州東二十里遇王嫗鬻酒為業純陽每從索酒必與不計其直純陽畀丹一顆投井中井中水化為醴取之不竭嫗以致富後人名其井曰王婆井云　按河南府志呂道字洞賓本府河中人嘗侍鍾離講道於雲溪觀之右巖今二仙洞乃其遺跡相傳伊國主好道一道人醉態猖狂向前曰我呂道也可登名主者呵曰何物野道敢冒上仙名反復爭辯喧傳達於睿前

國主呼之驗視已失所在又縣西北真武廟前一柱乃倒樹枯楊有道士久坐此忽振衣而起取筆於柱上書活楊宮三字旁書一呂字而社衆往觀之已發枝葉矣迄今尚茂人名其廟曰活楊宮

按安慶府志呂喦字純陽別號洞賓天寶時人以進士授江州德化縣令私行廬山遇鍾離眞人授天仙劍法會至桐城呂亭驛畔遇一孝婦取水舅姑至此息肩指示之曰此間自有甘泉不須遠去遂拔劍劃之泉為湧出至今方池數武泉出沙間雖大旱不竭名洞賓泉又嘗游浮山留題雪浪巖詩云褰裳懶步尋眞宿好景一時觀不足月在碧空風在松何必洞天三十六

按兗州府志呂翁四月十四日誕遊單父既去邑人於城東隅立祠州人包九成者心慕仙翁乃精誠設醮致禱曰如仙翁復來願示靈響至日果有白鶴四隻從西南來晡時方去自是每於仙翁誕日祠側草莖上結成鶴形日高遂泯至今猶顯其異

按武當山志呂純陽父姓李母姓呂本唐宗胄中進士狀元及第因武后殲唐子孫乃從母姓先隱太華山中道明三元苦心救世玉帝選仙羣仙會眞為天仙狀元上帝敕命為傳教祖師嘗遊武當居紫燕峯

卷終

神仙部列傳二十四

唐七　楊越公弟

按逸史唐建中初楚州司馬楊集自京之任至華陰宿夜有老人戴大帽到店就鑪向火楊君見其耆耄因與酒食問姓氏曰姓楊又詰其祖先云越公最近楊公乃越姪孫復重問曰為君所迫我乃盡言我是越公季弟也遭兄亡命遂遇道眞集聞姓氏再拜復坐曰吾亦知汝過此故來相看祖母與姑數人悉在汝欲見否吾先報去少頃復至明旦與楊君入山約里餘有大澗闊數丈老父超然而越迴首謂楊君曰當止此吾與汝喚阿婆去逡巡聞老母及女與六七人造巖而至楊君望拜隔水與語皆嗟嘆亦有泣者良久曰且去妨汝行役楊君乃拜迴數十步却望猶有揮淚者明日復來深水高峯並不見矣

馬湘

按續仙傳湘字自然杭州鹽官人也世為縣小吏而湘獨好經史攻文學治道術遍遊天下後歸江

南嘗醉於湖州墮霅溪經日方出衣不沾濕坐於水上而言曰適爲項羽相召飲酒欲大醉方返溪濵觀者如堵酒氣猶衝人狀若風狂路人多隨看之又時復以拳入鼻及出拳鼻如故又指溪水令逆流食頃指柳樹令隨溪水來去指橋令斷復續後遊常州會唐宰相馬植謫官量移常州刺史素聞湘名乃邀相見延禮甚異之植問曰幸與道兄同姓欲爲兄弟冀師道術可乎湘曰相公何望植曰扶風湘曰相公扶風馬湘則風馬牛但且相知無徵同姓亦言與植風馬牛不相及也植留之郡齋益敬之或飲食次植請見小術乃於席上以磁器盛土種瓜須臾引蔓生花結實取食衆賓皆稱香美異于常瓜又於遍身及襪上摸錢所出錢不知多少擲之皆青銅錢撒投井中呼之一一飛出人有收取頃之復失又植言此城中鼠極多湘書一符令人貼於南壁下以筯擊盤長嘯鼠成羣而來走就符下俯伏湘乃呼鼠有一大者近堦前湘曰汝毛蟲微物天與粒食何得穿牆穴屋晝夜擾於相公且以慈憫爲心未能盡殺汝宜便相率離此大鼠乃廻羣鼠皆前若叩頭謝罪遂作隊莫知其數出城門去自後城內更絕鼠後南遊越州經洞巖禪院僧三百方齋而湘與婺州永康縣牧馬巖道士王知微弟子王延叟同行僧見湘單僑箕踞而食略無揖者但資以飯湘不食促知微延叟

急食而去僧齋未畢乃出門又促速行到諸暨縣南店中約去禪院七十餘里深夜聞尋道士聲主人遽應此有三人外面極喜請於主人願見道士及入乃二僧但禮拜哀鳴云禪僧不識道者昨失迎奉致貽譴責三百僧到今下牀不得某二僧主事不坐所以得來固乞捨之湘唯睡而不對知微延叟但笑之僧愈哀乞湘乃曰此後無以輕慢爲意迴去入門坐僧當能下牀僧迴果如其言湘翌日又南行時方春見一家好菘菜求之不能得仍聞惡言命延叟取紙筆知微遂言求菜見阻誠無訟理況在道門詎宜施之湘笑曰我非訟者也作小戲耳于是延叟授紙筆湘畫一白鷺以水噀之飛入菜畦中啄菜其主趕起又飛下再三湘又畫一猧子走趕捉白鷺共踐其菜一時碎盡其主見道士嘻笑嘗求菜致此慮復爲他術遂來哀乞湘曰非求菜也故相戲耳于是呼鷺及犬皆飛走投入湘懷中視菜如故悉無所損又南遊霍桐山入長溪縣界夜投旅舍宿舍少而行旅已多主人戚言無處宿道士能壁上睡卽相容已過日暮知微延叟切于止宿湘曰爾但於旅中睡而湘躍身樑上以脚掛樑倒睡適主人夜起燭火照見大驚異湘曰樑上猶能壁上何難俄而入壁久之不出主人拜謝移知微延叟入家內淨處安宿及旦主人留連忽失所在知微延叟前行數里尋求已在路

傍自稱桐廻永康縣東天寶觀駐泊觀有大枯松湘指之曰此松已三千餘年卽化爲石自後松果化爲石忽大風雷震石倒山側作數截會楊發自廣州節度謫授婺州發性尚奇異乃徙兩截就郡齋兩截致之龍興寺九松院各高六七尺徑三尺餘其石松皮鱗皺今猶存焉或人有疾告者湘無藥但以竹拄杖打痛處腹內及身上百病以竹杖指之口吹杖頭如雷鳴便愈有患腰腳驅曲拄杖而來者亦以竹拄杖打之令放拄杖應手便伸展時有以財帛與湘者推讓不受固與之復散與貧人所遊行處或宮觀巖洞多題詩句其登杭州秦望山詩曰太一初分何處尋空留曆數變人心九天日月移朝暮萬里山川換古今風動水光吞遠嶠雨添嵐氣沒高林秦皇漫作驅山計滄海茫茫轉更深復歸故鄉省兄適兄出嫂姪喜叔歸湘告曰吾與兄共此宅歸來要分此地我唯愛東園耳嫂異之曰小叔久離家歸來兄猶未相面何言分地骨肉之情必不忍如此駐留三日嫂姪訝不食但飲酒而已待兄不歸及夜遽卒明日兄歸問其故妻子具以實對兄感慟乃曰弟學道多年非歸要分宅是歸託化于我以絕思望耳乃棺殮其夕棺鞫然有聲一家驚異乃窆于園中時大中十年也明年東川奏劍州梓潼縣道士馬自然白日上昇湘于東川謂人曰我鹽官人也勅浙西道杭

州翟視之發塚視棺乃一竹杖而已　按閱奇錄馬自然貌醜軀皃禿鬢大口飲酒石餘醉臥卽以拳入口人有疾病告之折薪呵而與食無不瘥者嘗吟曰昔日曾隨魏伯陽無端醉臥紫金牀東君謂我多情懶罰向人間作酒狂後往梓潼上昇　按金華府志馬湘爲人若風狂狀每賒酒於白塔巷酒肆一日沉湎謂主人曰我今得仙矣所逋酒債焉敢輕酬遂出甕中藥化賣酒鐵器並爲紫金

買藥道士

按原化記唐貞元初廣陵人馮俊以傭工資生多力而愚直故易售常遇一道士於市買藥置一囊重百餘斤募能獨負者當倍酬其直俊乃請行至六合約酬一千文至彼取資俊乃歸告其妻而後從之道士云從我行不必直至六合今欲從水路往彼得舟且隨我舟行亦不減汝直俊從之遂入小舟與俊并道士共載出江口數里道士曰無風上水不可至吾施小術令二人皆伏舟中道士獨在船上引帆持楫二人在舟中聞風濤聲度其船如在空中懼不敢動數食頃遂令開船召出至一處平湖渺然前對山嶺重疊舟人久之方悟乃是南湖廬山下星子灣也道士上岸令俊負藥卽付

舟人船價舟人敬懼不受道士曰知汝是溧陽人要當時至以此便相假豈爲辭耶舟人遂拜受之而去寶江州人也遂引俊負藥於亂石間行五六里將至山下有一大石方數丈道士以小石扣之數十下大石分爲二有一童出於石間喜曰尊師歸也道士遂引俊入石穴初甚峻下十丈餘旁行漸寬平入數十步其中洞明有大石堂道士數十弈棋戲笑見道士皆曰何晚也勅俊捨藥命左右速遣來人歸前道士命左右曰擕人甚饑與之飯食遂於瓷甌盛胡麻飯與之食又與一碗漿甘滑如乳不知何物也道人遂送俊出謂曰勞汝遠來少有遺汝授與錢一千文令繫腰下至家解觀之自當有異耳又問家有幾口云妻兒五口授以丹藥可百餘粒曰日食一粒可百日不食俊辭曰此歸路遠何由可至道士曰與汝圖之遂引行亂石間見一石臥如虎狀令俊騎上以物蒙石頭俊執其末如執轡焉誡令閉目候足著地即開俊如言騎石道士以鞭鞭石遂覺此石舉在空中而飛時已向晚覺足躡地開目已在廣陵郭門矣人家方始舉燭比至舍妻兒猶驚其速遂解腰下皆金錢也自此不復爲人傭工廣置田園爲富民焉里人皆疑爲盜也後他處有盜發里人意俊同之遂繫以詣府時節度使杜公亞重藥術好奇說閱俊言遂命取其金丹丹至亞手如墜地焉而失之兼言

郭外所乘之石猶在遂捨之亞由是精意於道頗好燒煉竟無所成俊後壽終子孫至宦焉

詹妙容

按衢州府志妙容本番陽人女唐貞元初來江上登眞巖修鍊衣楮衣食草木實後騰雲而去

韓湘子 附朱拾得 韓愈

按韓僊傳予大周之韓原人始氏以國秦楚迸滅後有叔通子者奔武城遂姓韓氏因契夙器遊於海東卒成仙聖枝蔓蘿蘿牽連不已漢之東西晉之前後史譜已載高宗永徽四年癸丑先祖曰仲卿者刺史江南人受德濟遂家於鄧州之南陽松水爲元宗天寶壬午九日先父生有異質既長以孝著名諱曰愨尋改曰會應代宗廣德元年癸卯鄉舉大曆二年丁未秋仲卿祖薨先父盡大禮櫬掩於匡廬之五老峯下卜者曰得此者位極人臣二十年後有仙者出先父與姑子蕭存築舍於西林寺守墓爲蕭存歷官至郎中惡裴延齡不仕歸養於茲明年戊申上元繼祖母賀氏生叔愈五年庚戌叔三歲而賀母死先父撫之先父歷官起居舍人十二年丁巳五月先父坐元載貶嶺表既歸南陽叔日記數百言通六經百學建中四年癸亥朱泚亂先父攜叔奔還韶嶺先父爲人善清言有

文章高世江南宣城有別業先父亦就居八月有詔徵先父以衰頹不可就因二辭遂爲訕謗不用及韶嶺兵尅復歸苦勵叔以讀興元元年甲子登薦時叔年十八也貞元元年乙丑謂叔曰吾蚤失怙恃吾母清河崔氏亦卒汝母生汝卽捐而幸成大人矣我年過半所不盡恨者汝嫂呂氏之不嗣也天欲何爲言已淚下叔曰弟所得生兒之育也弟之成人兒之教也弟立身過望兒德勝天矣德必厚福況垂世乎兒其毋憂先父稍解七月爲叔娶扶風之竇女焉先父禱於嶽神之西夢曰虎榜中鄉闈庭分桂一枝最憐雙遂後賓鴈各子飛明年丙寅三月七日甲寅之辰而吾嬸竇氏忽見丹鶴飛入中庭先父亦見隨入方舍絕無影迹六月乙未七日庚申之酉而子生時也天垂五異地應百祥鄉里有見老鶴翔空者先父以鶴爲名謂叔曰昔卜吾父五老葬地者開府子儀郭公也謂我有仙者出丁未迄今二十載合其讖矣叔曰異教也神仙杳茫兒何獨取乎吾聞周孔正世餘不復知矣未聞以黃老之無君無父者可以定天下也弟每深恨此輩他日有望必人其人火其書明道以導盡去其教而後已先父憮然初蒼梧之野賓龍峯西北有洞曰皇老東華李公西城王公相傳道爕合煉神丹予以太素禀質太易賦性太極曾形沖沖冥冥莫可先悟遂托形於胎仙氏時東漢

之明帝永平庚申中秋也西晉惠帝元康九年己未予生二百有四噓吸踵固輕翮虛靜故獲遠考
龍沙起運有仙者迭出予於皇老洞遇李王二翁在焉予翺翔空際倏忽漢落穿雲漢舞松風上下
於紫翠之間是夕七夕也月影垂鉤織星半渡電光羅動於銀津間人窺家家寒光拂拂露含山草
猿抱枯藤二翁對酌童子捧符一童進朱橘嚼酒談及妙旨略曰人稟先天溺於後天雖一草一木
莫不皆然但能回神於外明定神於內官馳神於空窟知神之舍返神之遊則天地之精華可收吾
神之妙用亦能沈潛以和對谷以應明而靈靈而神神而至神而又至於身外飛神則得仙矣西城
曰所以謂其能明能靈者何翁曰人物最關性命者神也生虛則為氣生濕則為精生夢則為魂生
形則為魄生想則為意至於肌膚四大莫不曰神而感也於此上安身天地之自然聖神之造化自
得矣談至東方欲白天景漸收散明高可丈許予開之心竅洞明長噗數聲翁不覺失聲曰是兒悟
矣悟矣予得領微旨卽以神神之道治於洞口仙翁去矣香風闐闐瀑布作響洞烟裊裊梅魂如恍
予饑茹渴吸自攜清賞時有蒼猿公元元丈人鶴為遂為莫好然山巖峯岌雲深樹合雖老樵熟獵
無能見者唐貞元元年乙丑又四百八十六年矣上帝若曰延康立極赤明開圖仙當用薦厥補神

都用敕汝無量大通神霄仙卿呂嵓過訪塵寰超凌上品以佐太上無為元元蚤化惟卿勿怠如敕恪行純陽翁遂飛歷八都無地不涉忽一日憩於蒼梧之陽予已洞識矣予更名冰壑老人與元元丈人共謁焉翁因知之偽問曰子何人耶予口致詞曰山林老隱端悟性宗幸值三生何逢仙聖雖飲松流啖雲實獨甘恬苦願剖冰壺開玉藏發我盲聾是為野人之至望翁笑曰子野則野矣人或未然姑試子遂示詩曰兩口談元並是虛山高下品亦非居洞前縱有千年計瀛海蓬萊總不如其意諭以蒼梧雖美塊中耳不若蓬萊之能久居而其中微示以呂嵓洞賓字意猿初不悟也遂輕之予跪進曰公非純陽呂翁耶翁曰子言是也可教遂以鐵丸三枚命曰二子服之可立死而化於人道予將度汝為仙猿畏拒之予欣受而次第吞之但覺神淩至虛翁乘之而起猿哀號不已予再瀆之翁曰子仙緣猶隔一世耳托質於人吾當再度汝矣飄飄而上越東海入方丈之顛見東華翁曰美則美矣恨毛闒耳可更其身當躋上域遂命翁送之翁領予神逕抵唐國之松水投予於呂母之懷囑予曰汝勿言吾來視汝遂降生焉蓋吾母乃翁之從孫也未幾先父與叔棲扶風寄館次年丁卯苦疫先父卒於八月十二死經時復起索書囑叔曰貿母生伊亦此時我於此上獨堅持今朝長

歎歸乎數惟汝憐孤立我兒叔曰分內事也兒何憂耶視弟爲不義耶遂囑指爲誓先父揮淚而逝時人有議叔傷遺體者叔曰不然兄何瞑安耶聞者皆歎服叔慟毀將絕親鄰百計慰問遂上山陽野雲葬焉蓋以匡廬之遠故也叔侍先母以母道晨夕問寢先母頗識字句亦嘗勸學貞元五年己巳先母亦歿時予年四歲淑儀慈色尚可記十之二予抱負宿興皆委於叔也八年予七歲矣然猶記翁不言之囑終不呼一字叔不悅曰是兒癡物也盜聾耶鍋盧耶何日得清爽耶强笑而負之遂爽爲小字十年甲戌叔舉進士歸予喜失聲曰叔歸矣予叔母趨視果然與叔大以爲樂是夜恍惚夢朦次辰遂瘖不能出一聲但哭咷而已叔百計求之莫可瘳午陰正庭忽有道人黃裳紫冠來謁謂能發我聲蓋呂翁也叔喜襁予與視翁笑曰而忘予勿言之訓耶予不覺律管發輝答曰有罪有罪遂爲予名曰可名湘可字清夫他日當爲我方外弟子叔大誕之叱之出予遂能言次年乙亥叔譏陽城作諍臣論拜御史大夫十四年戊寅大夫孟東野張籍叔友也媒於東閣學士林圭國甫之女於予而娶之女善談詠小字廬芳予年少不喜女容近之則自赧終不一與予十三歲矣叔日以經史爲訓予頗敏擇穎上先生師焉先生死予舍於家叔親教之四月十四壬申呂翁變名宮無上

謁叔談及羣書百家無不熟獵叔延三宿大以爲奇遂命館側予師之旣居晝則訓予修身治國之道夜則授予內鍊童貞之道予深信之翁曰修身可人爵而老死迷眞修眞可登仙而長生不朽二者不可兼學予欲何擇予曰貴不可久仙願學焉翁喜而教之然蒼梧之事予皆忘矣未幾爲叔宴集時堦下有匠者用銅錢汁補鐵甑者時翰林虞公命予對曰銅鎔補鐵甑予對曰鉛汞合金丹座上皆訝叔曰汝何以知之予曰師教之也言未已侍兒進曰宵先生夜夜教公子以神仙之事叔愈怒撻予索翁責之曰吾兒儒外之習吾不之講始吾以汝爲高士也禮之汝敢以惑世誣民之事以搖其心耶速去勿致辱耳翁笑而去囑予曰子能憶昔蒼梧之苦當來終南之碧雲峯求我去此三百里子不屑則一大失矣予日夜慕之甚於父母中宵予亦遁叔號泣大索三月不能得予道經鄠南峯老嫗一宿嫗惑予以美女予力却之彼策杖而逼予終不伏天曉則茅屋嫗女皆不見予始去蓋翁一試也又過太白嶺下是時聞有虛言叔覓官追者不敢晝行是夜月明當空忽見前林密處燈火交遞予趨進則白骨叢雜有一厲鬼執予曰子非韓爽乎予跪曰是也鬼曰子父母得汝而亾子叔撫汝而生恨不汝撥天破浪以光世代子欲逃何地耶汝不肖子也子得而食之乎曰我所以

逃者宮仙人之教也鬼曰宮仙人妖士也汝聽其惑汝父令我失食之矣子曰宮仙人教我以善既死我已捨心專彼我亦當死以求見耳請食之鬼曰汝歸去吾或可恕子曰有死不歸言已鬼曰吾去喚同輩來當分食汝言已不見子奔蓋翁二試也入長樂坡道見一布囊子開視之烹羊蹄一具酒一壺時子甚饑思必有主坐守之少焉一婢遠哭而來子還之拜謝而去即不見蓋翁三試也轉沙溝界子餒甚坐石下有二夫逐豕見子曰子爲我守此豕片時我有遺豕往尋之復遺子以熟食子飼而飽二夫去中餉不至有一虎自叢莽中出欲搏豕子曰受人之託而爲汝搏是不忠也願自代因納豕於蓁刺中而自當之虎回首大吼遂入巖穴莫知所之少焉二夫長笑而來牽豕而去蓋翁四試也子前不十里路岐岔甚有農夫罔以逆路不覺逃至扶風柳林有丐者酗酒極醉當於要路詈罵千百以至萬計子不敢答索子錢子罄囊與之又索米子止二升一合並與之方稍解而去蓋翁五試也既達終南界問碧雲峯於樵人時一羸樵甚醜答子曰子欲訪誰耶子曰宮先生耳曰宮先生吾故識也始以美名重世人皆畏之既而久居犬彘不爲也因淫盜無常人不與食今將死矣子訪何益彼不死吾誰欲執於官以誅耳子勿貽池魚之禍速去之子曰子此來欲相見後雖有

禍願為之死彼曰子非智士也去去去彼可於紅樹下叢中求之言已而去數步復回顧予曰惜哉此子送命九泉也予雖信之心終不退進山壑極險攀緣而上蓋翁六試也已而挹烟蘿步劍石廻紆菅草涉歷蒲蘆雖狼窮虎止之地無不經涉果見盤陰之下有紅樹焉蓋老楓也下得一破茅舍遠睨烟火微出予手分刺棘而入則破壁敗爐藤榻石枕先生弱瘦不可目視雙眸不開釜有殘豆羹案有書半卷視之命書也先生狂呼大哭不省人事予再三喚之先生曰汝鬼耶取我耶予拜泣曰弟子湘也自先生教我而來如亡父母今日帶月披霜未避險夷求見先生以復昔約先生何外我耶先生曰我記之矣我先以文學有罪於世而逃既而衣食不給復肆張於汝叔而復以妄言誘汝以至今日老天使我受此苦者正此報也子可回勿悞青芳光景也我頭下有金二餅可供歸費子速歸可為我於九泉下況此地虎狼交雜蛇虺出入雖一薪一汲必逢百虞子不可久予曰弟子此遇心方得已雖虎蛇餐噉甘苦不辭先生昔為我師今日既見先生困憊而離禽獸不為也願以死同先生泣曰子今日好心矣我死何以報之予曰先生但安心以自保耳三日後先生謂予曰我思泉水子往求之予遂去山壑之下叢草交翠密封淵流予方就汲忽一蛇長計丈許盤旋張口如

箕欲相啖狀予跪祝曰人世萬物必有靈識我師得罪天地以致疾救思飲甘泉命之於我我已委
身師事敢不忠亹子既我傷將賜我水以周師急我必返身任汝啖也言已蛇蜿蜒數折莭蔓皆伏
威聲如風灌耳而去蓋翁七試也得水而歸先生飲之遽起而大笑曰子非下品人也吾非宮無上
也宮字無上呂也吾初唐之洞賓也七度試子皆合天格子可教矣遂引予出舍不二里山景異常
指一峯巒曰此碧雲峯也一喝而白壁開曳予視卽如王宮帝闕金紫交映彤碧混合如白晝爲少
爲二童曰翁待師久矣攜入大殿下一翁居上環目方面高冠坐首先生曰此東華李公也吾昔年
事汝知否予都不悟先生命再拜東華翁曰可取飲飲之少頃童進醴予飲之肌骨皆寒先二世事
無不記憶方再拜曰一迷不覺十二載矣翁笑而納之時貞元十五年八月中秋也予年十有四翁
復引予謁雲房鍾離翁西城王翁火龍鄭翁而授予以道越一百二十有四日而成道予謁上帝帝
曰子來授汝開元演法大闡教化普濟仙卿予謝而退遊蓬島但見琳宮貝闕天影彩霞自然吟詠
仙侶徘徊誠所謂試向崑崙巔上望十二樓臺無處尋也三十日復召謂曰卿叔韓愈乃吾仙甫沖
和後身也微過謫世子何不往度乎予遂領旨而下則山川變態人物流移恍然腥塵中耳永貞元

年乙酉因叔先十四年嘗早獲罪於德宗黜爲山陽令次年取歸經湖南遊衡山宿二日雲房純陽翁更爲二道士勸叔曰人世轉丸命數飛燕光陰不可得美官不可久公胡不相將猿鶴久世以長生耶叔叱之曰何物妖士敢興蠱語二翁遁去元和五年進官河南方西令轉國子博士十年乙未叔爲考工郎中知制誥十二年丁酉憲宗正旦朝賀留宰相裴度妻父林圭及叔宴之問曰今歲豐儉若何叔失對曰儉上曰何以知之叔曰去冬無雪故知儉上曰可禱乎叔曰人主致誠熒惑失度尚從之況雪乎時諷諫耳不意憲宗出旨遂的限叔於三日精禱致雪叔大悼懼予喜曰叔可度矣時高弟百餘日肆雌黃老氏之教言必深惡予遂出膀搖頭曰賣風雲雨雪市夫訝予妄報於叔叔收予予已與形叔不能識詰之曰上以年歉預禱雪以示豐汝何人耶敢設言乎予鼓掌胡盧而笑曰人以爲難吾身中先天坎離太極混合乾坤尙可顛倒況後天之雨雪乎叔曰汝可祈則爲我試予曰諾索酒大醉遂登壇半日靉雲漫野寒氣侵骨天光一合大雪立降深可尺許裴張諸公大以爲異叔謬曰人君至誠人臣至專所爲耳豈一道士之力耶衆皆不服其論予大笑而退是日拜刑部侍郎宴賀予謁之始也善待既而接待中微語勸以急流之說叔果大怒而斥之予曰神仙有變

化之妙公不可爲泛叔曰汝能盡一杯之酒能致諸公醉耶予曰甚易耳公當隨我叔曰汝爲之予遂取所佩葫蘆徑可一寸高可寸許盛酒半杯卽滿因而遍席勸之凡三十人各計三十巡中宵不竭衆皆駭叔曰此民間漏酒法也叔復曰汝可召二妓飮舞乎予曰亦易予面空召之仙妓立降衆又異叔曰幻術也又曰可召鶴乎予卽召鶴下舞尋化爲羊口出歌賦其中無過勸叔之修省也叔皆以爲幻予大言曰公欲爲天子耶貴極人臣尙不知避禍而早退一旦誅貶風塵千里凍餒而死妻子榮祿可復得耶叔大怒叱予出次日復謁則已重門鎖鑰不可入矣予飛空而入至中霤而下衆皆驚叔曰何來予曰上壽耳叔曰何貺予曰金蓮耳遂索火一缶予投以丹砂頃蓮花大發高可三尺碧盤寶蕋席一不具中一葉自然成聯云雲橫秦嶺家何在雪擁藍關馬不前叔視之曰此何語也予曰公遭誅竄可當驗之叔大忌之執予供予立書曰供狀列仙年甲不具生於松水長入蓬萊三台護生五燕全體身朝元始出入雲衢恭束華爲主歸鍾呂爲師丹藥度羣黎跨鶴遊海島因愈叔遭險命入刑囚暫假下瑤池拔救來鄉貫一報鞠育二謁祖宗今承供審大羅天甫開元演法大闡教化普濟仙卿松水昌黎郡仲卿嫡孫清夫謹狀叔再三視之不覺淚下予遂示以原形叔大

哭曰子何風顚如是耶吾慕汝念汝如刃碎中心子何忍心耶予曰姪上朝天帝今爲仙宰思叔之德慮叔之難特相援耳叔曰汝勿妄言旣而見瑩母則赧顏矣而予妻尙在予不之顧諸公爲之大慶一日叔誕時上元也予擎蟠桃一枚爲壽衆爲奇遇叔曰此冬桃耳善藏者能留之何異予知不可度呈以詩曰靑山雲水窟此地是吾家寶鼎藏金虎元田養白鴉一瓢藏世界三尺斬妖邪解造逡巡酒能開頃刻花有人如效此同往䦨仙葩叔曰子去家二十年尙荒凉貧窶如是而更復誘我耶百計諭之終不就予留詩於壁曰我欲隨公去千言固不從藍關雪深處來歲更相逢叔覽之揮淚而罷十三年戊戌叔進吏部侍郎時鳳翔寺塔有佛指骨放光上遣中使迎之叔面諍之上不聽罷朝次年骨至上留禁中三月送諸寺人皆大慼叔表諫數百言陳梁武故事上怒收欲誅之宰相裴度崔群林圭爲言乃貶潮之刺史叔別家往官經藍關秦嶺正值大雪馬僵於道從者二人皆遁去叔獨無倚待死而已予冒雪見之叔號呼百狀悲喜交集始曰子先言有驗矣予迷耳遂成完詩曰一封朝奏九重天夕貶潮陽路八千本爲聖朝除弊政豈知衰朽惜殘年雲橫秦嶺家何在雪擁藍關馬不前知汝遠來應有意好收吾骨瘴江邊予勸曰叔今上不得於君王中致離於祖禰下不

及於妻子近有頹於千金軀正此可隨姪以效長生耳叔曰君命謫潮予當銜罰事命力不足死亦理順而欲我隨遁是逐君怒逐君怒是不忠縱仙可學安可成乎予有死而已汝勿言況違君限有罪於家汝孀母置何地耶予饑有餓可旬日待雪霽乞諸郵驛耳予感其忠請命於帝帝曰卿當隨事可緩化之予得旨遂謂叔曰可攜姪往乎叔曰此過望也越七日過嶺予為之買蹇僕而行逾月入潮訟政之閒予有神識叔得振威二廣溪有鱷魚食人及畜叔作文以祭予勅神殺之懸首以示民大奇叔方知敬於予也予日以勇退為勸叔曰吾但得歸見祖宗卽當隨侍任所之耳予曰不然姪之來者報叔舊德也方今吾叔窮極叔尚不知從他日歸有妻子之私何言及此叔曰予負今日語天當殛誅雖今日之潮陽亦不可得予信之不更瑣常教之導引禦癢復教之守神叔從之穆宗立長慶元年辛丑徙叔於袁州予隨去時袁有盜聚百啃於山林害古二縣民奔之予議叔收叔失策予曰易也予雪夜獨騎仗劍入巢際賊遙見大懼予命神吏縛其首者三人餘皆縱其散遁救民萬計叔得功觀察王公表之二年召歸叔過匡廬之五老峯謁祖塋經藏存舊址存初與先父共廬於茲字伯誠隱此而死叔少為所俯存有子早死遺女爾小真出家為尼於西林庵叔訪之號泗終

日勸其復俗終不就因遺金二十兩於家立其孫淩漢爲叔見小貞之操題其壁曰中郎有女能傳業伯道無兒可保家今日匡山過碧隱谷將覓源灑烟霞予進曰此女可度之叔曰能乎予遂贈藥一粒曰汝孝敬可重吾叔吾父汝父所殺者因報汝以此也女再拜而退是夕服之神思精爽見寺神謂曰韓相公姪非人也見位天仙也汝可師之次辰女羅地而告曰妾父之死妾獨捐生欲報至恩故假於釋今者吾師大仙也願度頑形願補陋淵予憫之遂以丹餌之是夕化叔泣而瘞之予因送於鮑蘂金母易名瓊瓊侍衛以長生爲叔入朝見主拜國子祭酒時叔已皓首矣始見家族予妻已卒於元和十五庚子矣叔二子源滾滾死明年勸之叔曰神仙可唾手於功名乎予曰何難叔曰子欲我從道但能取進士予傾服之予曰諾叔遂薦予於太學明年甲辰予以天馬長門泰階三賦登柏耆榜列名十二予不仕詭以風症上疏辭曰臣以猥木得薦天匠危棟既倖疲癃忽作思輔神綏永膺台化大命止在空苦微軀臣松水有尺甖可保勞頓乞恩歸祿以藏筋骨無任感躍上賓旨曰卿以雋英作朕高桂支年微困何致重辭命諸方藥以瘳肺腑卿其倘忠勉進針石是爲朕快醫工來治予示以死脈醫果復命上遂允歸叔始誠信五月拜吏部侍郎得復舊爵時耆梧之元元丈

人已生於霸陵西村朱氏年三十呂翁遊五臺來爲貧道者乞食於家朱氏名拾得敬之飲餘翁命之飲遂啜之翁復以劍甃寄之出舍遺金二餅彼遂封之翁至而還翁領之過灃水悞墜劍於深波命取之彼卽捨生以赴未及中流而劍自浮隨至新豐翁醉甚逐之跪而不去旣而引劍欲殺之亦不去并無逆色翁方解翁過涇水道見一乞兒索食翁撻之卽死尋又一丐者來見之卽曳翁以償翁不辭謂拾得曰子可歸吾就死矣彼嚎哭曰撻之者我也汝何以誣我師耶遂拔劍自刎翁大喝一聲二乞兒俱不見謂曰子可教遂相持而來京師之長安門見予曰子何久於風塵耶予曰甚在三日翁曰是兒汝友也當於藍關可亟度之予諾翁去留拾得於藍關之九曲溪洞曰子待七日予師至矣予歸是夜下元寒颸穿櫺燈清篆靜紙帳梅花枕風竹戞清入兩耳時有孤鶴倚砦斷琴在壁與叔寢於西屋再諭之曰上帝以叔仙根道骨昔者命姪往度叔堅不從故有大患今叔大事已矣潮陽叔之親皆又完矣何不去之叔曰仙人不常見吾老死於鄉黨足矣吾恐朽骨不可長修衰氣不可歸世棄於山野死無名也姪有至諒幸爲我思予曰姪隨叔有年叔猶不知耶姪之大道可以窮桑田朽山嶽竭海源雖日月更變不致敗此身也叔如不學恐貽讁於天天必加誅又豈憲宗

之法耶叔曰易則易矣何物色可隱去耶予遂以竹杖化叔之形了無一缺死臥於席叔遂隨逝予餌以飛舉之藥風騰於蓬闕之顛安之仙境相與拾得為友而復命於帝帝曰卿可庇之予歸遂授叔以至道百日而神識洞達始有沖和之悟焉時長慶四年甲辰冬十一月也叔年五十有七而予年三十有九其家見其死源弟尚幼門人李漢隴西人也葬叔假屍於鄉上憫其忠祿其子源追贈禮部尚書昌黎伯謚曰文予方蛻其舍於終南飛其神於衡嶽之頂上帝詔之始入太清而拾得得道亦就隨去帝曰子功成矣尚何迷耶不登叔於上仙列道予送於崑崙為使焉叔方大悔予復奏舉祖考皆允取予之父母前七代子後一代皆附以太陰煉形之妙皆入崑崙予相繼送之而去拾得命為神霄仙伯焉

田鸞

按原化記柏葉仙人田鸞家居長安世有冠冕至鸞家富而兄弟五六人皆年未至三十而夭鸞年二十五母憂甚鸞亦自懼常聞道者有長生術遂入華山求問真侶心願懇至至山下數十里見黃冠自山而出鸞遂禮謁祈問隱訣黃冠舉頭指柏樹示之曰此卽長生藥也何必深遠但問志何如

爾鸞遂披尋仙方云側柏服之久而不已可以長生乃取柏葉曝乾爲末服之稍節葷味心志專一服可至六七十日未有他益但覺時時煩熱而服終不輟至二年餘病熱頭目如裂舉身生瘡其母泣曰本爲延年今反爲藥所殺而鸞意終不捨尚服之至七八年熱疾益甚其身如火人不可近皆聞柏葉氣諸瘡潰爛黃水遍身如膠母亦意其死忽自云體今小可須一沐浴遂命置一斛溫水於室數人舁臥斛中自病來十餘日不寢忽若思寢乃命左右掩戶勿驚遂於斛中寢三日方寤呼人起之身上諸瘡皆已掃去光彩明白眉鬚紺綠頓覺耳目鮮明自云初寢夢黃冠數人持旌節導引謁上清遍禮古來列仙皆相謂曰柏葉仙人來此遂授以仙術勒其名於玉牌金字藏於上清謂曰且止於人世修行後有位次當相召也復引而歸鸞自此絕穀並不思飲食隱於嵩陽至貞元中已年百二十三歲矣常有少容忽告門人無疾而終顏色不改蓋屍解也臨終異香滿室空中聞音樂聲乃造青都赴仙約云

文氏女

按廣東通志文氏女四會人世稱爲貞烈仙貞元三年父母許鮑氏子未嫁而鮑斃於虎乃歸夫家

服喪三年奉其舅姑甚謹父母欲奪其志遂潛遯貞山居於絕𪩘藝蔗芋蕉竹以自給親黨求之莫知所在貞元十七年高秋九月天氣澄徹俄有異雲起山西南遙望杳靄聞幡華管磬擁一婦人而去僉謂文氏登仙鄉人構祠其下祀之曰貞烈仙祠水旱祈禱輒應

蔡尋眞　李騰空

按九江府志蔡尋眞侍郎蔡某女也李騰空宰相李林甫女也幼並超異生富貴而不染貞元中同入廬山蔡居詠眞洞天九疊屏南李居九疊屏北並以丹藥符籙救人疾苦三元八節會於詠眞洞以相師資九江守許渾以狀聞昭德皇后賜金幣闢土田已而蛻去門人收瘞僊蛻於舊居鄉俗歲時祀之不絕其後昭德崩許渾入朝因請賜觀額以昭追奉詔以詠眞洞爲尋眞觀騰空所居爲昭德觀

謝自然

按墉城集仙錄謝自然者其先兗州人父寰居果州南充舉孝廉鄉里器重建中初刺史李端以試祕書省校書表爲從事母胥氏亦邑中右族自然性穎異不食葷血年七歲母令隨尼越惠經年以

綸問世系回曰世系不必問所請教者奕棋耳與奕綸素號國手至是連負日云暮乃酌以酒問何方人回書詩曰仙籍班班有姓名蓬萊倦客呂先生凡人肉眼知多少不及城南老樹精綸驚訝間已失之矣庭下煙雲滃然移時方散　石舍人王休因避暑有襤褸樵夫持斧而前眉目秀整議論清快石問鄉里及世系曰老夫生於河南移居於終南山呂渭之裔也所學者莊子老子此外無所爲石曰終南有佳處曰佳處甚多因舉陶隱居詩曰終南何所有所有惟白雲只可自怡悅不堪持贈君石異之款留二日極談出有入無超生離死之法將別曰吾將往岳陽以丹一粒遺石服之年九十餘面如嬰兒　洞賓行巴陵市太守出犯節前驅執之太守置諸獄令書款日迫晡無一辭吏趣之洞賓曰須我酒醒吏曰汝不變罪尙以酒爲解也言未竟俄失之但遺一幅紙曰暫別蓬萊海上遊偶逢太守問根由身居北斗星杓下劍掛南宮月角頭道我醉來眞箇醉不知愁是怎生愁相逢何事不相認却駕白雲歸去休太守驚曰此呂翁也夙興焚香謝過一日於水盆中見焉亟召畫史圖之與滕子京本絕類也　洞賓遊山陽神光觀丐筆自繪己像於三清殿北墉眉目修整貌古怪不類世所傳上有北斗七大星君相披髮重珪立傍作一符徑丈餘書曰元祐二年作如知吾下

筆處可以語道人以疾刮符服之往往良已或見神人儀觀甚偉曰吾神光符使也訴暴露以葺廬之　江州太平觀道士有高志洞賓訪之贈詩曰落魄薛高士年高無白髭雲中閑臥石山裏冷尋碑誇我飲大酒嫌人說小詩不知甚麼漢一任謗流嗤末小書云回道人同三客訪薛鍊師作始知洞賓併寫其字　宿州符離縣天慶觀有當道士少年談老莊有奇趣一日晨興有賣藥道人至郎洞賓也儀狀雄偉往來彌月因有老莊之要旨授道士曰吾觀禪學皆出於老莊縱千經萬卷反復議論要自立箇門庭源流授受其實皆本於老莊之旨也臨別題二絕句於扉上作大篆體勢飛動一曰秋景蕭條葉亂飛庭松影裏坐移時雲迷鶴駕何方去仙洞朝元失我期二曰肘傳丹篆千年術口誦黃庭兩卷經鶴觀古壇松影裏悄無人跡戶長扃既去人爭刮以治疾良已字入木寸餘盡迹不滅　洞賓遊泰州天慶觀時道流悉赴鄰郡醮席獨一小童在洞賓求筆欲書壁童辭以觀堂新修師戒毋汚壁乃曰但煩貯火殿爐欲禮三清既往見殿後池水清泚以爪書壁書曰石池清水是吾心剛被桃花影倒沉一到邽山宮闕內消閑澄慮七絃琴末題云回後養書壁絕高非手所能及衆嘆異始悟回為呂後養者先生反對　洞賓嘗遊山寺以劍化作一艷婦入寺僧行縱觀神融

鸞或前或後或飛或鳴麟如馬形五色有角紫鱗騣尾白者常在前舉尾者第七月十一日上仙杜使降石壇上以符一道丸如藥丸使自然服之十五日可焚香五爐於壇上五爐於室中至時眞人每來十五日五更有青衣七人內一人稱中華云食時上眞至良久盧使至云金母來須臾金母降於庭自然拜禮母曰別汝兩劫矣自將几案陳設珍奇溢目命自然坐初盧使侍立久亦令坐盧云暫詣紫極宮看中元道場官吏士庶咸在邊巡盧使來云今時全勝已前齋問其故云此度不燒乳頭香乳頭香天眞惡之唯可燒和香耳七日崔張二使至問自然能就長林居否答云不能二使色似不悅二十二日午前金母復降云爲不肯居長林被貶一階長林仙宮也戌時金母去崔使方云上界最尊金母賜藥一器色黃白味甘自然餌不盡却將去又將衣一副朱碧綠色相間外素內有文其衣縹緲執之不著手且却將去已後即取汝來又將桃一枝大於臂上有三十桃碧色大如椀云此猶是小者是日金母乘鸞侍者悉乘龍及鶴五色雲霧浮泛其下金母云便向州中過群仙後去望之皆在雲中其日州中馬坊廚戟門皆報云長虹入州界日李堅問於自然方驗之紫極宮亦報虹入遠近共見八月九日十日十一日羣仙日來傳金母敕速令披髮四十日金母當自來所降

使或言姪崔將一板闊二尺長五尺其上有九色每綵僊欲至牆壁間悉熒煌似鏡綵仙亦各自有几案隨從自然每被髮則黃雲繚繞其身又有七人黃衣戴冠侍於左右自八月十九日已後日誦黃庭經十過誦時有二童子侍立每一遍卽抄錄至十遍童子一人便將向上界去九月一日綵仙又至將桃一枝大如斗半赤半黃半紅云鄉里甚足此果割一臠食餘則侍者却收九月五日金母又至持三道符令吞之不令著水服之覺身心殊勝金母云更一來則不來矣又指旁側一仙云此卽汝同類也十五日平明一仙使至不言姓名將三道符傳金母勅盡令服之又將桃六臠令食食三臠又將去其使至暮方還十月十一日入靜室之際有仙人來召卽乘麒麟昇天將天衣來迎自然所著衣留在繩牀上却回著舊衣置天衣於鶴背將去云去時乘麟回時乘鶴也十九日虛仙使來自辰至未方去每天使降時鸞鶴千萬衆仙畢集位高者乘鸞次乘麒麟次乘龍鸞鶴每翅各大丈餘近有大鳥下長安鸞之大小幾欲相類但毛彩異耳言下長安者名曰天雀亦曰神雀每降則國家當有大福二十五日滿身毛髮孔中出血沾漬衣裳皆作通帔山水橫紋就溪洗濯轉更分明向日看似金色手觸之如金聲二十六日二十七日東嶽夫人併來勸令沐浴兼用香湯不得令有

乳頭香又云天上自有神非鬼神之神上界無削髮之人若得道後悉皆戴冠功德則一凡齋食切忌營之尤宜潔淨器皿亦爾上天諸神每齋卽降而視之深惡不精潔不唯無福亦當獲罪李堅常與夫人於几上誦經先讀外篇次讀內篇內卽魏夫人傳中本也大都精思講讀者得福褻行者招罪立驗自然絕粒凡一十三年晝夜寐兩膝上忽有印形小於人間官印四壖若有古篆六字燦如白玉今年正月其印移在兩膝內並膝則兩印相合分毫無差又有神力日行二千里或至千里人莫知之冥夜深室纖微無不洞鑒又不衣綿纊寒不近火暑不搖扇人間吉凶善惡無不知者性嚴重深密事不出口雖父母亦不得知以李堅崇尚知道稍稍言及云天上亦欲遣世間奉道人知之俾其尊明道教又言凡禮尊像四拜爲重三拜爲輕又居金泉道場每靜坐則羣鹿必至又云凡人能清淨一室焚香諷黃庭道德經或一遍或七遍全勝布施修齋凡誦經在精心不在遍數多尋之人中路而退所損尤多不如元不會者慎之慎之人命至重多殺人則損年夭壽來往之報永無休止矣又每行常聞天樂皆先唱步虛詞多止三首第一篇第五篇第八篇步虛訖卽奏樂先撫雲璈雲璈形圓似鏡有絃凡傳道法必須至信之人魏夫人傳中切約不許傳教但令祕密亦恐乖於折

中夫藥力只可益壽若昇天羽舉全在修道服藥修道事頗不同服柏便可絕粒若山谷難求側柏只尋常柏葉但不近丘墓便可服之石上者尤好曝乾者難將息旋採旋食尚有津潤易清益人大都柏葉茯苓枸杞胡麻俱能長年久視可試驗修道要山林靜居不宜俯近村柵若城郭不可以其葷腥靈仙不降與道背矣煉藥飲水宜用泉水尤惡井水仍須遠家及血屬慮有恩情忽起卽非修持之行凡食米體重食麥體輕辟穀入山須依衆方除三蟲伏尸凡服氣先調氣次閉氣出入不由口鼻令滿身自由則生死不能侵矣是年九月霖雨甚自然自金泉往南山省程君淩晨到山衣履不濕請之云旦離金泉耳程君甚異之十一月九日詣州與李堅別云中旬的去矣亦不更入靜室二十日辰時於金泉道場白日昇天士女數千人咸共瞻仰祖母周氏母胥氏妹自柔弟子李生聞其訣別之語曰勤修至道須臾五色雲遮亙一川天樂異香散漫彌久所著衣冠簪帔一十事脫留小繩牀上結繫如舊刺史李堅表聞詔褒美之李堅述金泉道場碑立本末爲傳云天上有白玉堂老君居之殿壁上高列真仙之名如人間壁記時有朱書注其下云降世爲帝王或爲宰輔者又自然當昇天時有堂內東壁上書記五十二字云寄語主人及諸眷屬但當全身莫生悲苦自可勤修

功德併諸善心修立福田清齋念道百劫之後冀有善緣早會清原之鄉即與相見其書迹存焉

按尙書故實江州謝眞人上昇前玉帝錫以廏馬爲信意者使其安心也刺史李堅遺之玉念珠後問念珠在否云已在紫皇之前矣一日眞人於紫極宮置齋金母下降郡郭處處有虹霓雲氣之狀至白晝輕舉萬目睹焉

鄭仙姑

按處州府志鄭仙姑姊妹二人同心學道求謝自然師之每靜夜焚香求度忽一女奴歌曰坎離坤兌分子午須認取自家宗祖地雷震動山頭雨要洗濯黃芽出土捉得金精牢閉固煉丹庭要生龍虎他人問汝甚人傳但說先生姪呂姊妹聞而習之又得葉法善授雲蹻之法白日可以騰空凌雲化鶴神妙莫測

盧眉娘

按杜陽雜編唐永貞年南海貢奇女盧眉娘年十四歲眉娘生眉如線且長故有是名本北祖帝師之裔自大定中流落嶺表後漢盧景裕景祚景宣景融兄弟四人皆爲皇王之師因號帝師眉娘幼

而慧悟工巧無比能於一尺絹上繡法華經七卷字之大小不逾粟粒而點畫分明細如毛髮其品題章句無不具矣更善作飛仙蓋以絲一鉤分為三段染成五色結為金蓋五重其中有十洲三島天人玉女臺殿麟鳳之像而執幢捧節童子亦不啻千數其蓋闊一丈秤無三兩煎靈香膏傅之則堅硬不斷唐順宗皇帝嘉其工謂之神姑因令止於宮中每日止飲酒二三合至元和中憲宗嘉其聰慧而又奇巧遂賜金鳳環以束其腕眉娘不願在禁中遂度為道士放歸南海仍賜號曰逍遙及後神還香氣滿室弟子將葬舉棺覺輕即徹其蓋惟見舊履而已後人見往往乘紫雲遊於海上羅浮處士李象先作盧逍遙傳而象先之名無聞故不為時人傳焉

卷終

神仙部列傳二十五

唐八　元徹　柳實

按續仙傳元和初有元徹柳實者居於衡山二公俱有從父爲官浙右李庶人連累各竄於驩愛州二公共結行李而往省焉至於廉州合浦縣登舟而欲越海將抵交趾艤舟於合浦岸夜有村人饗神簫鼓喧譁舟人與二公僕吏齊往看焉夜將午俄颶風欻起斷纜漂舟入於大海莫知所適罟長鯨之鬐擒巨鼇之背浪浮雪嶠日涌火輪觸蛟室而梭停撞蜃樓而瓦解擺簸數四幾欲傾沉然後抵孤島而風止二公愁悶而陟焉見天王尊像瑩然於嶺所有金爐香燼而別無一物二公周覽之次忽覩海面上有巨獸出首四顧若有察聽牙森劍戟目閃電光良久而沒逡巡復有紫雲自海面湧出漫衍數百步中有五色大芙蓉高百餘尺葉葉而綻內有帳幄若繡綺錯雜耀奪人眼又見虹橋忽展直抵於島上俄有雙鬟侍女捧玉合持金爐自蓮葉而來天尊所易其殘燼炷以異香二公見之前告叩頭辭理哀酸求返人世雙鬟不答二公請益良久女曰子是何人而遽至此二公具以

實白之女曰少頃有玉虛尊師當降此島與南溟夫人會約子但堅請之將有所遂言訖有道士乘白鹿馭彩霞直降於島上二公並拜而泣告尊師憫之曰子可隨此女而謁南溟夫人當有歸期可無礙矣尊師語雙鬟曰余暫修眞畢當詣彼二子受教至帳前行拜謁之禮見一女未笄衣五色文彩皓玉凝肌紅流膩豔神澄沆瀣氣肅滄溟二子告以姓字夫人哂之曰昔時天台有劉晨今有柳實昔有阮肇今有元徹昔時有劉阮今有元柳莫非天也設二榻而坐俄頃尊師至夫人迎拜遂邀坐有僊娥數輩奏笙簧簫笛傍列鸞鳳之歌舞雅合節奏二子恍惚若夢於鈞天卽人世罕聞見矣遂命飛觴忽有元鶴銜彩牋自空而至曰安期生知尊師赴南溟會暫請枉駕尊師讀之謂元鶴曰尋當至彼尊師語夫人曰與安期生間闊千年不値南遊無因訪話夫人遂促侍女進饌玉器光潔夫人對食而二子不得餉尊師曰二子雖未合餉然爲求人間之食而餉之夫人曰然卽別進饌乃人間味也尊師食畢懷中出丹篆一卷而授夫人夫人拜而受之遂告去回顧二子曰子有道骨歸乃不難然邂逅相遇合有靈藥相貺子但宿分自有師吾不當爲子師耳二子拜尊師遂去俄海上有武夫長數丈衣金甲仗劍而進曰奉使天眞淸進不謹法當顯戮今已行刑遂趨而沒夫人命侍

女紫衣鳳冠者曰可送客去而所乘者何侍女曰有百花橋可馭二子二子感謝拜別夫人贈以玉壺一枝高尺餘夫人命筆題玉壺詩贈曰來從一葉舟中來去向百花橋上去若到人間扣玉壺鴛鴦自解分明語俄有橋長數百步欄檻之上皆有異花二子於花間潛窺見千龍萬蛇遞相交遶爲橋之柱又見昔海上獸已身首異處浮於波上二子因詰使者使者曰此獸爲不知二君故也又曰我不當爲使而送子蓋有深意欲有奉託强爲此行遂襟帶間解一琥珀合子中有物隱隱若蜘蛛形狀謂二子曰吾輩水僊也水僊陰也而無男子吾昔遇番禺少年情之至而有子未三歲合棄之夫人命與南嶽神爲子其來久矣聞南嶽回鴈峯使者有事於水府返日憑寄吾子所弄玉環往而使者隱之吾頗爲恨望二君子爲持此合子至回鴈峯下訪使者廟而投之當有異變倘得玉環爲送吾子吾子亦自當有報効耳愼勿啟之二子受之謂使者曰夫人詩云若到人間扣玉壺鴛鴦自解分明語何也曰子歸有事但扣玉壺當有鴛鴦應之事無不從矣又曰玉壺饋師云吾輩自有師師復是誰曰南嶽太極先生耳當自遇之遂與使者告別橋之盡所卽昔日合浦之維舟處回視已無橋矣二子詢之時已一十二年驪愛二州親屬已殞謝矣問道將歸衡山中途因餒而扣壺遂有

鸑鷟語曰若欲飲食前行自遇耳俄而道左有盤饌豐備二子食之而數日不思他味尋卽達家昔日童稚已弱冠矣然二子妻各謝世已三晝家人號悲啼不勝曰入云郎君亡沒大海服闋已九秋矣二子厭人世體以清虛視妻子喪不甚悲感遂相與直抵回雁峯訪使者廟以合子投之忽有黑龍長數丈激風噴電折樹揭屋霹靂一聲而廟立碎二子戰慄不敢熟視空中乃有擲玉環者二子取之而送南嶽廟及歸有黃衣少年持二金合子各到二子家曰郎君令持此藥曰還魂膏而報二君子家有斃者雖一甲子猶能塗頂而活受之而使者不見二子遂以活妻室後共尋雲水訪太極先生而曾無影響悶却歸因大雪見大叟負樵而鬻二子哀其衰邁飲之以酒覩樵擔上有太極字遂禮之為師以玉壺告之叟曰吾貯玉液者亡來數十甲子甚喜再見二子因隨詣祝融峯自此而得道不重見耳

軒轅彌明

按衡嶽志軒轅彌明者不知何許人在衡湘間來往九十餘年善捕逐鬼物能囚拘蛟螭虎豹人莫知其壽進士劉師服嘗於湘南遇之元和七年壬辰十二月四日將自衡山遊太白過京師與師服

相值師服招其止宿有校書郎侯喜新有詩名擁鑪夜坐與劉說詩彌明在其側貌極醜白鬚黑面長頸而高結喉又作楚語喜視之若無人彌明忽掀衣張眉指鑪中石鼎謂喜曰子云能詩與我賦此乎師服以衡湘舊識見其老頗貌敬之不知有文也聞此說大喜即援筆而題其首兩句曰巧匠琢山骨刳中事煎烹次傳與喜喜踴躍而綴其下曰外包乾坤文中有潛浪驚題訖吟之彌明啞然笑曰子詩如是而已乎即袖手竦肩倚北牆坐謂劉曰吾不解世俗書子為吾書之因高吟曰龍頭縮菌蠢豕腹脹彭亨初不似經意者而詩旨則譏喜二子相顧慚駭然欲以多窮之即賦兩句以授喜曰大若烈士膽圓如戰馬纓喜又成兩句曰在冷足自安遭焚意彌貞彌明又令師服書曰秋瓜未落蒂凍芋強抽萌師服又吟曰磨礱去圭角浸潤著光精訖又授喜喜思益苦務欲壓彌明每營度欲出口吻吟聲益悲操筆欲書將下復止亦竟不能奇曰旁有雙耳穿上為孤撐彌明曰時於蚯蚓竅微作蒼蠅聲其不用意如初所言亦奇語皆侵二子夜將闌二子起謝曰尊師非常人也某等服矣願為弟子不敢更論詩彌明奮曰不然此竟不可不成也謂劉曰把筆把筆吾與汝就之又連唱曰何當出灰地無計離瓶罌謬居鼎鼐間長使水火爭形模婦女笑度量兒童輕徒爾堅貞性不

過升合盛盌依爨熱熾不與寒涼并忽罹翻溢愆實負任使誠陋質荷斟酌狹叟媿提挈豈能煮仙藥但未汚羊羹區區徒自效瑣瑣安足呈難比俎豆用不爲手所擎願君勿嘲誚此物方施行師服書訖即使讀之畢謂二子曰子皆不足與語此盌爲文耶吾就子所能而作且非吾之所學於師而能者也吾所能者子皆不足以聞也豈獨文乎哉吾閉口矣二子大懼皆起牀下拜曰不敢他有問也願一言而已先生稱不解人間書敢問解何書也請問此而已累問不應二子不自得即退就坐彌明倚牆睡鼻息如雷鳴二子怛恐失色不敢喘息斯須曙鼓鼕鼕二子亦困遂坐睡及覺驚顧已失彌明所在問童子奴曰天且明道士起出門若言便旋然久不返覓之已不見矣二子驚惋自責因攜詩詣昌黎韓愈問此何人也愈曰余聞有隱君子彌明豈其人耶遂爲石鼎聯句序

伊祁元解

按杜陽雜編元和間上好神僊不死之術而方士田佐元僧大通皆令入宮禁以鍊石爲名時有處士伊祁元解縝髮童顏氣息香潔常乘一黃牝馬纔高三尺不啗芻粟但飲醇酎不施韁勒惟以青氈藉其背常遊歷青兗間若與人款曲語話千百年事皆如目覩上知其異人遂令密召入宮處九

華之室設紫茭之席飲龍膏之酒紫茭席色紫而類茭葉光軟香淨冬溫夏涼龍膏酒黑如純漆飲之令人神爽此本烏弋山離國所獻上每日親自訪問頗加敬仰而元解曾樸未嘗媚人臣禮上因問曰先生春秋既高而顏色不老何也元解曰臣家於海上常種靈草食之故得然也卽於衣間出三等藥實爲上種於殿前一曰雙麟芝二曰六合葵三曰萬根藤雙麟芝褐色一莖兩穗穗形如麟頭尾悉具其中有子如瑟瑟焉六合葵色紅而葉類於茙葵始生六莖其上合爲一株共生十二葉內出二十四花花如桃花而一朶千葉一葉六影其成實如相思子萬根藤一子而生萬根枝葉皆碧鉤連盤屈可蔭一畝其花鮮潔狀類芍藥而蘂色殷紅細如絲髮可長五六寸一朶之內不啻千莖亦謂之絳心藤靈草既成人莫得見元解請上自採餌之頗覺神驗由是益加禮重遇西域有進美玉者二一圓一方徑各五寸光彩凝冷可鑑毛髮時元解方坐於上前熟視之曰此一龍玉也一虎玉也上驚而問曰何謂龍玉虎玉耶元解曰圓者龍也生於水中爲龍所寶若投之水必虹蜺出焉方者虎也生於嵓谷爲虎所寶若以虎毛拂之卽紫光迸逸而百獸懾服上異其言遂令試之各如其說詢得玉之由使者曰一自漁者得一自獵者獲上因命取龍虎二玉以錦囊盛之於內府

元解將選東海而請於上上未之許過宵中刻木作海上三山綵繪華麗間以珠玉上因元日與元解觀之指蓬萊曰若非上仙無由得及此境元解笑曰三島咫尺誰曰難及臣雖無能試爲陛下一遊以探物象妍醜即踊體於空中漸覺微小俄而入於金銀闕內左右連聲呼之竟不復有所見上追思歎恨係成疾疹因號其山爲藏眞島每詣旦於島前焚鳳腦香以崇禮敬後旬日青州奏云元解乘黃牝馬過海矣

王四郎

按集異記洛陽尉王琚有姪小名四郎孩提之歲其母仙適因隨去自後或十年五年至琚家而王氏不復錄矣唐元和中琚因常調自鄭入京道出東都方過天津橋四郎忽於馬前跪拜布衣草履形貌山野琚不識因自言其名琚哀慼久之乃曰叔今赴選費用固多少物奉獻以助其費即於懷中出金可五兩許色如雞冠因曰此不可與常者等價也到京但於金市訪張蓬子付之當得二百千琚異之即謂曰爾頃在何處今復何適對曰向居王屋山下洞今將往峨嵋山知叔到此故候拜覲琚又曰爾今停泊在何處對曰中橋逆旅席氏之家時方小雨會琚不齎雨衣遽去曰吾即至

爾居四郎又拜曰行李有期恐不獲祇候琚遥歸易服而往則已行矣因詢之席氏乃曰妻妾四五人皆有殊色至於衣服鞍馬華侈非常其王處士肩輿先行云往劍南琚私奇之然未信也及至上都時物翔貴財用頗乏因謂家奴吉兒曰爾將四郎所留者一訪之果有張蓬子乃出金示之蓬子驚喜捧而叩額曰何從得此所要幾緡吉兒卽曰二百千耳蓬子遂置酒食宴吉兒卽依請而付又曰若更有可以再來吉兒以錢歸琚大異之明日自詣蓬子蓬子曰此王四郎所貨化金也西域商人專此伺買且無定價但四郎本約多少耳逾則不必受也琚遂更不取焉自後留心訪問冀一會遇終不復見之

楊敬眞

按續元怪錄敬眞虢州閿鄉縣長壽鄉天仙村田家女也年十八嫁同村王清其夫家貧力田楊氏婦道甚謹夫族目之勤力新婦性沉靜不好戲笑有暇必灑掃靜室閉門閑居雖鄰婦狎之終不相往來生三男一女年二十四歲元和十二年五月十二日夜告其夫曰妾神識頗不安惡聞人言當於靜室寍之君宜與兒女暫居異室夫許之楊氏遂沐浴著新衣焚香閉戶而坐及明訝其起遲開

門視之衣服委地牀上若蟬蛻然身已去矣但覺異香滿室其夫驚以告其父母共嘆之數人來曰昨夜方半有天樂從西而來似若雲中下於君家奏樂久之稍稍上去合村皆聽之君家聞否而異香酷烈遍數十里村吏以告縣令李邯遣吏民遠近尋逐皆無蹤跡因令不動其衣閉其戶以棘環之冀其或來也至十八日夜五更村人復聞雲中僊樂異香從東來復下王氏宅作樂久之而去王氏亦無聞者及明來視其門棘封如故房中髣髴若有人聲遽走告縣令李邯親率僧道官吏共開其門則婦宛在牀矣但覺面目光芒有非常之色邯問曰向何所去今何所來對曰昨十五日夜初有仙騎來曰夫人當上僊雲鶴卽到宜靜室以伺之至三更有僊樂綵仗霓旌絳節鸞鶴紛紜五雲來降入於房中報者曰前夫人准籍合僊僊師使使者來迎會於西嶽於是彩童二人捧玉箱箱中有奇服非綺非羅製若道人之衣珍華香潔不可名狀遂衣之畢樂作三闋青衣引白鶴曰宜乘此初尚懼其危試乘之穩不可言飛起而五雲捧出綵仗前引至於華山雲臺峯峯上有盤石已有四女先在彼焉一人云姓馬宋州人一人姓徐幽州人一人姓郭荊州人一人姓夏青州人皆其夜成僊同會於此旁一小僊曰並捨虛幻得證眞僊今當定名宜有眞字於是馬曰信眞徐曰湛眞郭曰

修眞夏曰守眞其時五雲參差徧覆崖谷妙樂羅列間作於前五人相慶曰同生濁界並是凡身一旦翛然與塵隔今夕何夕歡會於斯宜各賦詩以道其意信眞詩曰幾劫澄煩慮思今身僅成誓將雲外隱不向世間存湛眞詩曰綽約離塵世從容上太清雲衣無綻日鶴駕沒遙程修眞詩曰華嶽無三尺東瀛僅一杯入雲騎彩鳳歌舞上蓬萊守眞詩曰共作雲山侶俱辭世界塵靜思前日事拋卻幾年身敬眞詩曰人世徒紛擾其生似夢華誰言今夕宴俛首視雲霞既而雕盤珍果名不可知妙樂鏘鍠響動崖谷俄而執節者曰宜往蓬萊謁大僊伯五眞曰大僊伯爲誰曰茅君也俟樂鸞鶴復前引東去倏然間已到蓬萊其宮皆金銀花木樓殿皆非人間之製作大僊伯居金闕玉堂中侍衛甚嚴見五眞喜曰來何晚耶飲以玉盃賜以金簡鳳文之衣玉華之冠配居蓬萊華院四人者出敬眞獨前曰王父年高無人侍養請回侍其殘年王父去世然後從命誠不忍得樂而忘王父也惟僊伯哀之僊伯曰汝村一千年方出一僊人汝當其會無自墜其道因勅四眞送至其家故得還也郡問昔何修習曰村婦何以知但性本虛靜閒卽凝神而坐不復俗慮得入胸中耳此性也非學也又問要去可否曰本無道術何以能去雲鶴來迎卽去不來亦無術可召於是遂謝絕其夫服黃

冠邯以狀聞州州聞廉使時崔從按察陝輔延之舍於陝州紫極宮請王父於別室人不得升其階惟廉使從事及夫人得之瞻拜者才及階而已亦不得升廉使以聞唐憲宗召見舍於內殿試道而無以對寵之令在陝州終歲不食食時啗果實或飲酒二三杯絕無所食但容色轉芳嫩耳

吳清妻

按逸史唐元和十二年虢州湖城小里正吳清妻楊氏號監眞居天仙鄉車谷村因頭疼乃不食自春及夏每靜坐入定皆數日村鄰等就看三度見得藥共二十一丸以水下玉液漿兩椀令煎茶飲四月十五日夜更焚香端坐忽不見十七日縣令自焚香祝請其夜四更牛驢驚見牆上棘中衫子遂巡牛屋上見楊氏裸坐衣服在前肌肉極洽扶至院與村舍焚香聲磬至辰時方醒稱十四日午時見僊鶴語云洗頭十五日沐浴五更有女冠二人并龍鶴五色雲來乃乘鶴去到僊方臺見道士云華山有同行伴五人煎茶湯相待汴州姓呂名德眞全州姓張名僊眞益州姓馬名辨眞宋州姓王名信眞又到海東山頭樹木多處及吐蕃界山上五人皆隨却至仙方臺見僊骨有尊師云此楊家三代僊骨令禮拜却請歸云有父在年老遂還有一女冠乘鶴送來云得受僊詩一首又詩四並

書於後云道啟眞心覺漸清天教絕粒應精誠雲外僊歌笙管合花間風引步虛聲其二曰闕君隱處當一星蓮花山頭飯黃精僊人掌上經其三曰飛鳥莫到人莫攀一隱十年不下山袖中短書誰爲達華山道士賣藥還其四曰日落焚香坐醮壇庭花露濕漸更闌淨水僊童調玉液春宵羽客化金丹其五曰攝念精思引彩霞焚香虛室對煙花道合雲霄遊紫府湛然眞境瑞皇家

潞老人

按續文獻通考潞老人不知其名元和中嘗因風雨求宿於嵩山少林寺二更後僧人忽起見火明乃老人屋內設茵褥翠幕陳列布饌飲噉自若衆伺之至五更老人睡起取一葫蘆大如拳將牀席帳幕器用悉納其中置懷內而去

張雲容

按太平廣記薛昭者唐元和末爲平陸尉以義氣自負常慕郭代公李北海之爲人因夜直宿因有爲母復仇殺人者與金而逸之故縣聞於廉使廉使奏之坐謫爲民於海東敕下之日不問家產但荷銀鐺而去有客田山叟者或云數百歲矣素與昭洽乃齎酒攔道而飲餞之謂昭曰君義士也脫

人之禍而自當之貢荆聶之儔也吾請從子昭不許固請乃許之至三鄉夜山叟脫衣貰酒大醉屏左右謂昭曰可遁矣與之攜手出東郊贈藥一粒曰非惟去疾兼能絕穀又約曰此去但遇道北有林藪繁翳處可且潛匿不獨逃難當獲美姝昭辭行過蘭昌宮古木修竹四合其所昭踰垣而入追者但東西奔走莫能知蹤矣昭潛於古殿之西間及夜風清月皎見階前有三美女笑語而至揖讓升於花茵以犀杯酌酒而進之居首女子酹之曰吉利吉利好人相逢惡人相避其次曰良宵宴會雖有好人豈易逢耶昭居窗隙間聞之又誌田生之言遂跳出曰適聞夫人云好人豈易逢耶昭雖不才願備好人之數三女愕然良久曰君是何人而匿於此昭具以實對乃設座於茵之南昭詢其姓字長曰雲容張氏次曰鳳臺蕭氏次曰蘭翹劉氏飲將酣蘭翹命骰子謂二女曰今夕佳賓相會須有匹偶請擲骰子遇采强者得薦枕席乃遍擲雲容采勝翹遂命薛郎近雲容姊坐又持雙杯而獻曰眞所謂合巹矣昭拜謝之遂問夫人何許人何以至此容曰某乃開元中楊貴妃之侍兒也妃甚愛惜常令獨舞霓裳於繡嶺宮妃贈我詩曰羅袖動香香不已紅蕖裊裊秋烟裏輕雲嶺上乍搖風嫩柳池邊初拂水詩成明皇吟詠久之亦有繼和但不記耳遂賜雙金扼臂因此寵幸愈於羣輩

此時多遇帝與申天師談道予獨與貴妃得竊聽亦數侍天師茶藥頗獲天師憫之因閑處叩頭乞藥師云吾不惜但汝無分不久處世如何我曰朝聞道夕死可矣天師乃與絳雪丹一粒曰汝但服之雖死不壞但能大其棺廣其穴含以眞玉疎而有風使魂不蕩空魄不沈寂有物拘制陶出陰陽後百年得遇生人交精之氣或再生便爲地僊耳我沒蘭昌之時具以白貴妃貴妃恤之命中貴人陳元造受其事送終之器皆得如約今已百年矣僊師之兆莫非今宵良會乎此乃宿分非偶然耳昭因詰申天師之貌乃田山叟之魁梧也昭大驚曰山叟卽天師明矣不然何以委曲使予符曩日之事哉又問蘭鳳二子容曰亦當時宮人有容者爲九僊媛所忌毒而死之藏吾穴側與之交遊非一朝一夕耳鳳臺請擊席而歌送昭容酒歌曰臉花不綻幾含幽今夕陽春獨換秋我守孤燈無白日寒雲隴上更添愁蘭翹和曰幽谷啼鶯整羽翰犀沈玉冷自長嘆月華不忍扃泉戶露滴松枝一夜寒雲容和曰韶光不見分成塵曾餌金丹忽有神不意薛生攜舊律獨開幽谷一枝春昭亦和曰誤入宮垣漏網人月華靜洗玉階塵自疑飛到蓬萊頂瓊豔三枝半夜春詩畢旋聞鷄鳴三人曰可歸室矣昭持其衣超然而去初覺門戶至微及經閾亦無所妨蘭鳳亦告辭而他往矣但燈燭熒熒

侍婢凝立帳幃綺繡如貴戚家焉遂同寢處昭甚慰喜如此數夕但不知昏旦容曰吾體已蘇矣但衣服破故更得新衣則可起矣今有金扼臂君可持往近縣易衣服昭懼不敢去曰恐爲州邑所執容曰無懼但將我白綃去有急即蒙首人無能見矣昭然之遂出三鄉貨之市其衣服夜至穴則容已迎門而笑引入曰但啟櫬當自起矣昭如其言果見容體已生及回顧帷帳但一大穴多冥器服玩金玉唯取寶器而出遂與容同歸金陵幽棲至今見在容鬢不衰豈非俱餌天師之靈藥耶申師名元之也

黑老 附韋丹

按會昌解頤錄韋丹大夫及第後歷任西臺御史每常好道未曾有遇京國有道者與丹交遊歲久忽一日謂丹曰子好道心堅大抵骨格不成某不能盡知其事可自往徐州問黑老耳韋乃求假出往徐州經數日問之皆云無黑老召一衙吏問之曰此州城有黑老家在何處其吏曰此城郭內並無去此五里瓜園中有一人姓陳黑瘦貧寒爲人傭作賃半間茅屋而住此州人見其黑瘦衆皆呼爲黑老韋公曰可爲某邀取來吏人至瓜園中喚之黑老終不肯來乃驅迫之至驛韋公已具公服

一在門首祗候韋公一見便再拜黑老曰某傭作求食不知有何罪今被捉來願得生迴又復怖畏驚恐欲走出門爲吏人等遮攔不放自辰及酉韋公禮貌益恭黑老驚惶轉甚略請上廳終不能得至二更來方上堦不肯正坐韋公再拜謟請叩問不已至三更黑老忽然倒臥於牀上鼻息如雷韋公兢兢牀前而立久因困極不覺兼公服亦倒臥在牀前地上睡至五更黑老起來以手撫韋公背云汝起汝起汝似好道吾亦愛之大抵骨格不成就且須享人間富貴待合得時吾當來迎汝不然恐汝失路耳初秋日可再來此當爲汝盡話言訖倏已不見韋公却歸至立秋前一日晚至徐州黑老已辰時死矣韋公惆悵埋之而去自後寂絕二十年不知信息韋公官江西觀察使到郡二年忽一日有一叟謂閽人曰爾報公可道黑老來也公聞之倒屣相迎公明日無疾忽然卒皆言黑老迎韋公上仙矣

韋蒙妻 附小眞 總論

按仙傳拾遺韋蒙妻許氏居東京翊善里自云許氏世有神仙皆上爲高眞受天帝重任性潔淨然詩禮二經事舅姑以孝聞蒙爲尚書郎早夭許舅姑亦亡惟一女年十二歲甚聰慧已能記易及詩

忽無疾而卒許甚憐之不忍遽葬殯於堂側居數月聞女子殯宮中語許與侍婢總笄發棺視之已生矣請初卒之狀云忽見二青衣童子可年十二三持一紅幡來庭中呼某名曰韋小眞天上召汝於是引之昇天可半日到天上見宮闕崇麗天人皆錦繡毛羽五色之衣金冠玉珮亦多玉童玉女皆珠玉五色之衣花木如琉璃寶玉之形風動有聲如樂曲鏗鏘和雅既到宮中見韓君司命曰汝九世祖有功於國有惠及人近已擢為地下主者即遷地仙之品汝以心於至道合陟仙階即令延汝於丹陵之闕汝祖考三世皆已生天矣遂使二童送歸毋便可齋沐太乙使者即當至矣許常持妙眞經往往感致異香及殊常光色衆共異之已十餘年矣及小眞歸後三日果有仙樂之聲下其庭中許與小眞總笄一時昇天有龍虎兵騎三十餘人導從而去乃長慶元年辛丑歲也

費雞師

按酉陽雜俎蜀有費鷄師目赤無黑睛本濮人也成式長慶初見之年已七十餘或為人解疾必用一雞設祭於庭又取江石如雞卵令疾者握之乃踏步作氣噓叱雞旋轉而死石亦四破成式舊家人永安初不信嘗謂曰爾有厄因丸符逼令吞之復去其左足鞋及襪符展在足心矣又謂奴滄海

曰爾將病令祖而負戶以筆再三書於戶外大書曰過過墨遂透背焉

王先生

按宣室志有王先生者家於烏江上隱其跡由是里人不能辨或以爲妖妄一日里中火起延燒廬舍生即往視之厲聲呼曰火且止火且止於是火滅里人始奇之長慶中有弘農楊晦之自長安東遊吳楚行至烏江聞先生高躅就門往謁先生戴元綃巾衣褐衣隱几而坐風骨清美晦之再拜備禮先生拱揖而已命晦之坐其側其議論元暢迥出意表晦之愈健慕於是留宿是月乃八月十二日也先生召其女七娘者乃一老嫗也年七十餘髮盡白扶杖而來先生謂晦之曰此我女也惰而不好道今且老矣既而謂七娘曰汝爲吾刻紙狀今夕之月置於室東垣上有頃七娘以紙月施於垣上夕有奇光自發洞照一室纖毫盡辨晦之驚歎不測及曉將去先生以杖擊之俄有塵起天地盡晦久之塵斂視其庭則懸崖峻險山谷重疊前有積石晦之悸然背汗毛髮豎立先生曰陵谷速遷子安所歸乎晦之益恐灑泣言曰誠不知一旦有桑田之變豈僊都瞬息而塵世已千歲乎先生笑曰子無懼也所以爲娛耳於是持篲掃其庭又有塵起有頃塵斂門庭如舊晦之喜即馳馬而去

白皎

按異聞集河陽從事樊宗仁長慶中客遊鄂渚因抵江陵途中頗為駕舟子王升所侮宗仁方舉進士力不能制每優容之至江陵具以事訴於在任因得重笞之宗仁以他舟上峽發荊不旬日而所乘之舟汎然失纜篙檣皆不能制舟人曰此舟已為讎人之所禁矣昨水行豈嘗有所忤哉今無術以進不五百里當歷石灘險阻艱難一江之最計其奸心度我船適至則必觸碎沈溺不如先備焉宗仁方與僕登岸以巨索縶舟循岸隨之而行翌日至灘所船果奔駭狂觸恣縱升沈須臾瓦解賴其有索人雖無傷物則蕩盡峽路深僻上下數百里皆無居人宗仁即與僕輩蔭於林下糧餼什具絕無所有羈危辛苦憂悶備至雖發人告於上官去二日不見返饑餒逮絕其夜因積薪起火宗仁洎僮僕皆環火假寐夜深忽寤見山獠五人列坐態貌殊異皆挾利兵瞻顧睢盱言語兇謾假令揮刃則宗仁輩束手延頸矣覩其勢逼因大語曰爾輩家業在此山中吾不幸舟船破碎萬物俱沒涸然古岸俟為豺狼之餌爾輩圓首橫目曾不傷急而乃倜然笑侮幸人危禍一至此哉吾今絕糧已逾日矣爾家近者可遽歸營飲食以濟吾之將死也山獠相視遂令二人起未曉負米肉鹽酪而至

宗仁賴之以候迴信因示舟破之由山獠曰峽中行此術者甚衆而遇此難者亦多然他人或有以解唯王升者犯之非沒溺不已則不知果是此子否南山白皎者法術通神可以延之遣召行禁我知皎處試爲一請宗仁因懇祈之山獠一人遂行明日皎果至黃冠野服杖策躡履姿狀山野禽獸爲侶宗仁則又示以窮寓之端皎笑曰玫畢耳爲君召而斬之因薙草剪木規地爲壇仍列刀水而皎立中央夜闌月白水碧山青杉桂朦朧溪聲悄然時聞皎引氣呼叫召王升發聲清長激響遼絕達曙無至者宗仁私語僕使曰豈七百里王升而可一息致哉皎又詢宗仁曰物沈舟碎果如所言莫不自爲風水所害耶宗仁曁舟子又實告皎曰果如是王升安所逃形哉又謂宗仁所使曰然請郎君三代名諱方審其術耳僕人告之皎遂入深遠別建壇墠暮夜而再召之長呼之聲又若昨夕良久山中忽有應皎者咽絕因風始聞久乃至皎處則王升之魄也皎於是責其奸蠹數以罪狀升求哀俯伏稽顙流血皎謂宗仁曰已得甘伏可以行戮矣宗仁曰原其奸兇尤甚實爲難恕便行誅斬則又不可宜加以他苦焉乃叱王升曰全爾腰領當百日血痢而死升號泣而去皎告辭宗仁解衣以贈皎皎笑而不受有頃舟船至宗仁得進發江陵詢訪王升是其日皎召致之夕在家染血痢

十旬而死

衡山道士

按衡嶽志衡山道士不知何許人長慶中有頭陀悟空嘗裹糧持錫入衡山至朱陵西原遊覽累日捫蘿度險無跡不到因憩於巖下長吁曰饑渴如此不見主人忽見前巖有道士坐繩牀僧詣之不動遂責其無賓主意復以饑困告道士欻起指石地曰此有米鑿石深數寸令僧探之得陳米斗餘即置於釜承瀑水敲火煮飯僧纔食一口未盡辭以未熟道士笑曰君食止此可謂薄命我當畢之遂喫飯盡又曰我爲客設戲乃處木褭枝頭猿懸鳥跂逾擿閃目有頃又旋繞繩牀蹙轉湍急但睹衣色成規倏忽失所在僧尋路歸寺數月不復饑渴

施肩吾

按金華府志肩吾以長慶中隱洪州西學仙嘗貽徐凝書云僕雖忝成名自知命薄遂栖心元門養性林壑賴仙聖扶持雖年迫遲暮幸免龍鍾題其後曰西山學僊者施肩吾頓首又陸游修心鑑跋云高祖太傅公生七年家貧未就學忽作詩有神僊語觀者驚爲晚自號朝隱子嘗退朝見異人行

空中足去地三尺許邀與俱歸則古仙人嵩山栖眞施先生肩吾也因受鍊丹辟穀之術尸解而去今惟此書尙存見渭南文集

符契元

按閩書符契元上都昊天觀道士也德行法術爲時所重長慶初中夏晨告門人曰吾習靜片時愼無喧動乃扃戶晝寢旣而道流四人邀延出門心欲有詣身卽輒至離鄉三十餘年因思一到俄造其居室宇攤落園圃荒蕪舊識故人孑遺殆盡舊曾煉藥條山亦思一遊倏忽已至恣意歷覽窮遍巖谷

裴航

按山西通志裴航聞喜人長慶中遊鄂渚僱舟還都同載樊夫人者國色也航賂其侍兒投以詩樊答曰一飮瓊漿百感生元霜擣盡見雲英藍橋便是神僊宅何必崎嶇上玉清航後過藍橋驛路旁茅舍一老嫗績麻航渴而求漿嫗呼雲英捧一甌飮之且曰欲娶此女須得玉杵臼方可航求得之納於嫗遂成夫婦入玉峯餌絳雪瓊英之丹僊去

李珏

按續僊傳李珏廣陵江陽人也世居城市販糴自業而珏性端謹異於常輩年十五時父適他行以珏專販事人有糴者與糶珏即授以升斗俾令自量不計時之貴賤一斗只求兩文利以資父母歲月既深衣食甚豐父怪而問之具以實對父曰吾之所業同流中無不用出入升斗出輕入重以規厚利雖官司以春秋較推終莫斷其弊吾但以升斗出入皆用之自以為無偏久矣汝今更出入任之自量吾不可及也然衣食豐給豈非神明之助耶後父母歿及珏年八十餘不改其業適李珏出相節制淮南珏以新節度使同姓名極用自驚乃改名寬李珏下車後數月修道齋次夜夢入洞府中見景色正春烟花爛熳翔鸞舞鶴綵雲瑞霞樓閣連延珏獨步其下見石壁光瑩填金書字列人姓名似有李珏字長二尺餘珏視之極喜自謂生於明代久歷顯官又升宰輔能無功德及於天下今洞府有名我必僊人也再三為喜方喜之際有二僊童自石壁左右出珏問此何所也曰華陽洞天此姓名非相公也珏驚復問非珏何人也僊童曰此相公江陽部民也珏及曉歷記前事益自驚歎問於道士無有知者復思試召江陽官屬詰之亦莫知也乃令府城內求訪同姓名者數日軍營

里巷相推乃得李寬舊名玨遂闢於玨乃以車舆迎之置於靜室齋沐拜謁謂爲道兄一家敬事朝夕参禮李情景恬淡道貌秀異鬚長尺餘皓然可愛年六十時曾有道士教其胎息亦久不食玨愈敬之及月餘乃問曰道兄平生得何道術服何錬藥玨曾夢入洞府見石壁姓名仙童所指是以迎請師事願以相授寬辭以不知道術服鍊之事玨復虔拜因問寬所修何術寬辭以愚民不知所修遂其販糴以對玨再三審問答曉曰此常人之難事陰功不可及也復曰乃知世之動靜食息莫不有報苟積德雖在貧賤神明護祐名書僊籍以聳塵俗又問胎息不食之由具以對玨師其胎息亦不食寬年百餘歲輕健異常忽告子孫曰吾寄世多年雖自養氣亦無益汝輩一夕而卒三日棺裂聲視之衣帶不解如蟬蛻已尸解矣　按四川總志李玨字與玉不詳何時人修黃房公金丹之道回過雩壇先期有夢其至者時久旱夢者物色得之留禱雨即應後至貢州玉虛庵以道授張紫霞倏羽化去後紫霞再會於青城山

道樹卜

按鳳陽府志唐道樹卜壽州三峯山結茅而居言笑詭異常化佛菩薩羅漢天僊等形學徒覩之皆

不能測寶曆元年壽九十無疾而終

盧山人

按荆州府志盧山人荆州人寶曆中常販燒樸石灰往來於洑南草市時微露奇迹賈人趙元卿好事從之遊言事多奇驗人爭問之惡其煩遂避之復州元卿言盧生狀貌老少不常亦不見其飲食所論多奇

風穴道士

按畿輔通志李球寶曆二年遊五臺山有風穴遊人稍諠呼及投物即大風震發損屋拔木登山者相戒不敢犯球戲投巨石於中良久聲方絶果奔風迅發有一木如柱隨風出球力扳其木欲遂入穴中移時至穴底見一人形如獅子而人語引球入洞中見二道士問球所修之道球無以為對道士責引者曰至道之要當授習道之人汝何妄引凡俗入耶速引去以一杯水令飲謂之曰汝雖凡流得踐眞境將亦有少道分情素不習道不可語修行之要耳但去脩有衛生之心出世之志可復來也飲此神漿以延年壽矣球飲水拜謝訖引者至洞側示以別路曰此有北巖之境可得速還人

間解藥三丸貫槁枝之末與之謂球曰如見異物以藥指之不爲害食之可以無病球行洞中黑處
藥有光如火數有巨蛇張口向球以藥指之伏不敢動出洞門古樹半朽洞欲堙塞球摧壞土朽樹
久之方得出乃鋭志修道與其子入王屋山

劉元靖

按武昌府志劉元靖武昌人爲道士師王道宗道宗僊去遂感悟遊名山入南嶽峻峯鑿石穴以居
絶粒煉氣唐敬宗召入思政殿問長生術尋放歸武宗復召入禁受法籙賜號廣成先生還山宣宗
時忽天樂浮空而去惟存杖履焉嘗傳訪道南嶽借徑於蒲毻玩山水者積歲故半泉有僊人洞僊
人橋皆劉之遺跡云

卷終

神仙部列傳二十六

唐九 錢朗

按江西通志錢朗字內光南昌人唐世讀書西山以五經登科文宗時爲南安副都護遷光祿卿尋歸隱廬山得補腦還元之術錢鏐聞其名迎至臨安師事之雲孫數人各以明經爲縣宰首已皓白朗一日語家人曰我頃爲上清所召今去已俄氣絕數日顏色如生舉棺屍解去蓋百七十餘歲云

應夷節

按續文獻通考應夷節汝南人生不喜茹葷性敏慧長遊天台龍虎山師馮惟良得上清大法棲眞天台道院日誦黃庭大洞二經爲人祈福數致感應忽一日沐浴入靜凝神翼日解化是夕清香馥郁猿鳥悲鳴及就窆但空棺而已　按天台縣志應夷節汝南人字適中生時母夢流星入牖後游天台與葉藏質劉處靜爲林泉友會昌中於桐柏觀建壇以居年八十五歲卒及窆止空棺羅隱爲之贊

緱仙姑

按墉城集仙錄緱仙姑者長沙人也入道居衡山年八十餘容色甚少於南嶽魏夫人仙壇精修香火十餘年孑然無侶壇側多虎狼常人遊者須結侶執兵器方敢入仙姑深隱其間曾無所畏數年後有一青鳥形如鳩鴿紅頂長尾飛來所居自語云我南嶽夫人使也以姑修道精苦獨棲窮林命我爲伴耳他日又言西王母姓緱乃姑之聖祖也聞姑修道勤至將有眞官降而授道但時未至耳宜勉於修勵也每有人遊山必青鳥預說其姓字及其日一一皆驗又曰河南緱氏王母修道之處故鄉之山也又一日青鳥飛來曰今夕有暴客無害勿以爲怖也其夕果有十餘僧來毀魏夫人仙壇壇乃一巨石方可丈餘其下宛然浮寄他石之上每一人以手推之則搖動人多則屹然而住是夜羣僧持火挺刃將害仙姑入其室姑在牀上而僧不見旣出門即推壞仙壇訇然有聲山震谷裂謂已顚墜矣而終不能動僧相率奔去及明有遠村至者云十僧中九僧爲虎噬殺一僧推壇之時不同其惡免爲虎害夫人仙壇儼然無損姑亦無恙歲餘青鳥語姑還居他所因徙居湖南鳥亦隨之而他人未嘗會其語相國文昭鄭公畋自承旨學士左遷梧州牧師事於姑姑謂文昭公曰此後

四海多難人間不可久居吾將卜隱九嶷山矣一旦遂去

程大虛

按四川總志程大虛西充人自幼學道精修勤苦隱居南岷山絕粒有二虎侍左右九井十三峯皆其修煉處也一夕大風雨砌下得碧玉印每乞符祈年印以授之輒獲豐稔唐元和中解體後還神於元宮容貌不變宣宗命人求之過商山宿逆旅蹋險有居第如公館青童引見一道士自稱程大虛祖居西充且囑曰明歲君自蜀入南岷無忘我及至歸視畫像與前見者無異宗賜號道濟大師

裴元靜

按續仙傳裴元靜緱氏縣令昇之女鄠縣尉李言妻也幼而聰慧母教以詩書皆誦之不忘及笄好道請於父母置一靜室披戴父母亦好道許之日以香火瞻禮道像女使侍之必逐於外獨居別有女伴言笑父母看之復不見人詰之不言潔思閑淡雖骨肉常見亦執禮曾無慢容及年二十父母欲歸於李言聞之固不可唯願入道以求度世父母抑之曰女生有歸是禮婦時不可失禮不可虧倘入道不果是無所歸也南嶽魏夫人亦從人育嗣後為上仙遂適李言婦禮臻備未一月告於李

言以素修道神人不許為君妻請絕之李言亦慕道從而許焉乃獨居靜室焚修夜中聞言笑聲李言稍疑未之敢驚潛壁隙窺之見光明滿室異香芬馥有二女子年十七八鳳髻霓衣姿態婉麗侍女數人皆雲髻綃服綽約在側元靜與二女子言談李言異之而退及旦問於元靜答曰有之此崑崙仙侶相省上仙已知君窺以術止之而君未覺更來慎勿窺也恐君為仙官所責然元靜與君宿緣甚薄非久在人間之道念君後嗣未立候上仙來當為言之後一夕有天女降李言之室經年復降送一兒與李言曰此君之子也元靜即當去矣後三日有五雲盤旋仙女奏樂白鳳載元靜昇天向西北而去時大中八年八月十八日在溫縣供道村李氏別業

戚元符

按墉城集仙錄戚元符者冀州民妻也三歲得疾而卒父母號慟方甚有道士過其門曰此可救也抱出視之曰此必為神仙適是氣厥耳衣帶中解黑符以救之良久遂活父母致謝道士曰我北嶽真君也此女可名元符後得昇天之道言訖不見遂以為名及為民妻而舅姑嚴酷侍奉益謹常謂諸女曰我得人身生中國尚為女子此亦所闕也父母早喪惟舅姑為尊耳雖被箠楚亦無所怨夜

有神仙降之授以靈藥不知其所修何道大中十年丙子八月十日昇天

金可記

按續仙傳金可記新羅人也賓貢進士性沉靜好道不尚華侈或服氣煉形自以爲樂博學強記屬文清麗美姿容舉動言談有中華之風俄擢第不仕隱於終南山子午谷葺居懷退逸之趣手植奇花異果極多常焚香靜坐若有念思又誦道德及諸仙經不輟後三年思歸本國航海而去復來衣道服却入終南務行陰德人有所求無阻者精勤爲事人不可偕也大中十一年十二月上表言臣奉玉皇詔爲英文臺侍郎明年二月十五日當上昇時宣宗頗以爲異遣中使徵入內固辭不就又求見玉皇詔辭以爲別仙所掌不留人間遣賜宮女四人香藥金綵又遣中使二人專看待然可記獨房靜室宮女中使多不接近每夜聞室內常有人談笑聲中使竊窺但見仙官仙女各坐龍鳳之上儼然相對復有侍衛非少而宮女中使不敢輒驚二月十五日春景妍媚花卉爛熳果有五雲唳鶴翔鸞白鵠笙簫金石羽蓋瓊輪幡幢滿空迎之昇天而去朝列士庶觀者塡溢山谷莫不瞻禮歎異焉

唐軒轅集

按杜陽雜編羅浮先生軒轅集年過數百而顏色不老立於牀前則髮垂至地坐於暗室則目光可長數丈每採藥於深巖峻谷則有毒龍猛獸往來護衛或晏然居家人有具齋邀之雖一日百處無不分身而至或與人飲酒則袖出一壺纔容一二升縱客滿座而傾之彌日不竭或他人命飲卽百斗不醉夜則垂髮於盆中其酒瀝瀝而出麴糵之香輒無減耗或與獵人同群有非朋遊者俄而見十數人儀貌無不間別或飛朱篆於空中則可屆千里有病者以布巾拭之無應不手而愈及上召入內庭遇之甚厚每與從容論道率皆叶於上意因問曰長生之道可致乎集曰撤聲色去滋味哀樂如一德施無偏自然與天地合德日月齊明則致堯舜禹湯之道而長生久視之術何足難哉又問先生之道孰愈於張果曰臣不知其他但少於果耳及退上遣嬪御取金盆覆白鵲以試之集方休於所舍忽起謂中貴人曰皇帝安能更令老夫射覆盆乎中貴人皆不喻其言於時上召令速至而集纔及玉堦謂上曰盆下白鵲宜早放之上笑曰先生早已知矣坐於御榻前上令宮人侍茶湯有笑集貌古布素者而鬒髮絳脣年纔二八須臾忽變成老嫗雞皮駘背髮鬢皤然宮人悲駭於上

前流涕不已上知宮人之過促令謝告先生而容質却復如故上因語京師無豆蔻荔枝花俄頃二花皆連葉各數百鮮明芳潔如纔折下又嘗賜柑子集曰臣山下有味逾於此者上曰朕無復得之集遂取上前碧玉甌以寶盤覆之俄頃撤盤即柑子至矣芬馥滿殿其狀甚大上食之歎其甘美無匹又問曰朕得幾年天子即把筆書曰四十年但十字挑脚上笑曰朕安敢望四十年乎及晏駕乃十四年也集初辭上歸山自長安至江陵於一布囊中探金錢以施貧者約數十萬中使從之莫知其所出既至中路忽亡其所在使臣惶恐不自安後數日南海奏先生歸羅浮山矣　按東觀奏記上晚歲酷好仙道廣州監軍使與德鄰離闕日病脚已蹣跚矣三載監廣使歸闕足疾却平上詰之遂具爲上說羅浮山人軒轅集醫瘥上聞之甘心焉驛詔軒轅集赴京師既至館於南亭院外廷莫之面也諫官恐害政屢以爲言上曰軒轅道人口不干世事卿勿以爲憂留歲餘放歸授朝奉大夫廣州司馬集堅不受臨與上別上問理天下當得幾年集曰五十上聞之慰悅及遏密之歲春秋五十　按大中遺事軒轅先生居羅浮山宣宗詔入禁中能以桐竹葉滿手挼之悉成錢先生又能散髮箕踞用氣攻其髮一一條直如植

毛仙翁

按續文獻通考毛仙翁名于羿字鴻漸不知其甲子常如三十許人周游湖潁間嘗以丹石攻疾大中戊寅歲進士張爲遊長安一旦有青衣來奔納之寖成羸疾骨立待時毛翁自海陵來見之曰子妖氣邪光浹遍肌膚苟不相値殞命旦夕矣吾有鮑南海丸可佩之張佩歸數百步張之妾望見長號一聲蹶然而斃因共視木偶人也心下至足肌肉如人心上至頂猶木偶之狀乃棄之江中又以丹砂如黍三粒命張吞之旬月間痼疾頓瘳仙翁後上昇而去

侯道華

按續文獻通考侯道華芮城人或云自峨嵋山來詣中條道靖觀事周悟仙恒如風狂人登危歷險如履平地又好子史手不釋卷因殿宇壞登梁葺之得小金盒中有丹吞之後上松樹顛與雲鶴盤旋淩空而去時宣宗大中年也　按山西通志侯道華芮城人泊於永樂觀能升高葺危屋居常執賤役暇則手不釋卷後因殿宇損壞道華登葺獲一小金盒中有丹吞之偶入市醉歸乃著屐上觀前偃蓋松悉砍其枝曰他日礙我上昇眾白之縣官因而責辱後七日松上有雲鶴音樂之異道

華遂升松頂衆始驚愕謝過道華揮手作別而去

柳條青

按蘇州府志唐柳條青大中末乞食蘇市嘗擊節踏歌得錢輒飲好事者覓其蹤終不可得閱五六年因大雪凍死於市市人具棺瘞於齊門之左每遇日出時塚上有紫氣高五六尺近視之無所見也後一年有處士皇甫顔者來訪之示之以塚處皇甫持酒脯祭之發棺得青竹杖無他物表其塚曰谷隱柳處士墓

夏侯隱

按天台縣志夏侯隱不知何許人大中末游天台獨止一室或露宿草樹間每登山渡水則閉目而睡比至則覺人呼睡仙

王杞

按四川總志王杞字昌遇東川獄吏梓人也盡心獄事多陰德遇異人授以仙訣詩百篇深契易理大中末舉家仙去賜號保和道人

杜可筠

按桂苑叢談唐宣宗末廣陵貧人杜可筠年四十餘好飲不食多云絕粒每酒肆巡座求飲亦不見醉人有憐與之酒又終不多飲三兩杯卽止有樂生旗亭在街西常許或陰雨往他所不及卽約詣此率以爲常一旦大雪詣樂求飲値典事者自樂云旣已嚙損卽擬物賠前人樂不喜其說杜問曰何故樂曰有人將衣服換酒收藏不謹致爲鼠嚙杜曰此間屋院幾何曰若干杜曰弱年曾記得一符甚能却鼠卽不知今日驗否請以試之或有徵當可盡此室宇永無鼠矣樂得符依法焚之自此遂絕鼠跡杜屬谷彥畢師鐸重圍際容貌不改皆爲絕糧故也後孫儒渡江乃寓毗陵犯夜禁爲刃死傳其劍解矣

劉商

按續仙傳劉商彭城人也家於長安好學强記工文有胡笳十八拍頗行於世兒童婦女悉誦之進士擢第歷臺省爲郎中性耽道術逢道士卽師資之煉丹服氣靡不勤切每歎光景甚促筋骸漸衰朝馳暮止但自勞苦浮榮世宦何益於己古賢皆墮官以求道多得度世幸畢婚嫁不爲俗累豈劣

於許遠遊哉是以託病免官入道遊及廣陵於城街逢一道士賣藥聚翫頗衆人言多有靈效衆中見商目之甚相異乃罷藥攜手登樓以酒爲歡道士所談自秦漢歷代事皆如目視商頗驚異郎師敬之復言神仙道術不可得也及暮商歸僑止道士下樓閃然不見商益訝之翌日又於街市訪之道士仍賣藥見商愈喜復挈上酒樓劇談歡醉出一小藥囊贈商并戲吟曰無事到揚州相攜上酒樓藥囊爲贈別千載更何求商記詞得囊暮乃別去後商尋之不復見也商乃開囊視重重紙裹一葫蘆得九粒藥如麻子依道士口訣吞之頓覺神爽不饑身輕飄然過江遊茅山久之復往宜興張公洞當春之時愛罨畫溪之景乃入胡父渚葺居隱於山中近樵者猶見之曰我劉郎中也莫知所止蓋已爲地仙矣　按太平廣記劉商者中山靖王之後舉孝廉歷官合淝令而篤好無爲清簡之道方術服鍊之門五金八石所難致者必力而求之人有方疏未合鍊施效者必資其藥石給其鑪鼎助使成之未嘗有所覬覦也因泛舟苕霅間遂卜居武康上强山下有樵童藥叟雖常草木之藥詣門而售者亦答以善價一日樵夫鬻樵有束一把商亦厚價致之其庭廡之下籬落之間草木諸藥已堆積矣忽閑步杖策逍遥田畝蹊隧之傍聊自怡適閑叢林間有人相與言曰中山劉商今

日巳賜眞水矣蓋陰功篤好之所感乎窺林中杳無人跡奔歸取水修而服之月餘齒髮益盛貌如嬰童舉步輕速可及馳馬登涉雲巖無復困憊又月餘坐知四方之事驗若符契乃入上疆洞中咸通初有酒家以樵叟稍異盡禮接之累月復一至因謂酒家曰我中山劉商也夙攻水墨願留一圖以酬見待之厚使備繪素而約以再來一日果至酒家援毫運思頃刻而千山萬水非世工所及將去謂酒家曰我祖淮南王今爲九海總司居列眞之任授我以南溟都水之秩旬日違別不復來矣如是十許日天色晴霽香風瑞雲彌布山谷樵者見空中騎乘飛舉南去

徐仙姑

按墉城集仙錄徐仙姑者北齊僕射徐之才女也不知其師已數百歲狀貌常如二十四五歲耳善禁呪之術獨遊海內名山勝境無不周徧多宿巖麓林窟之中亦偶止僧院忽爲豪僧十輩微詞所嘲姑罵之羣僧激怒欲以力制詞色愈悖姑笑曰我女子也而能棄家雲水不避蛟龍虎狼豈懼汝鼠輩乎卽解衣而臥遽徹其燭僧喜以爲得志遲明姑理策出山諸僧一夕皆僵立尸坐若被拘縛口噤不能言姑去數里僧乃如故來往江表吳人見之四十餘年顏色如舊其行若飛所至之處人

長敬若神明矣無敢戲侮者咸通初謂郯縣白鶴觀道士陶貲雲曰我先君仕北齊以方術聞名陰功及物今亦得道故我爲福所及亦延年長生耳以此推之卽之才女也

葉藏質

按雲笈七籤天台山玉霄宮葉尊師修養之暇亦以符術救人婺州居人葉氏其富億計忽中狂瘖之疾積年不瘳數月沉頓後乃叫號悲笑裸露奔走力敵數人初以絹索縻縶之俄而絕絆出通衢犯公署不可支吾官以富室之子不能加罪頻有所犯亦約束其家嚴爲守衛加持禳制飯僧祈禱祀鬼神召巫覡無所不作莫能致效其家素不信道偶有人謂之令詣天台請玉霄宮葉尊師符可祛此疾不然莫知其可也乃備繒帛器皿入山請符尊師謂使者曰此符到家疾當愈矣無以器帛爲用盡歸之使者未至三日疾者方作斷絙投石舉家閉戶以拒之折關拔橇力不可禦如此狂猛非人所遏忽忽遽斂容自歸其室盥洗巾櫛束帶鞹足執板磬折於門內道左其色怡然一家欣喜爭問其故笑而不答但言天使郎來飲食都忘夕不暇寢孜孜焉企踵翹足延頸望風汗流浹背不敢爲倦如此二日三夕使者持符而至入門迎拜懽呼踊躍前導得符服之瞑然食頃疾已瘳矣出

是躬詣山門厚施金帛助修宮宇一家修道滌濟峯道堂日夕焚修焉初玉霄賜二符一已吞之一貼房門之上葉之女使竊酒飲之嘔於符下葉見一神人介金執劍長可三四寸從符中出去焚香拜謝而不見其歸數日親戚家女使近患風魔疾尙未甚因來葉房之前立且未定忽叫一聲葉見符中將軍如前之形揮劍加女使頭上問其故云適有神人以劍於頭上斬下一物墜於衣領中令二三女僕捧持驗有蛇頭如指斷在衣領中血猶滴焉風魔之疾自此亦愈　按天台縣志葉藏質字函象括蒼人咸通初創道齋於玉霄峯號石門山居尤精符籙婺州牧爲邪物所撓詣請符中路犯忌穢失之牧乃親造見案上封爵乃前符也捧歸祟遂絕懿宗以其居爲玉霄觀一日召其友告以行日及期題於門曰雞鳴時去門人忽於空中聞珠珮鼓樂聲須臾雞鳴視之已化矣　按處州府志葉藏質法善孫精符術隱玉霄峯唐懿宗屢召不赴一日忽語其友以行日及期題其門曰雞鳴時去檀材造如來像及二塔庭生靈芝夥馥異常後御賜章服錫此號

王太虛

按懷慶府志王太虛不知何許人隱居王屋山洞中咸通問王屋王琮志崇元教棄官絕穀闢山洞

有眞人遂往求之入洞見石牀上有古經一軸琛再拜祝之忽一人出語之曰吾東極眞人王太虛也此黃庭經乃吾所著者授之子當珍之言訖不見

王錫

按郴州志王錫桂陽郡人爲郡衙校嘗部運至長沙遇異人授以藥術適郡大疫入山採藥全活甚衆唐咸通十一年八月朔甘露降於居側竹木上錫啖之遂僊去今長沙有僊露臺

王季文

按池州府志王季文字宗素少厭名利遇異人授九僊飛化之術曰子當先決科於詞籍後策名於眞列冥數使然不可移也登咸通中進士第授祕書郎辭謝病歸九華日一浴於山之龍潭寒暑不渝遂僊去今頭陀嶺下無相院是其舍宅也

劉方瀛

按雲笈七籤天台道士劉方瀛師尋老君精修介潔中佩法籙常以丹篆救人與同志弋陽縣令劉翽按天師劍法以五月五日就弋陽葛溪鍊鋼造劍勅符禁水疾者登時即愈嘗於黃巖縣修齋勅

壇以救疫敕有見鬼巫者潛往瞰之見鬼神數千奔北潰散如大陣崩敗一縣之疫數日而愈咸通末方瀛無疾而終戒其門人使與劍俱葬莫敢違之乾符中和間台州師劉文下稗將李生領徒發其墓欲以取劍見其尸柔軟容色不變如醉臥而已顧視其劍哮吼有聲羣黨驚懼卒不敢取李生命瘞之而去不獨劍之有靈劉方瀛亦修眞鍊形得道之流也

廖法正

按衡嶽志唐廖仙名法正一名通元郴人也爲景星觀道士幼從方外得費長房劉根之術談經演法鬼神降然性耽遊訪行亦見重於人當時士夫逢掖無不知其名者時有人爲邪祟所侵覓符呪治之不能瘳愈加狂獗已而詣廖師師至一見而慚恧以醒即得如初厥神如此自是聲名益重咸通六年懿宗皇帝召入朝行道術有驗上重而留之欲拜之官廖師辭不受力求歸乃重餽遣還師又辭不受賜號元妙眞人歸過荊州公安野渡渡有二妖爲人害時每興波覆人舟廖師渡方中流水波洄湃師恚然奮袂舉衣膀浪浪爲之靜趣棄舟赤足踏蹴水面御風而過舟子驚異知師非世人也遂追隨師矢願爲臧僕歸至觀求傳道法師語曰汝自當持素我於此中煉丹丹成吾與汝

分餌之汝愼護吾門也師遂隱山巖不出未幾出遊廣東連州於靖福山結廬居室中別無所有惟置一榻簡書數篇服水晶雲母不復染世味服二年卽於其地白日飛昇今靖福山尙有廖仙羽化迹焉師嘗棲衡山韓昌黎遊衡麓與之接謂深器重焉別時爲序以送之韓文集中有送廖道士序卽師也今郡西有廖僊嶺爲師煉形地僊觀現存廖僊嶺在郡西三十里

司馬凝正

按錄異記司馬凝正工書好道游江湖間久矣咸通初與道士白無隅張堅白於洞眞觀繕寫眞經尋復遊歷諸山貌如五十歲人天復中來往西山玉笥袁吉諸郡人皆識之但性多闒茸未嘗拘檢每於市肆里巷與人闘毆忽於洪州生米坤止僧院中累日醉諠爲人所毆衆患之醒而謂之曰師不拘道行作此猖狂不惟汙辱道風亦且諠亂於我凝正怒曰我爲僧人所辱何用生爲卽仆地而死逡巡肌肉青黑手足堅勁卽爲官中檢視縣申於州時當暑月停留數日驗覆方畢了無臭敗州司命給衣物棺器沐浴將殯歘然而起振衣出棺神色自若入肆飲酒與常無異衆共驚嘆莫測其由今猶在江西境內時天祐庚午年也

張綽

按桂苑叢談咸通初有進士張綽者下第後多遊江淮間頗有道術常養氣絶粒唯酒耽棊又以爐火藥術爲事一旦覩火大哂命筆題云爭奈金烏何頭上飛不住紅爐漫燒藥玉顏安可駐今年花發枝明年葉落樹不如且飲酒莫管流年逝人以此異之不喜裝飾多歷旗亭而好酒杯也或人召飲若遂合意則索紙剪蛺蝶三二十枚以氣吹之成列而飛如此累刻以指收之俄皆在手見者求之即以他事爲阻常遊鹽城多爲酒困非類輩欲乘酒試之相競較力邑令偶見縶之醒乃課述德陳情詩二首以上狄令令乃立釋之其詩所記惟一篇云風門常有蕙蘭馨鼎族家傳霸國名容貌靜懸秋月彩文章高振海濤聲訟堂無事調琴軫郡閣何妨醉玉觥今日東漸橋下水一條從此鎮長清自後狄令重張之才欽慕其道日久延接欲傳其術張以明府勳貴家流年少而宰劇邑多聲色狗馬之求未暇志味元奧因贈詩以開其意云何用梯媒向外求長生只在內中修莫言大道人難得自是行心不到頭他日將欲離去乃書琴堂而別後人多云江南上昇初去日乘醉因求片楮剪二鶴於廳前以水噀之俄而翔翥乃曰汝先去吾即後來時狄令亦醉不暇拘留遂得去其所題云

張綽張綽自不會天下經書在腹內身却騰騰處世間心即逍遙出天外至今江淮好事者記綽時事詩極多

王可交

按續仙傳王可交蘇州崑山人也以耕釣自業居於松江南趙屯村年三十餘莫知有眞道常取大魚自窩以槌擊殺煮之擣蒜韭以食常謂樂無以及一旦棹漁舟方擊檝高歌入江行數里間忽有一彩畫花舫漾於中流有道士七人皆年少玉冠霞帔服色各異侍從十餘人總角雲鬟又四人黃衣乘舫一人呼可交姓名交方驚異不覺漁舟已近舫側一道士令總角引可交上舫見七人面前各有青玉盤酒器果子皆瑩徹有光可交莫識又有女伎十餘人悉持樂器可交遠立於筵末遍拜七人共視可交一人曰好骨相合仙生於凡賤眉間已灸破矣一人曰與酒吃侍者瀉酒而樽中酒再三瀉之不出侍者具以告道士曰酒是靈物必得入口當換其骨瀉之不出亦乃命也一人又曰與栗吃俄一人於筵上取二栗付侍者與可交令便吃視之其栗青赤光如棗長二寸許嚙之有皮非人間之栗肉脆而甘如飴久之食方盡一人曰王可交已見之矣可令去命一黃衣送上岸於船

邊覺所乘漁舟不見黃衣曰不必漁舟但合眼自到於是合眼若風水林木浩浩之聲令開眼已到失黃衣所在但見峯巒重疊松柏參天坐於草中石上及望見有門樓人出入俄頃採樵者并僧十餘人到問可交何人可交具以前事對又問何日離家可交曰今日早離家又問今日是何日對是三月三日樵者與僧驚曰今日是九月九去三月三日已半年餘可交問地是何所僧曰此是天台山瀑布寺前又問此去華亭多少地僧曰水陸千餘里可交自訝不已乃為僧邀歸寺設食可交但言飽不喜聞食氣唯飲水耳衆僧審問極異之乃以狀白唐興縣以達台州以聞越州廉使王渢奏奏道召之見極以為非常之事神仙變化不可測也可交身長七尺餘儀貌殊異言語清爽渢歎曰此誠真仙人也又以同姓益敬之飾以道服而遣人至蘇州以詰其實具言三月三日可交乘漁舟入江不歸家人尋得漁舫謂墮江死溺之無跡妻子已招魂葬訖王渢具以表聞詔甚稱異後可交却歸鄉里備話歷歷及與鄉人到江上指所逢花船之處依然可交食菜後已絕穀動靜若有神助不復耕釣乃挈妻子往四明山二十餘年復出明州賣藥使人沽酒得錢但施於人時言藥則壺公所授酒則餘杭阿母相傳藥極去疾酒甚醉人明州里巷皆言王僊人藥酒世間不及道俗多圖其

形像有患痁及邪魅者圖於其側卽愈後三十餘年却入四明山不復出今人時有見之者

劉䁪

按續僊傳劉䁪小字宜哥兄瞻也家貧好道常有道士經其居見而異之問知道否曰知然䁪性饒俗氣業應未淨遽可强學道士曰能相師乎曰何敢於是師事之隨道士入羅浮山䁪與瞻俱讀書䁪山棲求道無巾褱髮角布衣而瞻性慕榮達䁪謂瞻曰鄙必不第則逸於山野爾得第則勞於塵俗竟不及於鄙也然愼於富貴四十年當有驗曰神仙遐遠難求秦皇漢武非不區區也廊廟咫尺易致馬周張嘉貞可以繼踵矣自後䁪愈精思於道乃隱於羅浮山瞻進士登科屢歷清顯及陞輔相頗著燮調之稱俄謫南行次廣州潮臺泊舟江濱忽有髮角布衣少年衝暴雨而來衣履不濕欲見瞻左右皆訝乃語之但言宜哥來也以白瞻問形狀具以對瞻驚歎乃迎而見之䁪顏貌可二十來許瞻已皤然衰朽爲逐臣悲喜不勝䁪復勉之與爾爲兄弟手足所痛曩日之言今四十年矣瞻益感嘆謂䁪曰可復修之否䁪曰兄身邀榮寵職和陰陽用心動靜能無損乎自非弟奈何況已昇天僊詎能救爾今惟來相別非來相救也於是同舟行別話平生隔闊一夕失䁪所在今羅浮山中

時有見者瞻乃南行沒於貶所矣

楊會師

按錄異記吉州東山有觀爲陽爵江去州六十里咸通中有楊會師居爲師有道術能飛符救人觀側有三井一井出鹽一井出茶一井出鼓每有所闕師令取之皆得食之能療衆疾師得道之後取之無復得矣

寒山子

按武進縣志寒山子咸通十二年毘陵道士李褐性褊急好凌侮人有貧士詣褐乞食褐不之與加以叱責貧者唯唯而去數日有乘白馬從白衣者七人詣褐因謂曰頗相記乎褐視其狀貌乃前之貧士也李慚謝乃謂褐曰子修道未知其門而好凌侮人何道可冀子知有寒山子耶我即是矣出門乘馬而去竟不復見

尒朱眞人

按四川總志尒朱眞人名通微號歸元子修道飛泉山一日飛昇遺像猶存　按重慶府志唐尒

朱洞其先出於元魏尒朱族遇異人得道唐僖懿間落魄成都市中於江濱取白石投水衆莫測後自果至合賣丹於市價十二萬刺史召問其直更增十倍以其反覆盛以篴籠棄諸江至涪州漁人姓石者得之投以丹二人俱仙去

王奉仙

按墉城集仙錄王奉仙者宣州當塗縣民家之女也家貧父母以紡績自給而奉仙年十三四因田中餉飯忽見少年女十餘人與之嬉戲久之散去他日復見如初自是每到田中餉飯卽聚戲爲常矣月餘諸女夜會其家竟夕言笑達曉方散或攜奇果或設珍饌非世所有其房宇湫隘來衆雖多不以爲窄父母聞其言笑疑爲何而察之復無所見又疑妖魅所惑詰之甚切必託他詞以對自是諸女不復夜降常晝日往來或引其遠遊凌空泛迴無所不到至暮乃返仍不飲不食日加殊異一日將夕母氏見其自庭際竹杪墜身於地母益爲憂懇問其故遂以所遇之事言之父母竟未諭其本末諸女剪奉仙之髮前齊眉後垂至肩自此數年髮竟不長不食歲餘肌膚豐瑩潔若冰雪螓首蝤領皓質明眸貌若天人智辯明悟江左之人謂之觀音爲咸通末相國杜公審權鎭金陵令狐公

綱鎮維揚延請供養盤溢江表其後秦彥請留於江都展師敬之禮高士奚懷晁正直倜儻疑以爲邪詰而問之秦仙欣然加敬話道累日士奚問所論之理頗合元要何復有觀音之目耶秦仙曰某所遇者道也所得者仙也顧俗之徒加我以觀音之號耳然頃歲杜公授於蓬茅之下欲貢於宮掖之內適以斷髮免未容歸侍膝下遂寓留寺中閭巷不知騰口虛譽至有爇香捧燭施錢投金簪然經年莫知竄免而今日遂其修養不拘閑於後庭者亦是眞仙冥祐斷髮齊領之明效也得不自以爲慰喜耶且名之與道兩者無滯莊生云人以我爲牛而我爲牛人以我爲馬而我爲馬忘形體眞者不以名爲累也故亦不鄙人爾且某所見之女年可十八九容貌異常著雲霞錦繡大袖之衣執持者仙花靈草吟咏者仙經洞章所話乃神仙長生度世之事隨其所行逍遙迅速不知其倦所到天宮仙闕金樓玉堂修廊廣庭芝田雲圃神禽天獸珍木靈芳非世間所覩過星漢之上不知幾千萬里朝謁大尊天尊處廣殿之中羽衛森列告秦仙曰汝寄生人世五十年後當還此敕左右以玉漿一盃見賜飲畢戒曰百穀之實草木之果食之殺人夭汝年壽特宜絶之是以不食二十年矣夫天尊行化天上教人以道延人以生主宰萬物覆育周徧如世人之父也釋迦行化世上勸人止

惡誘人求福如世人之母也仲尼儒典行於人間示以五常訓以百行如世人之兒也世之嬰兒但識其母不知有父兄之尊故庸庸之徒知道者稀尊儒者寡不足怪也且所見天上之人男子則雲冠羽服或丱髻青襟女子則金翹翠寶或三髻雙角手執玉笏項負圓光飛行乘空變化莫測亦有龍麟鸞鶴之騎羽幢虹節之仗如人間帝王耳了不見有菩薩佛僧之像也因出其所供養圖繪甚多率是天人帝王道君飛仙之狀亦無僧佛之容焉自咸通迄光啟四十年間遊淮浙之宛陵所至之處觀者雲集其警俗也常以忠孝貞正之道清淨儉約之言修身密行之要故遠近瞻敬幣金寶貨委之於前所施億萬皆棄之去而未嘗顧也雖三淮沸浪四野騰煙棲止自若曾不為患其有擁衆威悍如孫儒趙宏畢師鐸欲以不正逼之白刃脅之及覩其神貌不覺折腰屈膝伸弟子之禮後與二女弟俱入道居洞庭山光啟初還餘杭界千頃山山下之人為構華宇以居之歲餘無疾而化年四十八有雲鶴異香之瑞果符五十年之言矣況其不食三十年童顏雪肌常若處子非金丹玉液之效豈能與於此哉又往往神遊天界端坐逾月或下察地府冥關之事坐見八極多與有道者言之世人不知以為坐忘耳乃南極元君及東陵聖母之儔侶者乎

薛元同

按墉城集仙錄薛氏者河中少尹馮徽妻也道號元同適馮徽二十年乃言素志托疾獨處焚香念道誦黃庭經日二三遍又十三年夜有青衣玉女二人降其室內將至有光如月照其庭廡香風颯然時當秋初殘暑方甚而清涼虛爽颯若洞中二女告曰紫虛元君主領南方下教文籍命諸眞大仙於六合之內名山大川有志道者必降而教之元同善功地司累奏簡在紫虛之府況聞女子立志元君尤嘉之即日將親降於此如此凡五夕皆焚香嚴盥以候元君咸通十五年七月十四日元君與侍女羣眞二十七人降於其室元同拜迎於門元君憩坐良久示以黃庭澄神存修之旨賜九華丹一粒使八年後吞之當遣玉女飆車迎汝於嵩嶽矣言訖散去元同自是冥心靜神往往不食雖眞仙降盼光景燭空靈風異香雲璈鈞樂奏於其室馮徽一不知也常復毀笑及黃巢犯闕馮與元同寓晉陵中和元年十月舟行至瀆口欲抵別墅忽見河濱有朱紫官吏及戈甲武士立而序列若迎候狀時所在寇盜舟人見之驚愕不進元同曰無懼也即移舟及之官吏皆拜元同曰未也猶在春中但去無速也遂各散去同舟者莫測之明年二月元同沐浴餌紫虛所賜之丹二仙女亦密

降其室十四日稱疾而卒有仙鶴三十六隻翔集庭宇形質柔緩狀若生人額中有白光一點良久化爲紫氣沐浴之際元髮重生立長數寸十五日夜雲彩滿空忽爾雷電棺蓋飛在庭中失屍所在空衣而已異香雲鶴浹旬不休時僖宗在蜀浙西節度使周寶表其事詔付史官

王氏女

按墉城集仙錄王氏女者徽之姪也父隨兄入關徽之時在翰林王氏與所生母劉及嫡母裴寓居常州義興縣湖洑渚桂巖山與洞靈觀相近王氏自幼不食酒肉攻詞翰善琴好無爲清靜之道及長誓志不嫁常持大洞三十九章道德章句戶室之中時有異香氣父母敬異之一旦小疾裴與劉於洞靈觀修齋祈福是日稍愈亦同詣洞靈佛像前焚香祈祝及曉歸坐於門右片石之上題絕句曰翫水登山無足時諸仙頻下聽吟詩此心不戀居人世唯見天邊雙鶴飛此夕奄然而終及明有二鶴棲於庭樹有仙樂盈室覺有異香遠近驚異共奔看之鄰人以是白於湖洑鎮吏詳驗鶴已飛去因因所報者裴及劉焚香告之曰汝若得道却爲降鶴以雪鄰人勿使其濫獲罪也良久雙鶴降於庭旬日又降葬於桂巖之下棺輕但聞香氣異常發棺視之止衣舄而已今以桂巖所居爲道室

卽乾符元年也

張定

按仙傳拾遺張定者廣陵人也童幼入學天寒月曉起早街中無人獨行百餘步有一道士行甚急顧見之立而言曰此可教也因問汝何所好答曰好長命耳道流曰不難致汝有仙骨求道必成且教汝變化之術勿泄於人十年外吾自迎汝因以口訣教之定謹訥小心於家甚孝亦嘗私爲此術召鬼神化人物無不能者與父母往漣水省親至縣有音樂戲劇衆皆觀之定獨不往父母曰此戲甚盛親表皆往汝何獨不看邪對曰恐尊長要看兒不得去父母欲往定曰此有青州大設亦可看也卽提一水瓶可受二斗以來空中無物置於庭中禹步遶三匝乃傾於庭院內見人無數皆長六七寸官寮將吏士女看人喧闐滿庭卽見無比設廳戲場局筵隊仗音樂百戲樓閣車棚無不精審如此宴設一日父母與看之至夕復側瓶於庭人物車馬千羣萬隊邐迤俱入瓶內父母取瓶視之亦復無一物又能自以刀劍剪割手足刳剔五藏分掛四壁良久自復其身晏然無苦每見圖障屏風有人物音樂者以手指之皆能飛走歌舞言笑趨動與眞無異父母問其從何學之曰我師姓

藥海陵山神仙也已錫昇天之道約在十年今七年矣辭家入天柱潛山臨去白父母曰若有意念兒自歸來無深慮也如是父母念之卽便還家尋復飛去一日謂父母曰十六年後廣陵爲瓦礫矣可移家海州以就福地留丹二粒與父母服之百餘年無疾自此不復歸父母服丹神氣輕爽飲食嗜好倍於少壯者遂移居海州乾符中父母猶在

周隱堯 附張孺華

按劇談錄吳天觀周尊師乾符中年九十七自言以童幼閒便居洞庭山諸父隱堯深得眞道有張孺華者襄漢蒙士耽味元默一旦廢齋財資訪道於江湖之間至吳門知隱堯出世修煉徑往洞庭詣之襲篋中所挈金帛傾竭以資香火隱堯知其志傳於崖頂坐守藥爐其或風雨晦冥往往有神物來萃殊形詭狀深可駭人孺華端潔自安竟不微動如此者涉於周歲隱堯謂之曰爐中煉藥乃七返靈砂也雖非九轉金丹餌之可還魂返魄竊令子弟數輩守之靡不畏怯而能汝相從未久遂能苦節如是及鼎開藥成纔成十粒但令寶之以襲篋未傳吞餌之法孺華以去鄉逾年一旦告歸覲省隱堯臨別謂之曰吾知汝未能久住自茲復爲世網所縈茍慕仙之意不忘勿以囂塵爲戀付

汝之藥每丸可益算十二有疾終者審其未至朽敗雖涉旬能使再活然事關陰隲非行道有心之徒不可輕授凡欲此藥救人當焚香啟告吾爲助爾孫華歸甚爲鄉里所敬父母遘疾而歿服之皆愈居數歲復詣洞庭艤舟於金陵江岸有巨賈徐士則者乘巨艘十餘隻亦於浦間同泊有子一人方及壯歲無疾而殂於中夜父母戚以衰耋哭泣不食崇朝孫華憫之因以靈砂往救其初服之時未驗再服一粒蹶然而蘇云所至之處城府甚嚴方爲吏從拘錄俄有二黃衣人手執丹書文字曰洞庭周尊師令喚廳事間有紫衣者據案而坐於是簪笏而興謂左右曰仙師來召焉可復留乃令放還謂曰汝因此壽命延增當可力行善道士則將財物分其半以答孫華孫華取錢五十萬散施貧乏至洞庭與隱堯俱仙去

劉白雲

按仙傳拾遺劉白雲者揚州江都人也家富好義有財帛多以濟人亦不知有陰功修行之事忽在江都遇一道士自稱爲樂子長家寓海陵曰子有仙籙天骨而流浪塵土中何也因出袖中兩卷書與之白雲捧書開視篇目方欲致謝子長嘆曰子先得變化而後授道此前定也乃指摘次第教之

良久失子長所在依而行之能役致風雨變化萬物於襄州隔江一小山上化兵士數千人於其中結紫雲帳幄天人侍衛連月不散節度使于頔疑其妖幻使兵馬使李西華引兵攻之帳幄侍衛漸高弓矢不能及判官竇處約曰此幻術也穢之即散乃取尸穢焚於其下果然兵衛散去白雲乘馬與從者四十餘人走於漢水之上蹙波起塵如履平地追之不得謂追者曰我劉白雲也後於江西湖南人多見之彌更年少潔白時湖南刺史王遜好道白雲時來郡中忽一日別去謂遜曰將往洪州即於鍾陵相見一揖而行初不曉其旨辰發驪川午時已在湘潭人多識者驗其所行頃刻七百里矣旬日王遜果除洪州到任後白雲亦來相訪復於江都值樂眞人曰爾周遊人間固有年矣金液九丹之經太上所敕今授於爾可選名嶽福地煉而服之千日之外可以登雲天矣乾符中猶在長安市賣藥人有識之者但不可親炙無由師匠耳

吳法通

按鎭江府志吳法通丹陽人有文學應舉不利入茅山修道僖宗乾符二年遣使受大洞籙遂尊稱爲度師賜號希微先生年八十三預知世行有變潛入巖洞不知所往爲三茅山十七代宗師

劉德本

按興國州志劉德本鄂人好古多能嘗爲商販往來大江乾符中歲大饑散米數萬石以活饑者後避亂五老峰下有鹿裘道者來訪因把臂入深澗丹井煥然曰此洞天也汝以行善故得到此德本自是遍歷名山忽綵雲環繞飛昇而去　按九江府志德本避亂廬山見鹿裘道者與行至五老峰下深澗中有大石門正闢一老人扶策倚門立見德本卽邀與俱入乃大石洞也洞中別有天地風日和煦花樹芳蔚寔異人境行二三里有大宮殿金碧煥爛呵衛嚴整榜曰紫元景曜之門老人曰此九天使者所治也德本欲求見使者老人曰不可因復出門逡巡失老人及道人所在

李仙女

按江西通志李仙女新淦李氏女也唐乾符間邑人李姓興義兵禦黃巢賊占云新淦有神人生紫氣不可犯也遂去之後李氏以是年生女竟得道仙去鄉人爲立祠於峯頂

陸禹臣

按廣西通志陸禹臣字復休河東人避黃巢之亂入南嶽遇道士軒轅彌明授以仙術且謂曰子得

道當在山窮水絕處乃跋涉隱宜山縣之北山嘗過吳生家生每往謁輒與語塵外理贈生一詩有露下孫簪凝雲生石室寒星壇熟鶴舞丹竈虎龍蟠之句手植異桃靈藥至今不凋山下有井水色紺碧異常禹臣後尸解仙去宋時常有人過之問其童子曰此紫府仙伯陸仙翁也

鄧去奢

按續仙傳鄧去奢衢州龍丘人也家住於九峯山下少入道遊學道術精思忘疲年三十餘便居處州松陽縣安和觀其觀即葉靜能故鄉學道之所而觀北五里有卯山高五十餘丈相傳云漢張天師及葉靜能皆居此山修道去奢慕前事遂其山結庵以居後觀中道士相率下山居人爲構屋及造堂殿設老君張天師像及葉靜能眞影朝夕焚修朝禮山東南有一方石闊一丈餘平若砥蓋天然也去奢常坐其上拱默靜想一旦感神人謂之曰張天師有斬邪劍二口幷瓶貯丹在此石下可以取之去奢謝神人曰此石天設非人力可加自爲荒謬守眞而已託茲山棲遲安久蒙聖佑丹之與劍詎可輒取神人曰但勤修無怠劍丹自可立致後三年神人乃以劍丹送於去奢劍乃張天師七星劍丹以石匣藏之一瓶貯之傾藥有斗餘如麻子紅色光明去奢自服及施人有疾皆愈時麗

水縣人華造因中和年兆亂之後擁土人據巖險浙東連帥具以上聞朝廷議欲悉兵乃授造以刺史而造凶險聞去奢神劍與丹乃以兵圍其山取去奢幷劍丹到州奪其劍丹而囚鎖去奢於空室中時方炎暑一月餘不與之水造謂去奢已斃矣及開室見神色儼然顏狀紅白愈於來時造驚異乃禮送去奢歸山劍丹留之一夜風雷飛鳴失所去奢聞劍却歸石下爾後居山十五年餘每言常見龍虎異鳥行於庭際安和觀道士多寓山頂燒香見龍虎鳥跡咸驚異之去奢不食多年或人穢觸其山春冬則猛獸來驚秋夏則毒蛇所螫去奢又言每雷雨只在山半常見雲龍雷公電姥神鬼甚衆或到此相見咸有禮焉又寄宿道士夜聞去奢所居靜室若與人談話竊窺之惟聞異香滿室及環珮聲或見有戴遠遊冠絳服螺髻垂髮碧綃衣男女四人對坐侍從皆玉童玉女光明照身復有神人遠立於側而道士皆不敢驚但虔敬而已一日去奢告道士曰恐當離此山去不長相見也後數日有綵雲鸞鵠聲樂滿空徘徊山頂後有輧輿旛幢靈官鶴龍鹿皆五色亦騎鸞鳳迎去奢昇天而去山下道俗觀望者甚衆　按處州府志鄧去奢龍游人僖宗時慕葉眞人道術居卯山初眞人藏劍丹於卯山東南巨石下謂其姪仲容曰吾去後百六十年當有一人於吾舊居修行得吾

藏劍丹其道成更過於吾及乾符末去晉果至山修煉得之天祐中上昇

左元澤

按天台縣志唐左元澤永嘉人性介不隨俗居玉霄峯三年絕粒不語嘗餽貞一頌見赤城志師徐徵君常遊山經旬不返樵者見與三虎坐不食五穀後尸解

應靖

按續文獻通考應靖不知何所人僖宗時爲登封令棄官學道隱其姓故世稱靖長官宋元祐中劉凡遇於嵩山眼光如炬

卷終

神仙部列傳二十七

唐十　閭丘方遠

按續仙傳閭丘方遠字大方舒州宿松人也幼而辯慧年十六精通詩書學易與廬山陳元晤二十九問大丹於香林左元澤澤奇之後師事於仙都山隱眞巖劉處靖學修眞出世之術三十四受法籙於天台山玉霄宮葉藏質眞文祕訣盡以付授而方遠守一行氣之暇篤好子史羣書每披卷必一覽之不遺於心常自言葛稚川陶貞白吾之師友也詮太平經爲三十篇備盡樞要其聲名愈播於江淮間唐景福二年錢塘彭城王錢鏐深慕方遠道德禮謁於餘杭大滌洞築室宇以安之列行業以表之昭宗累徵之方遠以天文推尋秦地將欲荆榛唐祚必當革易侔之圖綺不出山林竟不赴召乃降詔褒異就頒命服俾耀元風賜號妙有大師元同先生闡揚聖化啟發蒙昧眞靈事跡顯聞吳楚由是從而學者若正一眞人之在蜀趙昇王長亦混於門下弟子二百餘人會稽夏隱言譙郡戴隱虔滎陽鄭隱瑤吳郡陸隱周廬陵盛隱林武都章隱芝皆傳道要而升堂奧者也廣平程紫

霄應召於秦宮新安羅師道行教於吳國安定胡謙光魯國孔宗齊十人皆受思眞鍊形之妙旨其餘遊於聖跡藏於名山不復得而記矣天復二年二月十四日沐浴焚香端拱而坐俟亭午而化顏色怡暢屈伸自遂異香芬馥三日不散弟子以從俗葬舉以就棺但空衣而尸解矣葬於大滌洞之傍白鹿山後有道俗於仙都山及廬山累見之自言我捨大滌洞歸隱潛山天柱源也

陳落魄

按温州府志陳落魄景福初爲集眞觀道士所居室前草常盈尺陳每出入草輒靡然向之若迎送然人亦以是驗其往還一日語其徒黃守聰曰吾將入蜀願得錦襖而去未幾卒於大樹下守聰覺之遂以錦襖斂後有鄉人自蜀歸者爲陳致錦襖之謝守聰發棺視之但遺錦襖而已

馬道流

按錄異記道流名智能常游歷江湖間乾寧丁巳歲至玉梁觀時有大齋智能徑上山頂時道衆留之不住至山頂九仙得道處安坐儼然而化神色不變手足柔輭與生無異

日華君　月華君

按廣西通志日華君月華君乾寧中臨賀令鄭冠卿赴調止桂林入棲霞洞遇二道士坐石上奕棋觴酒命二青衣奏笛彈箜篌音律非人間所得聞者與酒僅涓滴出洞倏不見冠卿遂絕利名退居馮乘壽一百四歲始知向所遇乃日華君月華君也

馬大仙

按處州府志馬大仙麗水鸕鷀村女子唐光化間既嫁家貧養姑尤謹遇人授以仙術往來傭織去家百里食有羹不食即以傘浮水還家薦於姑羹尚熱頃之復回人始知其不凡呼為馬大仙鸕鷀村今在景寧縣即所祀馬夫人是也

伊用昌

按江西通志伊用昌不知何許人被羽褐往來江右縱酒狂逸世人稱為伊風子妻年甚少善音律用昌作望江南詞唱和而歌傍若無人夜多宿古寺廢廟中天祐間至南城夫婦俱斃鎮將丁某以籧篨蘧葬路傍後一年鎮將抵鍾陵於北市棚下見之同登旗亭痛飲大醉俄挈其妻高唱出城渡江至遊帷觀題殿壁自稱上方赤龍神王因入西山後不復出焉

尹用

按江西通志尹用不知何許人人呼尹風子唐天祐中至撫州有村民斃一牛犢尹夫婦得肉十餘斤頓食之而卒吏以藁席瘞於路左後吏於北市見尹夫婦唱江南詞丐於道相見懽甚邀登酒樓共飲吏醉臥尹夫婦高唱出城題道觀殿後壁云主南方赤龍神尹用其詩云日月祥開瑞氣纏儂家應作大神仙毫端森灑風雷力劍鋏裁成造化權肆闢中原新禮樂靜驅邊境罷烽煙列仙功業只如此便上三清第一天及吏醉醒懷中得紫金十兩開其墓惟藁席一爛牛肉十斤按尹用與前伊用昌傳事蹟相類而姓名各異今並列

杜昇

按續仙傳杜昇字可雲自言京兆杜陵人也莫測其年壽不食常飲酒三斗不醉顏甚悅澤若三十許人褁大方巾破帽冬夏常著綠布衫而言談甚高頗有文學人有與換新巾衫必受之舊者堅不脫得新者出門逢人便與常遊城市門醉行能沙書好於水碗及盆內以沙書龍字浮而左右轉或叱之則飛起高丈餘隱隱若雲霧作小龍形呼之復下水中不就人求錢人自以錢與之召人穿擔

行少頃之間得錢甚多便散與貧人及酒家如此到處日日爲之人皆不厭以錢與之累歲後或於衆也冬則臥於雪中三兩日人以爲殭斃矣或撥看之徐起抖擻雪而行猶若醺酣氣出如夏醉睡醒也杜孺休邠國公琮之子也爲蘇州牧或聞可雲在城市極喜乃延入州拜之呼爲道翁賓客僚屬皆訝之孺休曰先君出鎮西川日與此道翁深相喜重常來去書齋中時孺休纔十餘歲今五十餘歲別道翁四十年而裝飾顏貌一如當時乃留之郡齋咨以道術可雲曰但以政化及人慈愛爲意況今多事尤在保身未能脫屣世塵委家林野宜遠於兵傷道術詎可問也時郡人以錢帛與之阻讓不可出城便散與人孺休敬之愈甚可雲或與孺休賓僚聚飲有唱和者而可雲出口成章屬句深遠多神仙旨趣人無以綴之後軍亂孺休果爲兵傷而死可雲人見亦被傷殺頃之但有舊衫一領作三四段砍破在地其後數日人多見過松江浙江經杭越衢信入江西市醉吟沙書如故又一年人於湖南見之問蘇州事歷歷話而笑復言曾居南嶽即當去矣詳而究之是得隱形解化之道人莫可知也

尹君

按宣室志唐故尚書李公鎮北門時有道士尹君者隱晉山不食粟常餌柏葉雖髮盡白而容狀若童子往往獨遊城市里中有老父年八十餘者顧謂人曰吾孩提時嘗見李翁李翁吾外祖也且曰我年七歲已識尹君矣迨今七十餘年而尹君容狀如舊得非神仙乎吾且老自度能幾何為人間人汝方壯當志尹君之容狀自是及今七十餘歲矣而尹君曾無老色豈非以千百歲為瞬息耶北門從事馮翊嚴公綬好奇者慕尹之得道每旬休卽驅駕而詣焉其後嚴公自軍為司馬為北門帥遂迎尹君至府庭館於公署終日與同席常有異香自肌中發公益重之公有女弟學浮屠氏嘗曰佛氏與黃老固殊致且怒其兄與道士遊後一日密以葷斟致湯中命尹君飲之尹君既飲驚而起曰吾其死乎俄吐出一物甚堅有異香發其中公命剖而視之眞麝臍也自是尹君貌衰齒墮其夕卒於館中嚴公既知女弟之所為也怒且甚卽命部將治其喪後二日葬尹君於汾水西二十里明年秋有照聖觀道士朱太虛因投龍至晉山忽遇尹君在山中太虛驚而問曰師何為至此也尹君笑曰吾去歲在北門有人以葷斟飲我者我故示之以死然則葷斟安能敗吾眞耶言訖忽亾所見太虛竊異其事及歸具白嚴公曰吾聞仙人不死脫有死者乃尸解也不然何變異之如是耶將命

發其墓以驗之然慮惑於人遂止其事

戚逍遙

按續仙傳戚逍遙冀州南宮人也父以教授自資逍遙十餘歲好道清淡不爲兒戲父母亦好道常行陰德父以女誡授逍遙逍遙曰此常人之事耳遂取老子仙經誦之年二十餘適同邑蒯濤舅姑酷責之以蠶農怠惰而逍遙旦夕以齋潔修行爲事殊不以生計在心蒯濤亦屢責之逍遙白舅姑請返於父母及父母家亦逼迫終以不能爲塵俗事願獨居小室修道以資舅姑蒯濤及舅姑俱疑乃棄之於室而逍遙但以香水爲資絕食靜想自歌曰笑看滄海欲成塵王母花前別衆真千歲却歸天上去一心珍重世間人蒯氏及鄰里悉以爲妖夜聞室內有人語聲及曉見逍遙獨坐亦不驚又三日晨起舉家聞屋裂聲如雷但見所服衣履在室內仰視半天有雲霧鸞鶴復有仙樂香軿彩仗羅列逍遙與仙衆俱在雲中歷歷聞分別言語蒯濤馳報逍遙父母到猶見之郭邑之人咸奔觀望無不驚歎

藍采和

按續仙傳藍采和不知何許人也常衣破藍衫六銙黑木腰帶闊三寸餘一腳著靴一腳跣行夏則衫內加絮冬則臥於雪中氣出如蒸每行歌於城市乞索持大拍板長三尺餘常醉踏歌老少皆隨看之機捷諧謔人問應聲答之笑皆絕倒似狂非狂行則振靴踏歌云踏歌藍采和世界能幾何紅顏一春樹流年一擲梭古人混混去不返今人紛紛來更多朝騎鸞鳳到碧落暮見桑田生白波長景明暉在空際金銀宮闕高嵯峨歌詞多率爾而作皆神仙意人莫之測但以錢與之以長繩穿拖地行或散失亦不回顧或見貧人卽與之或與酒家周遊天下人有爲兒童時見者及斑白見之顏狀如故後踏歌濠梁間於酒樓上乘醉有雲鶴笙簫聲忽然輕舉於雲中擲下靴衫腰帶拍板冉冉而去其靴衫等旋亦失亾

羅萬象

按續仙傳羅萬象不知何許人有文學明天文洞精於易節操奇特惟布衣遊行天下居王屋山久之後遊羅浮山歎曰此朱明洞天昔葛稚川曾棲此以煉丹今雖無鄧嶽相留聊自駐泊爾於是愛石樓之景乃於山下結庵以居常餌黃精服氣數十年或出遊曾城泉山布水下採藥及入福廣城

市賣藥飲酒來往無定或一食則十數人之食或不食則莫知歲月光悅輕健日行三四百里緩行奔馬莫及後却歸石樓庵竟不復出隱於山中矣

賣藥翁

按續仙傳賣藥翁莫知其姓名人或詰之稱祇此是眞姓名有童稚見之逮於暮齒復見其顏狀不改常提一大葫蘆賣藥人告疾求藥得錢不得錢皆與之無阻藥皆稱有效或無疾戲而求藥者得藥轉必失之由是人不敢妄求敬如神明常醉於城市間得錢亦與貧人或戲問之有大還丹賣否曰有一粒一千貫錢人皆笑之以爲狂多於城市笑駡人曰有錢不買藥吃盡作土饅頭去人莫曉其意益笑之後於長安賣藥適買藥者多抖擻葫蘆已空內只有一丸出極大光明安於掌中謂人曰百餘年人間賣藥遇却億兆之人無一人肯把錢買藥吃深可哀哉今只自吃却藥纔入口足下五色雲生風起飄飄飛騰而去

羊愔

按續仙傳羊愔太山人也以世祿官家於縉雲明經擢第解褐吉州夾江縣尉罷歸縉雲兒忻爲台

州樂安令惰幽棲括蒼山性惟沉靜薄於世榮志尙逍遙長齋道術一旦妻暴亡曰莊生鼓盆迴爲達者今樂矣葬之不亦宜乎男且有業女已有歸來無累也後遊阮郎亭崖上去地十餘丈有篆書刻石字極大世傳言阮肇題後盛成使匠人鑿石摸搨驗之乃唐李陽冰常爲縉雲令遊此亭題詩曰阮客身何在仙雲洞口橫人間不到處今日此中行惰於亭側與縉雲觀道士數人花時飲酒日午忽仆地若斃氣息猶暖乃舁還家七日方醒鄉里之人與道士俱往問之惰曰初爲一人青幘絳服自稱靈英邀入洞府中見樓觀宏麗鸞鶴徘徊天清景暖異於人間須臾一石穴中有物飛出狀如盤青色柄長靈英指之曰此青靈芝也食之得仙惰覺饑方甚取坐於石上食之味甘美俄而都盡靈英曰爾夙有仙分今日遂得見仙官乃引見仙官戴遠遊冠霞帔三人文武侍從極多靈英謂惰曰一人小有天王君一人華陽大茅君一人隱元天佐命君惰歷拜之咸曰有仙骨未能飛昇猶宜地上修鍊俄而靈英送出乃括蒼洞西門也惰方悟此身後不喜穀氣但飲水三升日食百合一盞身輕骨節皆動抖擻如竹片及拍板聲又多言語吟詠若與人談笑晝夜不已時或以紙三二百幅書之頃刻皆遍文字人莫識之惰讀之悉是文章道侶好事者依口錄之亦淸辭麗句多神仙滋

洲閬苑之意如此經年清瘦輕健有不信者謂之妖物所魅及二年漸肥白不喜食百合惟飲水飲酒三年鬢髮如漆面有童顏行步輕健如飛飲酒三斗不醉衣布褐後南行入委羽山人莫得見之

按處州府志羊愔縉雲人唐以明經授夾江尉無意世榮罷歸括蒼山一日與青蓮觀道士飲於阮郎亭酒中忽仆地七日乃甦詰之云初見青幘絳服一人自稱靈英邀入洞中殆非人世須臾石間有物迸出靈英指曰此青靈芝也食之得仙愔取食之甚甘自是惟飲水覺身輕骨鳴日行數百里時兒忻任樂安令每往省之率朝去暮還後入委羽山人莫之見

殷七七

按續仙傳殷七七名文祥又名道筌常自稱七七俗多呼之不知何許人也遊行天下人言久見之不測其年壽面光白若四十許人到處或易其姓名不定曾於涇州賣藥時靈臺蕃漢疫癘俱甚得藥入口即愈皆謂之神聖得錢即施之於人而常醉於城市間周寶於長安識之尋為涇原節度迎之禮重慕其道術還元之事及寶移鎮浙西數年後七七忽到復賣藥寶聞之驚喜遽召之師敬益甚每醉自歌曰解醒須臾酒能開頃刻花琴彈碧玉調鑪鍊白硃砂寶常試之悉有驗其于種瓜釣

魚若萬仙公術也鶴林寺杜鵑花高丈餘每春末花爛漫僧傳言貞元年中有外國僧自天台鉢盂中以藥養其根來種之自後構飾花院鎖閉人或窺見女子紅裳艷麗遊於樹下有輒採花折枝者必為所祟俗傳女子花神也所以人共保惜故繁艷異於常花其花欲開探報分數節度使賓寮官屬繼日賞翫其後一城士女四方之人無不以酒樂遊從連春入夏自旦及昏閭里之間殆于廢業寶一日謂七七曰鶴林之花天下奇絕嘗聞能開非時之花此可開否七七曰可也寶曰今重九將近能副此日否七七諾之乃前三日往鶴林寺宿焉中夜女子來謂七七曰道者欲開此花耶七七乃問何人深夜到此女子曰妾為上元所命下司此花在人間已逾百年非久即歸閬苑去今與道者共開之非道者無以感妾於是女子倏然不見來日晨起寺僧或訝花漸拆蘂及九日爛熳如春乃以聞寶一城士庶異之遊賞復如春夏間數日花俄不見亦無落花在地後七七偶到官僚家適值會賓次主與賓趨而迎之有佐酒倡優共輕侮之七七乃白主人欲以二栗為令可乎咸喜謂必有戲術資於歡笑乃以栗巡行嗅者皆聞異香驚嘆惟佐酒笑七七者二人嗅之化作石綴於鼻掣不落但言穢氣不可堪二人共起狂舞花鈿委地相次悲啼粉黛交下優伶輩一時辭舞鼓樂自作

聲頗合節奏曲止而舞不已一席之人皆笑絕倒久之主人祈謝於七七有頃石自鼻落復爲栗傳之皆有異香及花鈿粉黛悉如舊略無所損咸敬事之又七七酌水爲酒削木爲脯使人退行止船卽住呼鳥自隨唾魚卽活撮土畫地狀山川形勢折茆聚蟻變城市人物有人曾經行處見之言歷歷皆似但小狹爾凡諸術不可勝紀後二年薛元劉浩作亂寶南奔杭州而寶總戎爲政刑或無辜前上饒牧陳全裕經其境搆之以禍亦盡族殲八十三筋力尤壯女妓百數蓋得七七之術後爲無辜及全裕作厲一旦忽殂七七劉浩軍變之時爲衆推落北崖謂墮江死矣其後人見在江西十餘年賣藥入蜀莫知所止其鶴林花兵火焚樹失根株信歸閬苑矣

許碏

按續僊傳許碏自稱高陽人也少爲進士累舉不第晚學道於王屋山周遊五嶽名山洞府後從峨嵋山經兩京復自荊襄汴宋抵江淮茅山天台四明仙都委羽武夷霍桐羅浮無不遍歷到處皆於懸崖峭壁人不及處題云許碏自峨嵋尋偃月子到此覩筆蹤者莫不歎其神異竟莫詳偃月子也後多遊廬山嘗醉吟曰閬苑花前是醉鄉踏翻王母九霞觴羣僊拍手嫌輕薄謫向人間作酒狂好

事者詰之曰我天僊也方在崐崘就宴失儀見謫人皆笑之以爲風狂後當春景插花滿頭把花作舞上酒樓醉歌昇雲而去

賀自眞

按續仙傳賀自眞莫究其所來也爲道士居嵩山有文學爲事高古常焚修精勤年老人亦不知其甲子然道俗相傳見之多年矣皆不甚爲異一日雲鶴滿空聲樂清亮自眞忽飛昇而去時有處士陳陶在東都見洛城人觀望瞻禮驚嘆不已乃賦詩曰子晉鸞飛古洛川金桃再熟賀郎僊三清樂奏嵩丘下五色雲屯御苑前朱頂舞翻迎絳節青鬟歌對駐香軿誰能白晝相悲哭太極光陰幾萬年

張巨君

按洞仙傳張巨君者不知何許人也時有許季山得病不愈清齋祭泰山請命晝夜祈訴忽有神人來問曰汝是何人何事苦告幽冥天使我來問汝可以實對季山曰僕是汝南平與許季山抱病三年不知罪之所在故到靈山請決死生神人曰我是仙人張巨君吾有易道可以射知汝禍祟所從

季山因再拜請曰幸蒙神仙下降願垂告示巨君爲筮卦遇震之恒初九六二六三爻有變巨君曰汝是被訴之人病安得愈乎季山曰願爲發之巨君曰汝曾將客東行爲乞報讎於道殺客納空井中大石蓋其上此人訴天府以此病讁汝也季山曰實有此罪巨君曰何故爾耶季山曰父昔爲人所搏恥蒙此以終身時與客報之未能客欲告怨主所以害之巨君曰冥理難欺汝勤自修吾還山爲請命季山漸愈巨君傳季山筮訣季山遂善於易占但不知求巨君度世之方惜哉

陽平讁仙

按墉城集仙錄陽平治讁仙不知其名初九隴居人張守珪家甚富有茶園在陽平化仙居山內每歲召採茶人力百餘輩男女傭工者雜處園中有一少年自言無親族賃爲摘茶性甚勤愿了慧守珪憐之以爲義兒又一女子年二十餘亦云無親族願爲義兒之妻孝義端恪守珪甚喜之一旦山水泛溢市井路隔鹽酪既闕守珪甚憂之新婦曰此可買耳取錢出門十數步置錢於樹下以杖叩樹得鹽酪而歸後或有所需但令叩樹取之無不得者其術夫亦能之因與鄰婦十數人於堋口市相遇爲買酒一榼與婦飲之皆大醉而榼中酒不減遠近傳說人皆異之守珪問其術受於何人少

年曰我陽平洞中仙人耳因有小過謫於人間不久當去守珪曰洞府大小與人間城闕相類否對曰二十四化各有一大洞或方千里五百里三百里其中皆有日月飛精謂之伏神之根下照洞中與世間無異其中皆有仙王仙官卿相輔佐如世之職司有得道之人及積功遷神返生之士皆居其中以為民庶每年三元大節諸天各有上真下遊洞天以觀其所為善惡人世生死興廢水旱風雨預關於洞中焉其龍神祠廟血食之司皆為洞府所統二十四化之外青城峨嵋益登慈母繁陽嶓冢皆亦有洞不在十大洞天三十六小洞天之數洞中仙曹如人間郡縣聚落耳不可一一詳記也旬日之間忽失其夫婦

王氏

按墉城集仙錄王氏者中書舍人謝良弼之妻也東晉右軍逸少之後會稽人也良弼進士擢第為浙東從事而婚焉既而抱疾沉痾歷年未愈良弼赴闕竟不果行而加綿篤時吳筠天師遊四明天台蘭亭禹穴駐策山陰王氏之族謁而求救為禁水吞符信宿即愈王氏感道力救護乃詣天師受籙精修焚香寂念獨處靜室志希晨飛因絕粒嚥氣神和體輕時有奇香異雲臨映居第髣髴真降

密接靈仙而人不知也忽謂其女曰吾昔之所疾將僅十年賴天師救之而續已盡之命悟道既晚修奉未精宿考往過懺之未盡吾平生以俗態之疾頗懷妬忌今猶心閉藏黑未通於道當須陰景鍊形洗心易藏二十年後方得蟬蛻耳吾死勿用棺器可作柏木帳致尸於野中時委人檢校也是夕而卒家人所殯如其言凡事儉約置其園林間儼然如寐亦無變改二十年有盜發殯棄其形於地隆冬之月帳側忽聞雷震之聲舉家驚異馳行看之及舉其尸則身輕如空殼肌膚爪髮無不具備右脇上有折痕長尺餘即再收瘞焉南嶽夫人嘗言得道者上品白日昇天形骨俱飛上補眞官次者蛻如蜩蟬亦形骨騰舉肉質登天皆爲天仙不居山嶽矣良卿亦執弟子之禮躬侍天師仍與天師立傳詳載其事迹矣

趙成子

按雲笈七籤南嶽夫人告曰吾昔有入室弟子仙人趙成子者初受吾鍊生五藏上經乃案爲之成子後欲還入太陰求改貌化形故自死亾於幽州上谷元丘中石室之下死後五六年有山行者見白骨在室中露骸冥室又見腹中五藏自生不爛如故五色之華瑩然於內故山行人歎曰昔聞五

藏可養以至不朽白骨中生花者覩其人矣此子將有道不修行乎將中道被試不過乎因手披之見五藏中各有一白石子鎮生五色華如容狀在焉彼人曰使汝五藏所以不朽必以五石生華故也子已失道可以相與因取而吞之去復四五年而成子之尸當生彼人先服石子以成子當生之旦而五石皆從口中飛出如蟬狀隱隱雷聲五色洞明經還死尸之藏因此成子故形而起如一宿醉睡之間其人心懼忽因病日甚乃至入山尋覩死尸所在到石室前方見成子偃摅洞嘯面有玉光而問之曰子何人哉忽見有五老仙公披錦帶符手秉羽節頭建紫冠言於成子曰昔盜吞先生五藏寶石者此人是也言畢彼人面上即生惡癩噤而失言比歸達家癩瘡已匝一門大小同時俱死族亦遂滅矣

丁淑英

按墉城集仙錄丁淑英者不知何許人也有救窮之陰德度趙阜之急難上感皇人授其道要今為朱陵嬪數遊三清司命亦令聽政也

潘尊師

按神仙感遇傳杭州曹橋福業觀有潘尊師者其家贍足處襟大度延接賓客行功濟人一旦有少年容狀疎俊異於常人詣觀告潘曰某違聆尊師德義拯人急難某欲求託師院後竹徑中茆齋內寄止兩月以避厄難可乎儻垂見許勿以資糧爲憂勿以食饌爲慮只請酒二升可支六十日矣潘雖不測其來問欲逃難欣然許之少年遂匿於茆齋中亦無人追訪之亦不飲不食六十日旣滿再拜謝焉從容問潘曰尊師曾佩受符籙乎潘云所受已及洞元中盟矣但未敢參進上法耳少年曰師之所受品位已高然某曾受正一九州社令籙一階以冒泰傳以申報答耳卽焚香於天尊前傳社令名字及靈官將吏隨所呼召兵士騎乘應時皆至旣畢令之曰傳授之後隨逐尊師營衛召命與今無異由是兵士方隱又謂潘曰可於中堂壁牀爲壇設案几焚香恭坐九州內外吉凶之事靡不知也但勿以葷血爲犯觸或違之冥必有譴者精潔守慎可致長生神仙矣言訖隱去不知所之潘卽設榻隱几坐於中堂須臾四海之內事無巨細一一知之如是旬日爲靈官傳報煩甚諠聒潘勃然曰我閑人也四遠之事何須知之嚴約靈官不許傳報答曰職司不宜曠闕所報益多約之不已潘乃食肉昭穢以却之三五日所報之聲漸遠靈官不復至一夕少年來曰吾輕傳眞訣以罹譴

貴師犯污真靈罪當冥考念以前來相容之恩不可坐觀淪陷別授一術廣行陰功救人疾苦用贖前過不爾當墮幽獄矣潛自啗饌食之後自知已失及聞斯說變懼異常少年乃取米屑和之為人形長四五寸置於壁壇中又授玉子符兩道戒潛曰民有疾苦厄難來求救者當問粉人以知災祟原本然以吾符救之勿取縑錢務倬精功贖過行勤行不替十年後我當復來自是潛以朱篆救人祛災蠲疾赴之者如市十餘年少年復至淹留逾月多話諸天方外之事然後別去歲餘潛乃無疾而終疑其得尸解之道也

王子芝

按神仙感遇傳王子芝字仙苗自云河南緱氏人常遊京洛間耆老云五十年來見之狀貌常如四十許莫知其甲子也好養氣而嗜酒故蒲帥琅琊公重盈作鎮之初年仙苗屆於紫極宮王令待之甚厚又聞其嗜酒日以二榼餉之間日仙苗因出遇一樵者荷擔於宮門貌非常也意甚異焉因市其薪厚償厥價樵者得金亦不讓而去子芝令人躡其後以問之樵者徑趨酒肆盡飲酒以歸他日復來謂子芝曰是酒佳則佳矣然殊不及解縣石氏之醞也予適自彼來恨向者無侶不果盡於斟

酌子芝因降階執手與之擁爐祈於樵者曰石氏芳醪可致不樵者許之因丹筆書符一置於火上烟未絕有小豎立於前樵者勅之曰爾領尊師之僕挈此二榼第往石家取酒吾待與尊師一醉時既昏夜門已扃禁小豎謂芝僕曰可閉目因搭其頭人與酒壺偕出自門隙已及解縣買酒而還因與子芝共傾焉其甘醇郁烈非世所儔中宵樵者謂子芝曰子已醉矣予召一客伴子飲可乎子芝曰可復書朱符置火上瞬息聞異香滿室有一人甚堂堂美鬚眉紫袍秉笏揖坐樵曰坐引滿而巡二壺且禠樵者燒一鐵筯以焌紫衣者云子可去時東方明矣遂各執別樵者因謂子芝曰識向來人否少頃可造河瀆廟睹之子芝送樵者訖因過廟所覩夜來共飲者迺神耳鐵筯之驗宛然趙均郎中時在幕府自驗此事弘文館校書郎蘇稅亦寓於中條甚熟蹤跡其後子芝再遇樵仙別傳修鍊之訣且為地仙矣

崔少元

按崔少元本傳崔少元者唐汾州刺史崔恭之小女也其母夢神人衣綃衣駕紅龍持紫函受於碧雲之際乃孕十四月而生少元既生而異香襲人端麗殊絕紺髮覆目耳瑞及頤右手有文曰盧自

列妻後十八年歸於盧陲陲小字自列歲餘陲從事閩中道過建溪遠望武彝山忽見碧雲自東峰來中有神人翠冠緋裳告陲曰玉華君來乎陲怪其言曰誰為玉華君曰君妻卽玉華君也因是反告之妻曰扶桑夫人紫霄元君果來迎我事已明矣難復隱諱遂整衣出見神人對語久之然夫人之音陲莫能辨遂逡巡而退陲拜而問之曰少元雖胎育之人非陰騭所積昔居無欲天為玉皇左侍書謚曰玉華君主下界三十六洞學道之流每至秋分日卽持簿書來訪志道之士貶落所犯為與同宮四人退居靜室嗟嘆其事恍惚如有欲想太上責之謫居人世為君之妻二十三年矣又遇紫霄元君已前至此今不復近附於君矣至閩中日獨居靜室陲既駭異不敢輒踐其門往往有女真或二或四衣長綃衣作古鬟髻周身光明燭燿如晝來詣其室升堂連榻笑語通夕陲至而看之亦皆天人語言不可明辨試問之曰神仙秘密難復漏泄況累至重不可不隱陲守其言誠亦常隱諱洎陲罷府恭又解印組得家於洛陽陲以妻之誓不敢陳泄於恭後二年謂陲曰少元之父壽算止於二月十七日某雖神仙中人生於人世為有撫養之恩若不救之枉其報矣乃請其父曰大人之命將極於二月十七日少元受劬勞之恩不可不護遂發絳箱取扶桑大帝金書黃庭內景之

書致於其父曰大人之壽常數極矣若非此書不可救免今將授父可讀萬徧以延一紀乃令恭沐浴南向而跪少元當几授以功章寫於青紙封以素函奏之上帝又召南斗注生眞君附奏上帝須臾有三朱衣人自空而來跪少元前進脯羞啜酒三爵手持功章而去恭大異之私訊於陲陲諱之經月餘遂命陲語曰玉清眞侶將害予於太上今復召爲玉皇左侍書玉華君主化元精炁施布仙品將欲反神還於無形復侍玉皇歸彼玉清君莫泄是言遺予父母之念又以救父之事泄露神仙之術不可久留人世之情畢於此矣陲跪其前嗚咽流涕曰下界螻蟻黷汚上仙永淪穢濁不得昇舉乞賜指喻以救沉痾久永不忘其恩少元曰予留詩一首以遺子予上界天人之書皆雲龍之篆下界見之或損或益亦無會者子當執管記之其詞曰得一之元匪受自天太老之眞無上之仙光含影藏形於自然眞安匪求神之久留淑美其眞體性剛柔丹霄碧虛上聖之儔百歲之後空餘墳丘陲再拜受其辭悔其義理跪請講貝以爲指明少元曰君之於道猶未熟習上仙之韻昭明有時至丙申年中遇瑯琊先生能達其辭與君開釋方見大路未聞但當寶之言畢而卒九日葬舉棺如空發櫬視之留衣而蛻處室十八居閩三歸洛二在人間二十三年後陲與恭皆寶其詩遇儒道通

達者示之竟不能會至丙申年中九疑道士王方古其先瑯琊人也遊華嶽廻道次於陝郊時隱亦客於其郡內詩酒夜話論及神仙之事時會中皆貴道尙德各徵其異殿中侍御史郭固左拾遺齊推右司馬韋宗卿王建皆與崔恭有舊因話少元之事於隱隱出涕泣恨其妻所留之詩絕無會者方古請其辭吟詠須臾即得其旨歎曰太無之化金華大仙亦有傳於後學哉時坐客聳聽其辭句句解釋流如貫珠凡數千言方盡其義因命隱執筆盡書先生之辭目曰少元元珠心鏡好道之士家多藏之

魯妙典

按集仙錄魯妙典者九疑山女冠也生即敏慧高潔不食葷飮酒十餘歲即謂其母曰旦夕聞食物臭濁往往鼻腦疼痛願求不食舉家憐之復知服氣餌藥之法居十年常悒悒不樂因謂母曰人之上壽不過百二十年哀樂日以相害況女子之身豈可復埋沒眞性混於凡俗乎有麓牀道士過之授以大洞黃庭經謂曰黃庭經扶桑大帝君宮中金書誦詠萬過者得爲神仙但在勞心不倦耳經云詠之萬遍昇三天千災已消百病痊不憚虎狼之凶殘亦已却老永延年居山獨處詠之一遍如

與十人爲侶輙無怖畏何者此經召集身中諸神澄正神氣神氣正則外邪不能干諸神集則怖畏不能及若形全神集氣正心清則徹見千里之外纖毫無隱矣所患人不能知知之而不能修修之而不能精精之而不能久中道而喪自棄前功不惟有元科之責亦將流蕩生死苦報無窮也妙典奉戒受經入九嶷山岩棲靜默累有魔試而貞介不撓積十餘年有神人語之曰此山大舜所理天地之總司九州之宗主也古有高道之士作三處麓牀可以棲庇風雨宅形念眞歲月既久旋皆朽敗今爲制之可以遂性晏息也又十年眞仙下降授以靈藥白日昇天初妙典居山峯上無水神人化一石盆大三尺長四尺盆中常自然有水用之不竭又有大鐵臼亦神人所送不知何用今並在上仙壇石上宛然有仙人履迹及古鏡一面大三尺鐘一口形如偃月皆神人送來並妙典昇天所留之物今在無爲觀

明星玉女

按集仙錄明星玉女者居華山服玉漿白日昇天山頂石龜其廣數畝高三仞其側有梯磴遺皆見玉女祠前有五石臼號曰玉女洗頭盆其中水色碧綠澄澈雨不加溢旱不減耗祠內有玉石馬一

四焉

麗女附張方

按集仙錄麗女者幼而不食常慕清虛每云我當昇天不願住世父母以爲戲言耳因行經東武山下忽見神仙飛空而來自南向北將逾千乘女卽端立不敢前進仙人亦至山頂不散卽便化出金城玉樓瑠璃宮珠殿彌滿山頂有一人自山而下身光五色來至女前召女升宮闕之內衆仙羅列儀仗肅然謂曰汝有仙骨當爲上眞太上命我授汝以靈寶赤書五篇眞文按而行之飛昇有期矣昔阿丘曾皇妃皆奉行於此證位高眞可不勸耶旣受眞文羣仙亦隱十年之後白日昇天其所遇天眞處東武山者卽今庚除化也其後道士張方亦居此山於石室中棲止常有赤虎來往室外方不爲懼亦得道昇天

褒女附陳世安

按集仙錄褒女者漢中人也褒君之後因以爲姓居漢沔二水之間幼而好道沖靜無營旣笄浣紗於濜水上雲雨晦冥若有所感而孕父母責之憂恚而疾臨終謂其母曰死後見葬願以牛車載送

西山之上言訖而終父母瘞之車中未及穴牛其車自行踰漢沔二水橫流而渡直上濫口平元山頂平元即濫口化也家人追之但見五雲如蓋天樂駭空幢節導從見女昇天而去及視車中空棺而已邑人立祠祭之水旱祈禱俱驗今濫口山頂有雙轍跡猶存其後陳世安亦於此山得道白日昇天

王賈

按紀聞婺州參軍王賈本太原人移家覃懷而先人之壟在於臨汝賈少而聰穎未嘗有過沉靜少言年十四忽謂諸兄曰不出三日家中當恐且有大喪居二日宅中火延燒堂室祖母年老震驚自投於牀而卒兄以賈言聞諸父諸父訊賈賈曰卜筮而知後又白諸父曰太行南泌河灣澳內有兩龍居之欲識眞龍請同觀之諸父怒曰小子好詭言駭物當笞之賈跪曰實有故請觀之諸父怒曰小子好詭與同行賈請具雨衣於是至泌河浦深處賈入水以鞭畫之水爲之分下有大石二龍盤繞之一白一黑各長數丈見人冲天諸父大驚良久瞻視賈曰既見矣將復還因以鞭揮之水合如舊則雲霧晝昏雷雹且至賈曰諸父駛去因馳未里餘飛雨大注方知非常人也賈年十七詣京舉

孝廉既擢第乃娶清河崔氏後選授婺州叅軍還過東都賈母之表妹死已經年常於靈幄發言處置家事兒女僮妾不敢為非每索飲食衣服有不應求即加笞駡親戚咸怪之賈曰此必妖異因造姨宅唁姨諸子先是姨謂諸子曰明日王家外甥來必莫令進此小子大罪過人賈既至門不得進賈令召老蒼頭謂曰宅內言者非汝主母乃妖魅耳汝但私語汝主令引我入當為除去之家人素病之乃潛言於諸郎諸郎亦悟邀賈入賈拜弔已因向靈言曰聞姨亡來大有神言語如舊今故謁姨何不與賈言也不應賈又邀之曰今故來謁姨若不言終不去矣當止於此魅知不免乃帳中言曰甥比來佳乎何期別後生死遂隔汝不忘吾猶能相訪愧不可言因涕泣言語皆姨平生聲也諸子聞之號泣姨令具饌坐賈於前命酒相對慇懃不已醉後賈因請曰姨既神異何不令賈見形姨曰幽明道殊何要相見賈曰姨不能全出請露半面不然呈一手一足令賈見之如不相示亦終不去魅既被邀苦至因見左手宛然姨之手也諸子又號泣賈因前執其手姨驚呼諸子曰外甥無禮何不舉手諸子未進賈遂引其手撲之於地尙猶哀叫撲之數四即死乃老狐也形既見體裸無毛命火焚之靈語遂絕賈至婺州以事到東陽令有女病魅數年醫不能愈令邀賈到宅置若饌而不

敢有言賈知之謂令曰聞君有女病魅當爲去之因爲桃符令置所臥牀前女見符泣而罵須臾眠熟有大貍腰斬死於牀下疾乃止時杜暹爲婺州參軍與賈同列相得甚歡與暹同部領使於洛陽過錢塘江登羅刹山觀浙江潮謂暹曰大禹眞聖者當理水時所有金櫃玉符以鎭川瀆若此杭州城不鎭壓幾當陷矣暹曰何以知之賈曰此石下是相與觀焉因令暹閉目執其手令暹跳下暹忽閉目已至水底其空處如堂有大石櫃高丈餘鏁之賈手開其鏁去其蓋引暹手登之因同入櫃中又有金櫃可高三尺金鏁鎖之賈曰玉符在中然世人不合見暹觀之既已又接其手令騰出暹距躍則至岸矣既與暹交熟乃告暹曰君有宰相祿當自保愛因示其拜官歷任及於年壽周細語之暹後遷拜亦如其說既而至吳郡停船而女子夭死生五年矣母撫之哀慟而賈不哭暹重賈各見妻子如一家於是對其妻謂暹曰吾第三天人也有罪謫爲世人二十五年今已滿矣後日當行此女亦非吾子也所以早夭妻崔氏亦非吾妻卽吉州別駕李乙妻也緣時歲未到乙未合娶以世人亦合有室故司命權以妻吾吾今期盡妻卽當過李氏李氏三品祿數任生五子世人不知何爲妄哭妻久知其夫靈異因輟哭請曰吾方年盛君何忍見捨且暑月在途零丁如此請送至洛得遂棲

息行路之人猶合矜愍況室家之好而忽遺棄耶賈笑而不答因令造棺器納亡女其中寘之船下又囑還以身後事曰吾卒後為素棺漆其縫將至先塋與女子皆祔於墓殯後即發使至宋州崔氏伯任宋州別駕當留其姪聽之至冬初李乙必充計入京與崔氏伯相見即伯之故人因求婚崔別駕以姪妻之事已定矣還然之其妻日夜涕泣請其少留終不答至日沐浴衣新衣暮時召還相對言談頃而臥遂卒還哭之慟為製朋友之服如其言殯之行及宋州崔果留其姪還至臨汝乃厚葬賈及其女其冬李乙至宋州求婚其妻崔別駕以妻之還後作相歷中外皆如其語

陳季卿

按纂異記陳季卿者家於江南辭家十年舉進士無成歸羈棲輦下鬻書判給衣食常訪僧於青龍寺遇僧他適因息於煖閣中以待僧還有終南山翁亦伺僧歸方擁爐而坐揖季卿就爐坐久謂季卿曰日已晡矣得無餒乎季卿曰實饑矣僧且不在為之奈何翁乃於肘後解一小囊出藥方寸匕煎一杯與季卿曰饑可療饑矣季卿啜訖充然暢適饑寒之苦陡然而愈東壁有寰瀛圖季卿乃尋江南路因長歎曰得自渭泛於河遊於洛泳於淮濟於江達於家亦不悔無成而歸翁笑曰此不難

致乃命僧童折堦前一竹葉作一舟置圖中渭水之上曰公但注目於此舟則如公向來所願耳然至家慎勿久留季卿熟視之稍覺渭水波浪一葉漸大席帆既張恍然若登舟始自渭及河維舟於禪窟蘭若題詩於南楹云霜鐘鳴時夕風急亂鴉又望寒林集此時輟棹悲且吟獨向蓮花一峰立明日次潼關登岸題句於關門東普通院門云度關悲失志萬緒亂心機下坂馬無力掃門塵滿衣計謀多不就心口自相違已作羞歸計還勝羞不歸自陝東凡所經歷一如前願旬餘至家妻子兄弟拜迎於門側有江亭晚望詩題於書齋云立向江亭滿目愁十年前事信悠悠田園已逐浮雲散鄉里半隨逝水流川上莫逢諸釣叟浦邊難得舊沙鷗不緣齒髮未遲暮吟對遠山堪白頭此夕謂其妻曰吾試期近不可久留即當進棹乃吟一章別其妻曰月斜寒露白此夕去留心酒至添愁飲詩成和淚吟離歌悽鳳管別鶴怨瑤琴明夜相思處秋風吹半衾將登舟又留一章別諸兄弟云謀身非不早其奈命來遲舊友皆霄漢此身猶路岐北風微雪後晚景有雲時惆悵清江上區區趁試期一更後復登葉舟泛江而逝兄弟妻屬慟哭於濱謂其鬼物矣一葉漾漾遵舊途至於渭濱乃賃乘復遊青龍寺宛然見山翁擁褐而坐季卿謝曰歸則歸矣得非夢乎翁笑曰後六十日方自知而

日將晚僧尙不至翁去季卿還主人後二月季卿之妻子齎金帛自江南來謂季卿厭世矣故來訪之妻曰某月某日歸是夕作詩於西齋幷留別二章始知非夢明年春季卿下第東歸至禪窟及關門蘭若見所題兩篇翰墨尙新後年季卿成名遂絕粒入終南山去

蘇校書

按錄異記蘇校書者性好飲酒喜唱望江南詞曲善製毬杖外混於衆內潛修眞每需用有所闕乏卽以毬杖干於人得所酬之金以易酒一旦於郡中白日昇天約是壬申癸酉年晉州汾西令張文渙長官說此

擊竹子

按野人閒話擊竹子不言姓名亦不知何許人年可三十餘在成都酒肆中以手持二竹節相擊鏗然鳴響有聲可聽以唱歌應和乞丐於人宛然詞旨皆合道意得錢多飲酒人莫識之如此者十餘年矣一旦自詣東市賣生藥黃氏子家從容謂曰余知長者好道復多氣義有日矣今欲將誠素奉乞得否黃氏子曰君有事但得言之擊竹子謂曰我乞丐之人也在北門外七里亭橋下盤泊今病

甚多恐不濟若終焉之後敢望特與燒爇今自齎錢兩貫文充買柴用慎勿觸我之心肝是所託也陰鷙自有相報因留其錢黃氏子不受則固留而去黃氏子翌日至橋下果見擊竹子臥於乘轂之上見黃氏子來欣然感謝徐曰余疾不起復與黃氏子金二斤又曰昨言不用令人觸我心肝則幸矣珍重且辭言訖而逝黃氏子亦憫然出涕太息者久之遂令人易衣服備棺殮將出於郊野堆積柴炭祭而焚之即聞異香馥郁林鳥鳴叫至晚只餘其心終不然燼復又甚大如斗黃氏子收以歸城語人以杖觸之或聞炮烈其聲如雷人馬皆駭逡巡有人長尺餘自烟燄中出乃擊竹子也手擊其竹嘹然有聲杳杳而上黃氏子悔過作禮衆人皆歎奇異於戲得非不觸其心復在人間乎觸其心便可上賓乎復欲於黃氏子顯其蛻化乎始知成都乃神仙所聚之處如擊竹子者亦已多矣大凡不可以貧賤行乞之士而輕易者焉

掩耳道士

按野人閑話利州南門外乃商賈交易之所一旦有道士羽衣藍縷來於稠人中賣葫蘆子種云一二年間甚有用處每一苗只生一顆盤地而成兼以白土畫樣於地以示人其模甚大逾時竟無買

者皆云狂人不足聽道士又以兩手掩耳急走言風水之聲何太甚耶巷陌孩童競相隨而笑侮之時呼爲掩耳道士至來年秋嘉陵江水一夕氾漲漂數百家水方瀰渺衆人遥見道士在水上坐一大瓢出手掩耳大呼水聲風聲何太甚耶泛泛而去莫知所之

抱龍道士

按野人閑話灌口白沙有泰山府君廟每至春三月蜀人多往設齋乃至諸州醫卜之人亦嘗集會時有一人鶉衣百結顔貌憔悴亦往廟所衆人輕之行次江際衆人憩於樹陰貧士亦坐石上逡巡謂人曰此水中有一龍睡衆不之應旁有一叟曰何得見貧士曰我則見衆曰我等要見如何貧士曰亦不難遂解衣入水抱一睡龍出腥穢頗甚閉兩目而爪牙鱗角悉備雲霧旋合風起水湧衆皆驚走遥禮謂之聖人遂却沉龍於水底自掛鶉衣而行謂衆人曰諸人皆以醫卜爲業救人疾急知人吉凶亦近於道也切不得見貧素之士便輕侮之衆人慚謝而已復同行十里瞥然不見

劉少翁

按太平御覽劉少翁數入太華山中遇西嶽丈人授以仙道

卷終

神仙部列傳二十八

唐十一　宋元白

按續仙傳宋元白不知何許人也爲道士身長七尺餘眉目如畫端美肥白言談秀麗人見皆愛之頗有道術夏則衣綿冬則單衣臥於雪中去身一丈餘周匝氣出如蒸而雪不凝又指燈卽滅指人若牕風所吹颯颯然指庭閒花草颯颯而動多遊名山自茅山出潤州希元觀入括蒼洞辟穀服氣或時食彘肉五斤以蒜虀一盆撮喫畢卽飲酒二斗用一白梅人有求得其一片蒜食之者言不作蒜氣味如異香終日在齒舌閒香不歇得食之者頗多而畢身無病壽皆八九十元白到處住則以金帛求置二三美姿行則捨之人皆以爲得補腦還元之術又遊越州適大旱方暴尫鑠龍以祈雨涉旬亢陽愈甚元白見之以爲凡所祈雨須候天命非上奏無以致之乃於所止觀焚香上祝經夕大霔雨告足越人大神異之復到信州又逢天旱祈禱有道士知元白能致雨州人乃請之遽作術飛釘釘城隍神雙目刺史韋德鄰詬其貯婦女復釘城隍神此妖怪也將加責辱使健步蹕欲拘之

手脚皆不能動悉自仆倒枷杖亦自摧折元自笑謂德鄰曰使君忤慢劉根欲誅罰祖禰也德鄰方懼祈謝須臾禮而遣之其靈屢施不可備錄後於撫州南城縣白日上昇而去

王叟

按雲笈七籤王叟寓居冀氏縣四十餘年不知其所來狀貌七十餘矣常以針劀理疾無不效者鄉里傳其所用針砭異於常醫有患邪疾者以刃開其喉取一物如蝦蟆頭足並具獨少尾而已叟曰此物形狀足則人必死矣幸去之速也疾即愈有背轉急痛如束縛者以刃劀其背數寸去兩腋下筋各截尺餘其疾遂已或問針劀者皆言不覺有劀之痛而疾立除矣如此得效者歷年不可勝紀忽謂人曰余明年夏初將有所適不可復住矣及期無疾而卒鄉里之間但聞香氣累月及瘞葬之時棺輕若無物皆以為尸解矣

喬順

按雲笈七籤喬順字仲產扶風茂陵人也少好黃老隱山修道年七十不肯娶妻絕交接之道心不染可欲之地一旦歸家自言死日其時果死世人以為知命既葬之後有見順於燉煌者前世傳之

皆以為昇仙故訣錄曰仲產知命遁化神仙七十不娶畢命幽山

巢道人

按續文獻通考巢道人上猶人幼遇異人授以辟穀法常經月不食自言年九十顏如童子日行三百里盛暑烈日不畏避忽一日謂所親曰予明日歸去果端坐而逝里人異之以為脫殼云

饒廷直

按續文獻通考饒廷直南城人唐時第進士嘗過武昌遊黃鶴樓忽遇異人授以祕訣自是不娶妻妾翛然端居後為鄧州通判卒其柩還鄉甚輕蓋尸解云

湘中老人

按續文獻通考湘中老人不知姓名呂雲卿嘗遇於君山側索酒數行老人歌曰湘中老人讀黃老手援紫藟坐碧草春至不知湖水深日暮忘却巴陵道宋蘇軾謂此詩殆李謫仙輩老人眞遁世者也今考唐詩此篇乃高駢所作未詳何據

張遠霄

按續文獻通考張遠霄眉山人一日見老人持竹弓一鐵彈三質錢三百千張無靳色老人曰吾彈能辟疫病當寶而用之再見老人遂授以度世法熟視見其目中各有兩瞳子越數十年遠霄往白鶴山垂釣西湖峯上有石像一老人曰此乃四目老翁君之師也不記竹弓鐵彈時耶張大悟眉山有遠霄宅址李石詩曰野草閒花不計年亭亭雙檜欲參天讀書却得騎鯨老賣藥來尋跨鶴仙

晏僊人

按續文獻通考晏僊人樵採汀州山間見一道人食桃餘半顆飼之晏受而食忽能前知人禍福鄉人目曰晏僊人

申屠有涯

按蘇州府志唐申屠有涯嘗攜一白磁瓶自陽羨遊吳大風雪中脫衣貰舟沽酒斗餘飲畢大吐同載者逐之有涯挈瓶登岸倚樹高吟曰仲尼非不賢為世所不容嵓嵓同舟子不識人中龍溪雪載落梅寒聲激長松狂來但清嘯一壺隱塵蹤吟訖跳身入瓶悄然無跡舟人舉瓶碎之無所見他日同濟者有見於虎丘劍池之側箕踞而坐知其為異人也

陳元吟

按武進縣志唐陳元吟修道橫山刺史馬植常造其廬卒之日有異蹟

劉度人附崔之道

按安慶府志唐劉度人舒州人每於灊山丹霞石上誦靈寶度人經一日遇一神人邀至金雞石見三僊人對奕一僊與劉一棊子使吞之後遂僊去人視其殯惟履杖而已崔之道爲眞源宮道士吞奕尸解與劉略同

呂氏

按旌德縣志唐女僊呂氏嘗結茅舍於栅山傍學道修眞後因僊去人號其所居之處曰僊姑壇梅聖俞有詩曰百丈危峯絕頂觀萬山周匝翠屏環僊姑已作飛龍去留得佳名在世間

崔自然

按巢縣志崔自然唐時人少學道得服松脂法後隱於巢南山洞中辟穀修煉冬雪沍寒常於溪中澡浴每入山虎豹見之皆馴服一日謂其徒曰我爲僊師所召語訖而逝後有豫章來者見之於道

蓋蟬蛻也今其洞前嶺曰僊人嶺洞曰崔僊洞洞後通藥師瀉有小庵其地多生藥草洞中石牀藥鼎遺跡猶存

劉海

按鳳陽府志唐劉海舊傳呼蟾於縣治西北井中今井在城內濠多水夏無蛙聲

劉大師

按鳳陽府志唐劉大師不知何許人人莫知其名因以大師呼之劉初騎白馬過油店橋見久盲者以藥點之立愈往來倏忽一日再至墜馬坐林下鼾睡如怒濤卽之不見後人於睡所創寺今猶稱其橋爲迎仙云

山中道士　蒼僊

按滁州志山中道士居神僊石洞中不知姓名嘗煮白石子以爲餐唐郡守韋應物寄以詩道遙洞壑而與賢太守爲方外遊蓋有道者焉　按廣德州志蒼僊不知何許人愛蒼山佳麗隱居焉不笑不語時見時隱莫測其端所居有雲棲巖洗藥澗玉女峯升僊臺煉丹崖遺跡宛然後人爲立

祠羲蒼山中

黃元吉

按江西通志唐黃元吉字希文豐城人年十二師玉隆宮王月航復遇劉玉眞盡得其教人稱爲中黃先生一日語陳天和曰今夜子時吾還玉眞之處矣明日用火淨吾骨有風自南來者吾報汝也已而果然

朱震

按江西通志唐朱震臨川人爲彭澤令入修山得梁道士尉文光丹爐鼎遂以黃冠隱山中僊去

蓑衣僊

按江西通志唐蓑衣僊常衣蓑衣不知其名初詣元妙觀已而來游青華道士張天全內之一日呼天全與俱行天全不欲遂辭去嘆曰此人爲青面老子悞一生青面老子謂辛天君也有人自嶺南來寄書天全及與天全別日也

徐慧

按江西通志唐徐慧字子奇豐城人家於廬陵幼聞中黄先生得都僊淨明之道因往師焉盡究元旨嘗自贊曰生前我即汝死後汝即我於是二中間誰會識眞我五月望日將化云這臭皮袋撇了無罣礙烈焰紅爐中明月淸風外擲筆端坐而逝鼻流玉筯尺餘

劉混成

按江西通志唐劉混成字元和其先彭城人居白鶴山久之留其弟子何玉守舍自入五老峯石室種木瓜爲食煉丹成年八十六別其弟子而逝舉棺將葬空無人矣所居有丹井藥臼存　按九江府志劉混成白鶴觀道士也觀有混成煉丹井搗藥臼及手種杉猶存杉木大丈餘然歲久中空上折孫枝附生其間亦數尺圍矣

陳師

按江西通志唐陳師不知何許人衣服藍縷至豫章逆旅梅氏家梅厚待之一日謂梅曰吾明日當設齋從君求新椀二十事及七筯君亦宜來會可於天寶洞前訪陳師也梅許之持椀渡江而去梅一日詣洞前問其村人莫知其處久之將回偶得一小徑甚明尋之果見一院有靑童應名問之乃

陳所居入見衣冠華楚延與之坐命其食少頃食至乃熟蒸一嬰兒梅懼不食良久又進食乃蒸一犬子梅亦不食道士歎息命取昨所得梡還之視乃金梡也謂梅曰子善人然不得僊千歲人參枸杞皆不肯食分也謝而遣之

盱村母子

按江西通志唐時盱村有老母生三子擲五銖衣從物外遊久之能變化母喜食魚遂於黎沮溪十日獻二鯉數年間挈其母登西洪山而仙去矣當時因號爲盱母江

黃皮二仙女

按江西通志唐黃皮二僊女未詳何許人世傳於萬載邑北黃皮山修眞道成白日沖舉鄉人每禱輒應祠祀四時無廢歲久傾頹明嘉靖丙申邑人彭渾重建

戚姑

按江西通志唐戚姑戚友秀之女師吳元朗年十八乘雲去山有戚井里人禱雨輒應

沈麟

按瑞州府志沈麟高安人彬之子也學道玉笥山往來如浮雲然常衣單褐卽大風雪不易也嗜酒

賦詩自號沈道者一日造縣宰戲之曰沈道者何日道成乎隣作詩云何須問我道成時紫府清都自有期手握藥苗人不識體含僊骨俗爭知及死之日有見其乘舟浮於江上者視其墓則土裂尺餘嘗緘詩寄陳智周云名山相別後別後會難期金鼎銷紅日丹田老紫芝訪君雖有路懷我豈無詩休問繁華事百年能幾時

徐僊翁

按袁州府志唐徐僊翁不知何許人嘗於萍鄉縣西山中煉藥時有黃犬旋遶丹鼎傍往返以爲常徐異之翌日以紅線繫其頸隨犬所之至桐坡岸側枸杞叢中隱而不見但餘線在外掘之得枸杞根形若犬持歸蒸之芬芳滿室徐翁食之僊去山有餘僊觀徐僊亭久圮

殳基

按嘉興府志殳基不知何時人嘗受異人導引之術入千金鄉殳山數年趺坐而化弟子收瘞之帷遺巾鑿山因名殳上有桐棺塚云

徐道士

按嚴州府志唐徐道士青溪人居天樂觀年八十一一夕夢大羅天賜詩云片善文章莫自輕大羅天上筆歸程銀河別有乘槎路月苑寧無折桂名鸞鶴相迎來碧洞烟霞接引到神京使卿便作神僊客布德行恩救萬靈明日白衆尸解而去

陶松隱

按處州府志陶松隱唐時人住佑聖觀建元大金闕寶殿得元修本領將有祈禳者輒先知之使道童候門輒應人以仙陶呼之年踰九十隱居僊都山松林間辟穀數月不知所往

陳世安　陳寡言

按天台縣志唐陳世安京兆人好道遇仙白日昇天治小台山　按天台縣志唐陳寡言越人字太初隱玉霄峯號曰華琳嘗以詩詠自娛將尸解謂徒劉介曰當盛我以布囊置室中勿以木爲也

陳惠虛　月光童子

按天台縣志唐陳惠虛河東人爲僧居國清寺嘗與同侶遊石橋遇異人自此慕道晚歸終南山遇一老叟遺以大丹服之昇天而去　按天台縣志月光童子巨鰲記云有人誤入嵩高山見東南

天巖下石孔中入有大宮闕自然明燭與日月無異有六仙人云月光童子在天台往來此中非有道不得見

王全眞人　五仙女

按蘄州志唐王全眞人在州東北天長觀修煉飛昇　按寶慶府志唐二仙女居新化潮源洞修煉白日昇舉遺有丹竈乳石異跡每遇風晨月夕天氣清朗猶聞絲竹之音又汪潘李三女眞修煉西山道成尸解

曹爽

按懷慶府志曹爽河陽人字師道與柳鎮同室讀書爲人謹順少調官河南尉稱才吏後五十歲棄家隱伊陽鳴皐山著書二十卷號鳴皐子不知所終山中人皆言僊去

謝景修　劉助

按懷慶府志謝景修懷慶人虔奉元帝白日飛昇舉僊橋其遺迹也　按郴州志劉助字元德性仁孝與諸兄遊食取最下者及長能文辭喜黃老俗傳與兄瞻俱仙去

華幽棲

按衡嶽志唐華幽棲自西蜀遊二十四年歷荆渚泝瀟湘禮赤君於此修眞晦其名氏於五峯之下石臺上注靈寶經臺上煙雲如香煙繚繞而起注經罷烟亦自無感格如是因名天香臺後尸解

張白膠

按衡嶽志唐張白膠辟穀衡山雲隱峯日飲深醉不知何處得酒作歌曰山花頭上插酒向口中斟醉眼看醒漢茫茫盡喪眞後不知所往

焦道士

按山西通志焦道士襄垣人父爲吏活人有陰德生道士七歲尙不語一日告其母曰明日師至果一道士來授以符籙修眞龍洞山年十三通天文地理象數之學能致風雨役鬼神後仙去遺衣一襲至今龍洞禱雨卽應

田眞人

按陝西通志田眞人碑湮其名富平人修煉美原田村曉服食變化術里人碑其處曰田眞人拔宅

處

趙法應

按四川總志趙法應別號有菴中江人幼著靈異年十五詣雲臺山結茅鍊習至十九留偈云脫落一貧道謫凡十有九記其歸去時在處重陽酒遂端坐化去其遺蛻歷宋元猶存望之如生

竇子明

按四川總志竇子明曲江人爲彰明主簿後棄官隱於竇坪未幾至圌山修道抵仙女橋見一女人磨針因問之答曰鐵杵磨繡針功久自然成遂感悟復歸此山怡神養性三載白日昇天今塑像具存

王帽子　韋昉　胡德元

按四川總志王帽子出入闤闠爲人修敝冠號王帽子暮則臥於涪州天慶觀一夕尸解而去道士爲瘞之月餘自果山貽書致謝之　按四川總志韋昉蜀人夜渡涪江忽遇龍女遣騎迎入宮後昉登第十年知閬州龍女復遣書相迎勅命昉充北海水仙　按四川總志胡德元遂人從太和

孫先生得道修煉千日留誦上昇

范志元

按重慶府志范志元治北純陽山唐女冠得道之所志元棲靜山中時任安爲使雅幕之訂期而往志元化爲男子騰空而逝追之不及後宋劉儀鳳有但見臉如花不知心似鐵之句

陳致虛

按貴州通志陳致虛號觀吾一號紫霄上陽子嘗從緣督眞人趙友卿授金丹妙道遍遊夜郎至思唐與宣慰弟至陽子田琦煉丹於萬聖山巖壁中後皆仙去編註有金丹正理大全數十卷今丹鼎爐竈遺跡尙在山頂

甘凝

按建昌府志甘凝字雲隱唐丹陽人移家南豐有奇操舉進士不就爲神仙之學其後卜宅軍峯之下歲旱以破竹畫地爲環各置其方令童男女隨之隨所轉而雷震已而大雨或久雨則爲丹書焚之立霽一日召家人前曰後四十年當有聖人出天下復平爾等無忘忠孝言畢而逝後宋祖隆興

甘氏登宋進士者十有五人明通經籍者十有二人御史霖副使蘇其裔也

聶師道

按衡嶽志聶師道歙人少好道學唐末于濤為歙刺史其兄為方外道士居於郡之南山中師道往事之濤時詣方外諮以郡政乃名其山為問政山吳朝以師道常居是山因號為問政先生焉後給事中裴樞治歙州當唐祚之季詔令不通池州陶雅宣州田頵舉兵圍之累月歙人頗破之後食盡援絕議以城降而城中殺外軍已多無敢將命出者師道彼時在城乃自請行樞曰君乃道士豈可遊兵革中耶師道曰苟一言有當萬姓獲全又何惜為樞曰請易服以往師道曰吾身已入道不容易服乃縋之出城二將初亦甚恠及與之語乃大喜曰眞道人也誓約已定復遣還城中及期樞適有未盡復欲延期更令師道出諭之人謂其二三咸為危之師道亦無難色及復見二將皆曰無不可唯給事命時城中人獲全師道之力也吳太祖聞其名召至廣陵建紫極宮以居之後求遊南嶽訪洞靈宮之勝因居為吳遣使醮南嶽擕師道以還廣陵未幾尸解時吳主方遣使於湖南使還至巴陵見師道遊行問之曰何以至此師道曰朝廷放我還山使者以為然及入吳境方知師道解化

矣後人屢見遊行南嶽吳主博訪竟未得見　按歙縣志聶師道字宗微少事道士得內傳服松脂法乃與同志登績溪百丈山採芝夜半峯頂月明有天樂起東南紫雲中久之聲益近至石金山少止兩山相距三十里然頂上相望咫尺俄聞敲小鼓奏笙簫金石絃匏以拍節大鼓其音清揚不類人世至雞鳴止山下居人皆聞之同行者嘆曰方採靈藥而所聞如此此亦君得道之證也後泊南嶽招仙觀聞蔡眞人舊隱去洞靈源不遠山中時有見之者乃辟穀七日獨往日暮有樵者坐溪上告以蔡君所居深遠不可到東有人家可宿樵者因凌水而渡師道目送之東行見草舍籬落主人類農者年可三十許問適見樵者否此蔡道者也因投宿起黃磁合得茶飲之絕佳明旦行有老父問所從來謂曰蔡君父子偕隱此山昨昔所宿即其子也折草長尺餘形似莽苗師道咀之而甘因使取水遂失所在自是益精健還觀已月餘日乃知彭眞人亦嘗隱此山也後歸鄉里每入山虎豹遇之皆弭耳馴服拊之乃起或以所採薪藥令負還以故歙之近山頗有猛獸而不能害後將復往南嶽聞漢梅福梁蕭子雲皆隱玉笥山中乃三游郁木坑見丈夫布衣烏帽年五十許人相問勞已謂曰子宿業已淨應有名玉籍雖未即飛昇當亦度世我謝修通也本居南嶽與彭蔡偕隱已三

百餘年知子嘗遊洞靈源吾適爲東華君命主玉笥山地僊兼掌清虛觀境土祀今子與吾宿有分故得相見然梅蕭日中爲小有天王所召恐未便還非可待也師道跪謝之同行數里或有草舍新潔命師道坐木馬上己坐白石塵上俄有丱角以湯飲師道神氣灑然修通指架上素書令抽取一卷曰習之當得道我有弟子紫芝在九嶷山往見之傳我語必爲子盡其旨矣儻不見者第投書於毛女溪上洞中且題石壁致吾意言訖師道已在郁木坑外蓋七日矣素書言西王母理化衆僊之要然不可盡解遂至九嶷訪紫芝或言毛女溪有一隱者莫知其名人或見之師道累求不獲乃投書題石後嘗夢神人稱紫芝教以疑義歲餘還山房田頵圍新安師道白太守裴樞夜縋見頵頵爲斂兵又爲請陶雅爲守楊氏據有江淮召至廣陵建眞元宮處之使爲人祈福號問政先生一旦謂弟子曰我爲僊宮所召言訖而逝比殮棺有聲視之若蟬蛻然因就葬之數日有自豫章來者言見之於道以一小童自隨云離南嶽多年今當暫往耳所至多宿齋游觀宇半年後又有見之於衡陽者云歸洞源矣後二十年問政故居之上數有雲鶴盤旋衆請於楊氏發所藏衣冠歸葬自揚至歙千餘里其上常有雲氣兼鳴鶴翔導至山三日而散楊氏加贈銀青光祿大夫鴻臚卿從孫紹元

胡佯

按四川總志胡佯道人容貌奇古美髯秀目唐季於江安縣東六里山峯絕頂修煉嘗適梓州見獄吏王昌有陰德授以僊訣舉家白日上昇

五代　劉處士

按稽神錄張易在洛陽遇處士劉某頗有奇術易恆與之遊劉嘗賣藥於市市中人負其直劉從易往索之市人既不酬直又大罵劉劉歸謂易曰彼愚人不識理如是吾當小懲之不爾必將爲土地神靈之所譴也既夜滅燭就寢積薪熾炭燒藥易寐未熟暗中見一人就爐吹火火光中識其面乃向之市人也迫曙不復見易後求之問市人云一夕夢人召去云遣使吹火氣迫不續既寤脣腫氣乏旬日乃愈劉恆爲河南尹張全義所禮會與梁太祖食思魚鱠全義曰吾有客能立致之卽召劉劉使掘小坎汲水灌之垂釣良久卽獲魚數頭梁祖大怒曰妖妄之甚者也卽杖背二十械繫於獄翌日將殺之其夕亡去劉友人爲登封令其日至縣謂令曰吾有難從此逝矣遂去不知所之

鄭全福

按續文獻通考鄭全福浮梁人梁開平中遊獵深入窮谷暮有老人導遊新安靈巖諸洞及出有鹿引上山半坡遂結茅修煉後年百餘歲語門人曰必葬我浮梁白水鄉及卒弟子舁至夕陽嶺上覺棺空發之惟杖履而已一云唐文宗時入靈巖洞修煉後居蓮花洞遊桃花溪有老人乘鐵船全福曰願借船還人間老人曰後三年復來時年百餘歲語門人葬浮梁葬後惟存杖履時有鄭思遠號丹陽眞人得眞仙源派

曾文辿

按續文獻通考曾文辿雩都人天文讖緯黃庭內景之書靡所不究而地理尤精梁貞明間遊至袁州府萬載縣愛其縣北西山之丘謂其徒曰死葬我於此及卒遂葬其地後其徒在豫章忽見之駭而歸啟其壙無有也

盧道者

按廣西通志盧道者精於卜後唐同光二年有郡倅因內孕歲餘不產求盧道卜之書一[illegible]踰月二十一日酉時娩倅以爲神建塔居之後於宋乾德間坐化遺詩云三十年前賣卜化得一間

茅屋末云撒手永超三界一去定無反復寺塔在義寧縣明崇禎元年重修

任生　楊仙公

按續文獻通考任生不知何所人後唐同光中乘鳳號爲野人後於王子潭躍身騰空冉冉而去

按續文獻通考楊仙公淄齊間道士莫知其年壽耆老自童稚見之或就鐵鋪借鐵椎自擊其頂或令人極力擊之無所損入山與虎豹爲戲以手擊之猛獸偃仆後唐長興中入蜀自云居峨嵋山

宋自然

按茅亭客話丁元和者自幼好道不爲聲利疎傲無羈束或晴霽負琴出郭飲酒杖策逍遙於田畝間常言祖父長興元年於遂州值孟先主與東川董太尉會兵攻圍州城先是城中有一貧士曰宋自然常於街市乞丐里人不能辨之至重圍中人皆饑殍宋亦餓瘠於州市相識者以簣舁埋城下俟時平焚之至明年有遂州驅使吏李彥者先往潞州勾當至城破方歸說見宋自然在潞州告云君若歸州時須與我傳語相識五七家那時甚是勞煩人答以自然於重圍中已死因與發埋處只見空簣其間有一紙文字云心是靈臺神之室口爲玉池生玉液常將玉液溉靈臺流利關元滋百

脉百脉潤柯葉青葉青柯潤便長生世人不會長生藥鍊石燒丹勞爾形元和因是學道深得其用休復嘗讀道書登眞隱訣云解化之道有八焉解化之法其道隱祕笑道之輩但見其狼籍乞丐於廛市以爲口實非其所知然一度蛻解須斂蹤他方屢更名姓忽逢遇知識露少蹤由以激後人非奉道好奇者孰能採摭其隱顯乎

張薦明

按五代史鄭遨傳與遨同時有張薦明者燕人也少以儒學游河朔後去爲道士通老子莊周之說高祖召見問道家可以治國乎對曰道也者妙萬物而爲言得其極者尸居袵席之間可以治天地也高祖大其言延入內殿講道德經拜以爲師薦明聞宮中奏時鼓曰陛下聞鼓乎其聲一而已五音十二律鼓無一焉然和之者鼓也夫一萬事之本也能守一者可以治天下高祖善之賜號通元先生後不知其所終

煙蘿子　厲歸眞

按懷慶府志煙蘿子姓燕失其名王屋人晉天福間耕於陽臺宮之側得異參食之遂拔宅上昇今

有洗參井仙貓洞皆其遺跡也　按天台縣志五代厲歸眞邑人嗜酒常單衣精水墨漢乾祐二年於中條山飛昇語人曰吾台州唐興人也

譚峭

按續仙傳譚峭字景升唐國子司業洙之子幼而聰明及長頗涉經史強記問無不知屬文清麗洙訓以進士爲業而峭不然迺好黃老諸子及周穆漢武茅君列仙內傳靡不精究一旦告父出遊終南山父以終南近京都許之自經終南太白太行王屋嵩華泰嶽迤邐遊歷名山不復歸寧父馳書責之復謝曰茅君昔爲人子亦辭父學仙今峭慕之冀其有益父母以其堅心求道不以世事拘之乃聽其所從而峭師於嵩山道士十餘年得辟穀養氣之術惟以酒爲樂常醉騰騰周遊無所不之夏則服烏裘冬則綠布衫或臥於風雨雪霜中經日人謂已斃眎之氣休休然父常念之每遣家僮尋訪春冬必寄以衣及錢帛峭捧之且喜復書遠遣家僮乃厚遺之纔去便以父所寄衣出街路見貧寒者與之或寄於酒家一無所留人或問之何爲如此曰何能看得爲盜所竊必累於人不衣不食固無憂也嘗欣欣然或謂風狂每行吟曰線作長江扇作天靸鞋拋向海東邊蓬萊信道無多路

只在譚生拄杖前後居南嶽煉丹成服之入水不濡入火不灼亦能隱化復入青城而去　按嘉興府志五代譚峭字景升游名山得辟穀養氣之術夏裘冬葛狀類風狂嘗著化書宋齊丘欲竊爲己有醉之酒縫革囊中投之江金山漁者得而剖之見峭方醒張目曰齊丘奪我化書今藏形矣遂去不復見峭本泉州人國子司業洙之子邑中有譚仙嶺相傳是其煉藥得道處

淘沙子

按茅亭客話僞蜀大東市有養病院凡乞丐貧病者皆得居之中有攜畚鍤日循街坊溝渠內淘泥沙時獲碎銅鐵及諸物以給日食人呼爲淘沙子焉辛酉歲有隱迹於淘沙者不知所從來及名氏常戴故帽攜鐵鈀竹畚多於寺觀閒靜處坐臥進士文谷因下第往興聖寺訪相識僧見淘沙子披褐於佛殿上坐谷見其狀貌古峭辭韻清越以禮接之因念谷新吟詩數首谷愕然又諷其自作者數篇其詩或譏諷時態或警勵流俗或說神仙之事谷莫之測因問谷今將何往谷曰謁此寺相識僧求少紙筆之資別謀投獻其人於懷內探一布囊中有麻繩貫數小鋌銀遂解一鋌遺谷戴帽將所攜器長揖出寺而去谷後得僞通奏使王昭遠禮於賓席因話及感遇淘沙子之事念其詩曰九

重城異人中賞五等諸侯閫外尊爭似布衣雲水客不將名字掛乾坤王公曰有此異人遂聞於蜀主因令內園子於諸街坊尋訪之時東市國清寺街有民宇文氏宅門有大桐樹淘沙子依樹陰下宇文頗留心至道見其人容質有異遂延於廳問其藝業云某攻詩嗜酒言論非俗因飲之數日與約再會浹旬淘沙子或到其門將破帽等寄與門僕令報主人其僕忽然厲聲罵之曰主人豈見此等貧兒耶宇文聞之遽出迎候愧謝曰翹望日久何來晚耶卽與飲且酣宇文曰神仙可致乎至道可求乎淘沙子曰得之在心失之亦心宇文曰某數年前遇人教令噓氣未得其驗廢之已久淘沙子曰修道如初得道有餘皆是初勤而中惰前功將棄之矣世有黃白有之乎好之乎宇文曰某雖未嘗留心安敢言不有安敢言好之淘沙子因索銅錢十文衣帶中解丹一粒醋浸塗之燒成白金此則神仙之藝不可厚誣之但罕遇也有自言者皆妄也遽辭而去翌日淩晨扣門將一新手帕裹一物云淘沙子寄與主人宇文開而觀之乃髻髮一顆莫測其由至日高門僕不來令召之云今早五更睡中被人截却頭髻將去蜀主聞之訪於宇文宇文尋於養病院云今早出去不歸自茲無復影響休復見道書云刺客者得隱形之法也言刺客若死屍亦不見每二十年一度易形改名姓

謂之脫難多有奇怪之事名籍已係地僊淘沙子是其流也

遊道者

安處州府志游道者法名善幽受業於遂昌之重光院與人無忤犯之亦未嘗失色每晨摘野蔬以腐薪烹之不用常住寸薪尺芻一日趺坐而逝院僧納之棺坐如故時吳越錢氏聞之爲之裝塑眞身建殿祀之

黃萬祐

按重慶府志黃萬祐未詳何許人修道於黔南無人之境累世常在每三五十年一出常賣藥成都言災禍神驗王建禮事之問其服食皆祕而不言問其齒則曰吾只記夜郎侯王蜀之歲蠶叢氏都郫之年時被請出烏兔交馳花開木落竟不記其甲子矣一日南望嘉川曰犍爲之地何其炎炎已而如言赴之嘉州市肆已爲瓦礫後堅辭歸山建固留不聽

許堅

按江寧府志許堅南唐人性嗜魚炙火上不去鱗腸盤白山觀前有放生池堅吐所食魚入水即躍

去每和衣入溪澗中人問其故曰天象森列吾裸裎可乎嘗過宜興冲寂觀題詩於壁時謂逆旅道人一日呼道士共浴滆湖堅忽凌波如履平地乃漸遠手招道士笑而去　按江西通志許堅南唐人形陋怪幘巾芒履短衫至骭亦無資裝癖嗜魚得大魚即全體烹而啗之隨意所適人不能測宋景德末在金陵卒明年戶部員外郎陳靖見堅於洪州他日發瘞視之但存空棺

譚紫霄

安江寧府志譚紫霄泉州人先有道士陳守元者斸地得木札數十貯銅盎中皆漢張道陵符籙朱墨若新紫霄盡能通之遂自言得道陵天心正法劾鬼神治疾病多效廬山僧闢路有大石當道堅不可去紫霄索杯水噀之令工施鑱應手如粉南唐後主召至建康賜官不受所獲醮祭之施轉給賓旅宋開寶初年百餘歲無疾而卒人謂尸解　按南康府志紫霄泉州人家北海徙金陵目角有吉字爲玉笥道士遇異人得方術閩王昶師事之封正一先生後居廬山棲隱洞南唐後主召至金陵賜號金門羽客并紫金不受開寶六年卒所著有化書行世

藍方

按續文獻通考藍方字養素號長笑先生居南嶽山得道成仙

徐公

按江西通志徐公逸其名修眞於德興之雙溪龍潭側潭深莫測旁有巨石公常坐臥石上貌如四五十歲人妻亦如之一日忽告衆同妻入潭龍來接之歲旱遠近祈禱者虵浮上請去輙雨投疏入水有誤字即泛出不納孫清簡公嘗往遊作詩詰之云塵世仙家兩隔離遙瞻白鶴舞東西月明瑤草光浮洞春暖桃花香滿溪兩字功名垂竹帛千年履跡印苔磯不知羽化何年代致使凡人心自迷投入潭頃之有詩浮出云五代興亡正亂離新安一脈到江西家君樂道居汾水大叔傳芳住柏溪猶子宦遊黃菊徑老夫垂釣綠楊磯自從背抖朝元後春復秋還天地迷

果仙

按江西通志果仙不詳姓名久住饒衣帶皆綴雜果不停嚼人因號曰果僊城南杜君平鬻果每招與之不索值一日仙詣杜曰予有佳果幾樹足償君攜行由芝山陰紆回十餘里望見紅鮮滿野隔一澗澗峻深不可渡杜懼弗肯行僊微哂君無緣矣一別而渡煙霞四生寂無人蹤杜循跡歸越旬

始達家已歷十餘年矣

梁眞人

按江西通志五代梁眞人無名籍初入雩都北斗山紫霄觀學道道旣成將僊去朝中有聞道殿使來召眞人市脯酒爲勞齋葷同釜以瓢浮面隔之殿使臨視曰齋未熟而葷先熟何也眞人曰火候未到待拾薪來已而折檜一枝倒植釜旁遂登木杪浮雲而去使懼無以復命因自殺今爲北斗山神祠之

保宗

按九江府志保宗不知何許人及笄許聘矣忽有悟去爲道士入廬山崇善觀却粒煉形南唐元宗聞之詔赴闕引入禁中見諸嬪御賜紫衣金錢諸嬪御競施服玩珍珠彩繡數逾千萬詔新其宗尙書郎韓熙載撰記賜額曰眞風觀又詔臣下作詩送之保宗慕蔡尋眞李騰空之爲人亦能以丹藥符籙救人疾苦暇則至屛風壘南北瞻禮二祠保宗老而有少容旣歿貌如生舉棺甚輕蓋尸解云

馬氏女

按處州府志馬氏女慶元人五季時姊妹二人白日飛昇至今山巔有剪尺鏡臺遺跡

陳九郎

按武昌府志五代陳九郎仙本縣崴石里人五代末嘗總土兵守本里與尖山王大夫戰不勝走泉洞死之屍流出洞沉於山溪港漁人舉網得而置之明日復得如是者數次其時大旱禱云若爲僊明日可得雨乎翌日果大雨遂泥裹屍塑祀之其後祈禱屢有驗至今人號爲陳九郎仙云

王保義女

按荊州府志五代王保義女荊南高從誨行軍司馬生女不食葷血五歲通黃庭等經及長夢渡水登山見金銀宮闕云是方丈仙女數十人中有一人曰麻姑相結姊妹授以琵琶數曲自是數夜一遇歲餘得百餘曲其尤者有獨指商以一指彈一曲復夢麻姑曰卽當相邀明日庭中有白鶴音樂女奄然而逝

欒正子長

按萊州府志五代欒正子長嘗遇僊於嶗山授以方術年百八十顏色不衰登勞山僊去

華蓋眞人

按萊州府志五代華蓋眞人姓劉氏蜀人寓居勞山龐眉皓髮面如渥丹不自知其年敝衣掩形冬夏不冠履爐不扇一夕端坐而化神色自若至晚視之止遺軀殼若蟬蛻其徒擇地葬之

神和子

按四川總志神和子姓屈突名無爲五代時人張詠嘗遊京師於封丘門逆旅遇一道士與飲至醉詠曰不知姓名異日何以相識道人曰我神和子也異日見子於成都耳後詠守成都始異其言嘗以物色訪之弗得後於天慶觀院堂壁上有畫道人像肖逆旅所見視其題曰神和子詠悵然自失

謝仙翁

按江西通志謝僊翁瑞金人後周時登龍霧嶂採樵偶於池側見二女奕從傍觀之女食桃遺核因取食之不飢奕罷恍失二女所在謝駭而歸不知若干年矣後翁入山莫可蹤跡時有見者急追之莫能及里人爲立祠名曰寶僊

莫公

按廣西通志莫公者後周時人也七歲辭親隱富川穿石巖學道年二十自謂能空明寂滅竟莫知所之

卷終

神仙部列傳二十九

宋一　陳摶

按宋史本傳陳摶字圖南亳州眞源人始四五歲戲渦水岸側有青衣媼乳之自是聰悟日益及長讀經史百家之言一見成誦悉無遺忘頗以詩名後唐長興中舉進士不第遂不求祿仕以山水爲樂自言嘗遇孫君仿麞皮處士二人者高尙之人也語摶曰武當山九室巖可以隱居摶往棲焉因服氣辟穀歷二十餘年但日飮酒數杯移居華山雲臺觀又止少華石室每寢處多百餘日不起周世宗好黃白術有以摶名聞者顯德三年命華州送至闕下留止禁中月餘從容問其術摶對曰陛下爲四海之主當以致治爲念奈何留意黃白之事乎世宗不之責命爲諫議大夫固辭不受既知其無他術放還所止詔本州長吏歲時存問五年成州刺史朱憲陛辭赴任世宗令齎帛五十四茶三十斤賜摶太平興國中來朝太宗待之甚厚九年復來朝上益加禮重謂宰相宋琪等曰摶獨善其身不干勢利所謂方外之士也摶居華山已四十餘年度其年近百歲自言經承五代離亂幸天

下太平故來朝覲與之語甚可聽因遣中使送至中書琪等從容問曰先生得元默修養之道可以教人乎對曰摶山野之人於時無用亦不知神仙黃白之事吐納養生之理非有方術可傳假令白日沖天亦何益於世今聖上龍顏秀異有天人之表博達古今深究治亂眞有道仁聖之主也正君臣協心同德興化致治之秋勤行修煉無出於此琪等稱善以其語白上上益重之下詔賜號希夷先生仍賜紫衣一襲留摶闕下令有司增葺所止雲臺觀上屢與之屬和詩賦數月放還山端拱初忽謂弟子賈德昇曰汝可於張超谷鑿石爲室吾將憩焉二年秋七月石室成摶手書數百言爲表其略曰臣摶大數有終聖朝難戀已於今月二十二日化形於蓮花峯下張超谷中如期而卒經七日支體猶溫有五色雲蔽塞洞口彌月不散摶好讀易手不釋卷常自號扶搖子著指元篇八十一章言導養及還丹之事宰相王溥亦著八十一章以箋其指摶又有三峯寓言及高陽集釣潭集詩六百餘首能逆知人意齋中有大瓢挂壁上道士賈休復心欲之摶已知其意謂休復曰子來非有他蓋欲吾瓢爾呼侍者取以與之休復大驚以爲神有郭沆者少居華陰夜宿雲臺觀摶中夜呼令趣歸沆未決有頃復曰可勿歸矣明日沆還家果中夜母暴得心痛幾死食頃而愈華陰隱士李琪

自言唐開元中郎官已數百歲人罕見者關西逸人呂洞賓有劍術百餘歲而童顏步履輕疾頃刻數百里世以為神仙皆數來摶齋中人咸異之大中祥符四年眞宗幸華陰至雲臺觀閱摶畫像除其觀田租　按龐覺希夷先生傳先生姓陳名摶字圖南西洛人生於唐德宗時自束髮不為兒戲年十五詩禮書數及方藥之書莫不通究及親喪先生曰吾向所學足以記姓名耳吾將棄此遊太山之巔長松之下與安期黃石論出世法合不死藥安能與世俗輩汨沒出入生死輪廻間乎乃盡以家貲遺人惟攜一古鐺而去唐士大夫挹其清風欲識先生面如景星慶雲之出爭先覩之為快先生皆不與之友由是謝絕人事野冠草服行歌無止日遊市肆若入無人之境或上酒樓或宿野店多游京洛間僖宗待之愈謹封先生為清虛處士乃以宮女三人賜先生先生為奏謝書云趙國名姬後庭淑女行尤妙美身本良家一入深宮各安富貴昔居天上今落人間臣不敢納於私家謹用貯之別館臣性如麋鹿迹若萍蓬飄然從風之雲泛若無纜之舸臣遣女復歸清禁及有詩上浼聽覽詩云雪為肌體玉為腮深謝君王送到來處士不生巫峽夢虛勞雲雨下陽臺以奏付宮使即時遁去五代時先生游華山多不出或游民家或游寺觀睡動經歲月本朝眞宗皇帝聞之特遣

使就山中宣召先生先生曰極荷聖恩臣且乞居華山先生意甚堅使回具奏其事眞宗再遣使齎手詔茶藥等仍仰所屬太守縣令以禮遣之安車蒲輪之異寵迎先生先生乃回奏上曰丁寧温詔盡一札之細書由軫天資賜萬金之良藥仰荷聖慈俯躬增感謝云臣明時閒客唐室書生堯道昌而優容許由漢世盛而任從四皓嘉遁之士何代無之伏念臣性同猿鶴心若土灰不曉仁義之淺深安識禮儀之去就敗荷作服脫籜爲冠體有青毛足無草履苟臨軒陛貽笑聖明願違天聽得隱此山聖世優賢不讓前古數行紫詔徒煩彩鳳銜來一片閒心却被白雲留住渴飮溪頭之水飽吟松下之風永嘲風月之清笑傲雲霞之表遂性所樂得意何言精神高於物外肌體浮於雲烟雖濳至道之根第盡陶成之域臣敢仰明睿睠俯順愚衷謹此以聞當時有一學士以先生累詔不起因爲詩譏先生云祇是先生詔不出若還出也一般人先生復答云萬頃白雲獨自有一枝仙桂阿誰無後先生亦稀到人間先生或游華陰華陰尉王睦知先生來倒履迎之既坐先生曰久不飮酒思得少酒睦曰適有美酒已知先生之來命滌器具饌既飮睦謂先生曰先生居處巖穴寢止何室出使何人守之先生微笑乃索筆爲詩曰華陰高處是吾宮出即凌空跨曉風臺殿不將金鎖閉來時

自有白雲封睦得詩愧謝先生曰子更一年有大災吾之來有意救子守官當如是雖有數理亦助爲睦爲官廉潔清慎視民如子不忍鞭扑心性又明敏故也先生乃出藥一粒曰服之可以禳來歲之禍睦起再拜受藥服之飲至中夜先生如廁久不回遂不見睦歸汴忽馬驚墜汴水善没者急救之得不死先生亦時來山下民家至今尚有見者今西嶽華山有先生宮觀至今存焉　按聞見前錄華山隱士陳摶字圖南唐長興中進士游四方有大志隱武當山詩云他年南面去記得此山名本朝張鄧公改南面爲南嶽題其後云藓壁題詩志何大可憐今老華圖南蓋唐末時詩也常乘白騾從惡少年數百欲入汴州中途聞藝祖登極大笑墜騾曰天下於是定矣遂入華山爲道士葺雲臺觀居之藝祖召不至太宗召以羽服見於延英殿顧問甚久又問以伐河東之事不答後師出果無功還華山數年再召見謂帝曰河東之事今可矣遂克太原帝以其善相人也遣詣南衙見眞宗及門亟還問其故曰王門厮役皆將相也何必見王建儲之議遂定後賜號爲希夷先生眞宗即位先生已化因西祀汾陰幸雲臺觀謁其祠加禮焉帝知建儲之有助也嗚呼世以先生爲神仙善人倫風鑒淺矣至康節先生實傳其道於先生之細者尚以比漢四皓云　种先生放字明逸隱居

終南山豹林谷聞華山陳希夷先生之風往見之希夷先生一日令灑掃庭除曰當有嘉客至明逸作樵夫拜庭下希夷挽之而上曰君豈樵者二十年後當爲顯官名聞天下明逸曰某以道義來官祿非所問也希夷笑曰人之貴賤莫不有命貴者不可爲賤亦猶賤者不可爲貴也君骨相當爾雖晦跡山林恐竟不能安異日自知之後明逸在眞廟朝以司諫赴召帝攜其手登龍圖閣論天下事甚眷遇如此及辭歸山遷諫議大夫東封改給事中西祀改工部侍郎希夷又謂明逸曰君不娶可得中壽明逸從之至六十歲卒先是希夷爲明逸卜上世葬地於豹林谷下不定穴既葬希夷見之言地固佳安穴稍後世世當出名將明逸不娶無子自其姪世衡至今爲將帥有聲希夷既上表定日解化於華山張超谷石室中明逸立碑叙希夷之學曰明皇帝王伯之道云嗚呼仙者非希夷而誰歟　錢若水爲舉子時見陳希夷於華山希夷曰明日當再來若水如期往見有一老僧與希夷擁地爐坐僧熟視若水久之不語以火箸畫灰作做不得三字徐曰急流中勇退人也若水辭去希夷不復留後若水登科爲樞密副使年纔四十致政希夷初謂若水有仙風道骨意未決命老僧者觀之僧云做不得故不復留然急流中勇退去神仙不遠矣老僧麻衣道者也希夷素所尊禮云

康節先生嘗誦希夷先生之語曰得便宜事不可再作得便宜處不可再去又曰落便宜是得便宜故康節詩云珍重至人嘗有語落便宜是得便宜蓋可終身行之也　按湘山野錄乖崖公太平興國三年科場試不陣成功賦蓋太宗明年將有河東之幸公賦有包戈臥鼓豈煩師旅之威雷動風行舉順乾坤之德自謂擅場欲奪大魁夫何有司以對耦顯失因黜之選胡旦爲狀元公憤然毀裂儒服欲學道於陳希夷摶趨豹林谷以弟子事之決無仕志希夷有風鑒一見之謂曰子當爲貴公卿一生辛苦譬猶人家張筵方笙歌鼎沸忽中庖火起坐客無奈惟賴子滅之然祿在後年此地非棲憇之所乖崖堅乞入道陳曰子性度明躁安可學道果後二年及第於蘇易簡榜中希夷以詩遺之云征吳入蜀是尋常鼎沸笙歌救火忙乞得江南佳麗地卻應多謝腦邊瘡初不甚曉後果兩入蜀定王均李順之亂又急移餘杭翦左道僧紹倫妖蠱之叛至則平定此征吳入蜀之驗也累乞閑地朝廷終不允因腦瘡乞金陵養疾方許之　按東軒筆錄陳摶字圖南有經世之才生唐末厭五代之亂入武當山學神仙導養之術能辟穀或一睡三年後隱於華山自晉漢以後每聞一朝革命則嚬蹙數日人有問者瞪目不答一日方乘驢游華陰市人相語曰趙點檢作官家摶驚喜大

笑人問其故又笑曰天下這廻定治也太祖事周爲殿前都點檢摶嘗見天日之表知太平自此始耳　太宗以元良未立雖意在眞宗尙欲遍知諸子遂命陳摶歷抵王宮以相諸王摶回奏曰壽王眞他日天下主也臣始至壽邸見二人坐於門問其姓氏則曰張旻楊崇勳皆王左右之使令然臣覷二人他日皆至將相卽其主可知太宗大喜是時眞宗爲壽王異日張旻侍中楊崇勳使相皆如摶之相也　按澠水燕談錄陳摶周世宗嘗召見賜號白雲先生太平興國初召赴闕太宗賜御詩云曾向前朝號白雲後來消息杳無聞如今若肯隨徵召總把三峯乞與君先生服華陽巾草屨垂絛以賓禮見賜坐上方欲征河東先生諫止會軍已興令寢御園百餘日方起兵還果無功恩禮特異賜號希夷久之辭歸進詩以見志云草澤吾皇詔圖南摶姓陳三峯千載客四海一閑人世態從來薄詩情自得眞乞全麋鹿性何處不稱臣上知不可留賜宴使宰相兩禁傳坐爲詩以寵其歸

希夷先生陳摶語人禍福若符契王世則與韓見素趙諫同詣先生世則僞爲僕拜於堂下先生笑之曰侮人者自侮也揖世則坐於諸坐之右曰將來科名君爲首冠諸君之次正如此會明年世則舉進士第一餘如坐次　按畫墁錄太祖深懲唐末五代藩鎭跋扈卽位盡收諸鎭之兵列之

幾何節鎭惟置州事以時更代至今百四十年四方無吠犬之警可謂不世之功矣或云陳希夷之策 按兩朝寶訓眞宗嘗一日召陳摶至闕下士大夫多謂相見須求其言告之曰優好之所無久戀得意之所無再往如此而已 按續湘山野錄祖宗居潛日與趙韓王游長安市時陳摶乘一驢遇之下驢大笑巾幘幾墜左手握太祖右手挽太宗可相從市飲乎祖宗曰與趙學究三人並游可當同之陳睥睨韓王甚久徐曰也得也得非渠不得預此席既入酒舍韓王足疲偶坐席左陳怒曰紫微帝垣一小星輒據上次不可斥之使居席右 按賈耳集大靈豆華山陳摶有靈豆服一粒四十九日不饑筋力如故顏色若嬰兒世罕得服之者 華山陳眞人而隱於睡小則亙月大則幾年方一覺馮翊羽士寇朝一事處士得睡之大略還全神觀唯睡而已小童劉垂範往寇其徒以睡告劉坐寢外聞鼻鼾之聲雄美可聽曰寇先生睡有樂乃華胥調既有曲譜記如何劉以濃墨塗滿紙題曰混沌譜 張乖崖自成都召還華山寄陳摶詩云世人大底重官榮見我西歸夾道迎應被華山高士笑天眞喪盡得浮生 按邵氏聞見錄眞宗忽問陳摶國祚靈長之數陳奏云過唐不及漢紙錢使不得已先知紙錢之讖 按鄖陽府志陳摶亳州眞源人始四五歲有青衣媪

乳之遇孫君方謂九室巖可居遂往棲焉辟穀二十年夜見金人持劍呼曰子道成矣遂徙居華山嘗憩息於陳家堰至今夏無蚊蟲

丘長春

按山西通志丘長春隰州人宋建隆間隱祈眞觀一日空中仙鶴繚繞瑞雲而昇留詩曰生死朝昏事一般幻池出沒水常閒暉光現處躍烏兎元景開時納海山揮斥八紘如咫尺吹噓萬有似機關狂詞落筆成塵垢寄在時人妄聽聞

于道士

按廣西通志于道士象州人宋乾德間隱西山巖修道白日飛昇

獨傲仙女

按廣西通志獨傲仙女象州六村人宋乾德間傲氏與嫂獨孤氏赴天蓋山採蕨飲泉見雙鯉戲水取之墮泉中獨孤氏救之亦墮經月餘乃於空中呼父母曰吾仙女也有過謫人間數滿當還象人因名其山曰獨傲山

程君友

按茅亭客話遂州小溪縣石城鎮仙女埡村民程翁名君友家數口墾耕力作常於鄉里傭力織草履自給天質鄙朴而性慈仁行見禽獸常下道迴避不欲驚之寡訥少與人交會年六十許凡見山人道士衆得傭賃之直以接奉之凡有行李者卽與之負擔無遠近或遺其錢卽不顧而迴如此率以爲常開寶九年春往雲頂山寺遇一道士古貌神俊布衣麤幘引一黑狗見君友云願與我擔拄杖藥囊到青城山當倍酬爾直君友忻然隨之入一小徑初則田疇秔稉漸見花木與常所歷者路稍異行三四里又見怪石夾道皆生細竹桃花飛泉鳴籟繚繞山谷望中有觀宇依山臨水松桂清寂薄霧輕煙披拂左右黑狗前奔道士昇廳君友致藥囊拄杖於階上道士曰爾有仙表得至於此開囊取瓢傾丹一粒令吞之曰若有饑渴則可嚼柏葉柏實此些君友懇祈願住仙齋以効厮役道士曰爾且歸家別止一室精思妙道吾至九月八日當來迎爾君友拜謝未終黑狗起吠因出門避之向來所遇如失寂無影響若夢寐中逡巡見一負薪者問之云是青城山洞天觀路君友歸家無饑渴之念遂別止一室不顧家事嘗焚柏子柏葉靜坐無所營爲不飲不食時嚼柏實三四顆而已

門外有一柏樹下有一大盤石常織草屨及偃息於上至九月七日夜山谷月皎風清君友於居前後如有所待達旦雲霞相映有如五色君友仰觀躡空祥雲忽生彩霧鬱起妻拏悲號遂越巨壑層巒涕泗追望極目而沒鄉里皆見聞時知州右補闕李公準通判張公蔚以爲妖訛囚繫君友妻男於獄遣吏民於遠近尋其蹤由是村耆鄉里不堪其擾衆焚香告曰君若得道却乞下降勿使鄉人濫獲其罪忽一日君友在州衙門請見通判張公怒而詈之曰若仙當往矣豈得復還顯是妖也將加責辱令拘之君友但俛首默坐唯不飲食吏人有私問之曰何以得免對曰新主將立何患乎不免言辭安詳人皆不諭至十二月初値太宗皇帝登極遇赦至是方悟新主之驗也君友歸家入諸舊室有眞仙時降輝光燭空升牀連榻笑語通宵妻男聽之皆不可曉至太平興國元年三月三日於柏樹下石上復騰空冉冉而去妻男望之已在霄漢唯聞音樂及香風終日不止本州以事奏聞恩賜其妻男粟帛時鞫獄吏張漢瓊覩其事蹟因是棄妻子游歷名山至今尚在

余隱元

按霍山縣志宋余隱元開寶間修眞於州南山立石飛昇石上有足跡存因名其地曰道士冲

躡履道人

按貴州通志宋躡履道人不知何許人開寶閒蘧蓬洞民楊再從好仙術一日道人假乞者狀攜草履一雙詣再從求售索金五兩再從知有異將買之入商於妻妻不從道人擲履於地化雙鶴飛去旋失道人所在但見柱上題詩云新打麻鞋巧又牢五兩黃金價不高楊君不聽妻兒話從我蓬萊走一遭再從大悔其字深入於木久而益顯雖洗刷不去明洪武中柱方圮

率子廉

按蘇文忠公率子廉傳子廉衡山農夫也愚樸不遜眾謂之率牛晚隸南嶽觀為道士觀西南七里有紫虛閣故魏夫人壇也道士以荒寂莫肯居者惟子廉樂居之端默而已人莫見其所為然頗嗜酒往往醉山林閒雖大風雨至不知虎狼過其前亦莫害也故禮部侍郎王公祐出守長沙奉詔禱南嶽訪魏夫人壇子廉方醉不能起直視公曰村道士愛酒不能常得得輒徑醉官人恕之公察其異載與俱歸居月餘落寞無所言復送還山曰尊師韜光內映老夫所不測也當以詩奉贈既而忘之一日晝寢夢子廉來索詩乃作二絕句書板置閣上眾道士驚曰率牛何以得此太平興國五年

六月十七日忽使謂觀中人曰吾將有所適闕不可無人當速還繼我者衆道士自得王公詩稍異之矣及是歎曰天暑如此李生安往狼狽往視則死矣衆始大異之曰李生乃知死日耶葬之嶽下未幾有南臺寺僧守澄自京師還見子廉南薰門外神氣清逸守澄問何故出山笑曰閒游耳寄書與山中人澄歸乃知其死驗其書則死日也發其塚杖屨而已東坡居士曰士中有所挾雖小技不輕出也況至人乎至人固不可得識至人者豈易得哉王公非得道不能知李生之異也居士嘗作三槐堂記意謂公非獨流慶其子孫庶幾身得道者及見李子廉事益信其然公詩不見全篇書以遺其曾孫鞏使求之家集而補之或刻石置紫虛閣上云　按衡嶽志李子廉一云帥子連形貌魁梧膂力絕人獨住魏夫人觀三十年寂無黔婁王全裕奉詔禱南嶽見子連因贈三絕云下瞰虛空臨絕澗上排雲霧出山巔四邊絕險無猿鳥獨臥深雲三十年又古屋當崖映日關年年常伴白雲閒餱糧丹火從何出四面無人見下山又心意逍遙約莫知山中山下識人稀想君絕處離塵了不是王喬即令威以宋興國中盛夏尸解後有僧紹能於關右見之

郭忠恕

按宋史本傳忠恕字恕先河南洛陽人七歲能誦書屬文舉童子及第尤工篆籀弱冠漢湘陰公召之忠恕拂衣遽辭去周廣順中召為宗正丞兼國子書學博士改周易博士建隆初被酒與監察御史符昭文競於朝堂御史彈奏忠恕叱臺吏奪其奏毀之坐貶為乾州司戶參軍乘醉毆從事范滌擅離貶所削籍配隸靈武其後流落不復求仕進多游岐雍京洛間縱酒跅弛逢人無貴賤輒呼苗有佳山水即淹留浹旬不能去或踰月不食盛暑暴露日中體不沾汗窮冬鑿河冰而浴其傍凌澌消釋人皆異之尤善畫所圖屋室重複之狀頗極精妙多游王侯公卿家或待以美醞豫張紈素倚於壁乘興即畫之苟意不欲而固請之必怒而去得者藏以為寶太宗即位聞其名召赴闕授國子監主簿賜襲衣銀帶錢五萬館於太學令刊定歷代字書忠恕性無檢局放縱敗度上憐其才每優容之益使酒肆言謗讟時擅鬻官物取其直詔減死決杖流登州時太平興國二年已行至齊州臨邑謂部送吏曰我今逝矣因掊地為穴度可容其面俯窺焉而卒藁葬於道側後累月故人取其尸將改葬之其體甚輕空空然若蟬蛻焉所定古今尙書并釋文並行於世

跛仙

按衡嶽志宋太平興國中有跛仙者無姓氏遇呂洞賓於君山後亦隱抱黃洞行靈龜吞吐之法功成回嶽麓自號瀟湘子嘗言我愛瀟湘境紅塵隔岸除南山七十二惟喜洞真虛元祐間嘗有白鶴棲鳴於松杉之上三日而去

劉氏女

按續文獻通考劉氏女高化劉安上女雍熙初九齡與羽人談道得度及笄許妻何氏子劉氏送之忽有一白鵝自空而墮劉女乘之去陳軒詩曰白鵝乘去人何在青鳥飛來信已遙若使何郎有仙骨也須同引鳳凰簫

劉希岳

按續文獻通考劉希岳漳州人端拱中爲道士居西都老子觀中遇異人得道號朗然子嘗自言辛勤未踰十年人驚不老歲月俄經一紀自覺如新又詩云夾脊雙關至頂門修行徑路此爲根一日沐浴更衣陳席而臥須臾飛出一金蟬遂失所在　按河南府志宋朗然子姓劉名希岳字望嵩本漳水舉人棄儒歸道居水南之通仙觀事跡靈異不能盡述一日忽辭鄉人言次日當遠行至期

鄉人相約聚送見其擁衲兀坐漸漸縮入久而失其所在止有衲衣存焉衆方驚異又聞蟬聲振耳異於平日皆舉首望空見彩雲軒軒而上乃知白日飛昇也事在宋端拱間所著詩三十首悉修煉祕訣今刻於棲霞宮碑上

饒洞天

按臨川縣志宋饒洞天臨川人爲縣掾淳化中夢神告曰汝心公平名已動天遂修道有羽士告以宜見譚紫霄訪之數年遇於南豐一日忽曰羣仙會綠竹峯予被召遂別其徒不知所往

温道者

按吉安府志温道者諱受龍泉人得念佛三昧不依師落髮自言吾卽佛毋故時人以道者稱之宋至道元年入僧擔山姑茅庵以居撒菜豆麻粟於山皆茂結其山多虎道者出入不忌或臥於山虎見則坐而守之有時入巖罅中取蓮藕花果遺人雖多亦辦有盧士二行者繼來師事之一日謂鄉老蕭應求曰吾有替入當遠去可來敘別亟視之則長揖趺坐塔中命衆人共封錮之約後七日開既開已失所在獨遺一布巾雙草履應求之弟浩以綱運至陳留市見之笑語如平生附三書與應

來及二僧其後盤行者坐化土行者隱葬於石函一月開視之亦不見其處

景知常

按南陽府志景知常鄧州人少從趙氈襖學道宋太宗知其名召至俄辭去嘗遇呂眞人時或語唐昭宗以來事殆數百歲有書生病傎噓酒飲之卽能行所居夜神光滿室卒舉其棺甚輕開視惟衣衾有異香焉

趙自然

按宋史方技傳趙自然太平繁昌人家荻港旁以鬻茗爲業本名王九始年十三疾甚父抱詣青華觀許僞道士後夢一人狀貌魁偉綸巾素袍鬢髮斑白自云姓陰引之登高山謂曰汝有道氣吾將教汝辟穀之法乃出青柏枝令啗夢中食之及覺遂不食神氣清爽每聞火食氣卽嘔惟生果清泉而已歲餘復夢向見老人教以篆書數百字寤悉能記寫以示人皆不能識或云此非篆也乃道家符籙耳嘗爲元道歌言修煉之要知州王洞表其事太宗召赴闕親問之賜道士服改名自然賚錢三十萬月餘還住青華觀後因病飲食如故大中祥符二年詔曰朕聞自然頗精修養之術委發

轉使楊覃訪其行迹命內侍武永全召至闕下屢得對賜紫衣改青華觀曰延禧自然以母老求還侍養許之　按太平府志自然卒後有人遇於天都道上以衣履二物歸其母母視之乃殮時所著甚駭異發塚尸已解僅存木劍而已今鳳凰山有劍塚

張夢乾

按陝西通志夢乾字大游涇陽縣人家富好仙一日遇海蟾授以道術宋咸平元年正月三日化去

劉海蟾

按春渚紀聞眞廟朝有天神下降憑鳳翔民張守眞爲傳靈語因以翊聖封之度守眞爲道士使掌香火大建祠宇秦之自廟百里間有食牛肉及著牛皮履靴過者必加殃咎至有立死者一日有人孛袍青巾曳牛革大履直至廟庭進陟堂宇慢言周視而出守眞卽焚香啟神曰此人悖傲如此而神不卽殛之有疑觀聽神乃降靈曰汝識此人否實新得道劉海蟾也諸天以今漸入末運向道者少上帝急欲度人每一人得道九天皆賀此人既已受度未肯便就仙職折旋塵中尋人而度是其所得非列仙之癯者我尙不敢正視之況敢罪之也　按東軒筆錄尙書郎李觀自言爲進士時

往遊南嶽道過潭州聖旗亭買酒忽有一人荷竹奩持釘校之具徑至問觀曰聞君將之南嶽頗識養素先生藍方否觀曰固將往見之其人曰奉煩寄聲云劉處士奉問先生十月懷胎如何出得言訖徑出不顧觀至南嶽訪方具道其語方愁然驚異因問曰其人眉間得無有白誌乎觀曰然方大驚歎曰吾不遇是人命也此所謂劉海蟾者也吾養聖胎已成患無術以出之念非斯人不足以成吾道今聲問相通而不得相接吾之道不成矣觀急回訪於潭州已亡所在是年方卒　按畿輔通志劉鉉英號海蟾子燕地廣陵人陶眞於泰華終南之間韜光隱曜人莫能測後隱代州之鳳凰山遊歷名山所至多有遺跡元至元六年詔贈明悟弘道眞君　按陝西通志劉哲字元英號海蟾子明經事燕主劉守光爲相雅喜性命欽崇黃老一日有道人自稱正陽子來謁海蟾待以賓禮道人爲演清靜無爲之宗金液還丹之要竟索雞卵十枚金錢十文一文置几上累十卵於金錢若浮圖狀海蟾驚曰危哉道人曰居榮祿履憂患其危殆甚盡以其錢劈破擲之辭去海蟾大悟解印從道遁跡終南山下丹成尸解有白氣自頂門出化鶴沖天

徐繼先　王齊祥

按江西通志徐繼先王齊祥石城太極觀道士宋大中祥符中里有許家女爲鬼所魅家人禱於龍虎山張眞人曰汝邑太極觀有二仙盍自近求之乎許亟還扣觀門見二道人於紫竹臺對奕前詣乞哀道人曰豈干饒舌援筆書符於許之掌令往某廟爐內焚之須臾雷起廟焚其妖遂息二道人投筆草中卽去莫知所之後有商於金陵者遇之廛市中語曰汝賈吾鄉其利當倍若往願寄二餽首於吾師商登舟引帆睡未覺而舟已至卽以餽首畀其師熱氣猶浮浮人始知其爲仙去云

王客

按茅亭客話王客者失其名及鄉里常攜筇挈籃引一斑犬往來邛蜀間以採藥爲事多止於荒廟廢寺中雖雪霜風雨亦無所避優游市肆人或問修養之道卽默而不對好事者多飲之以酒積數年形貌服飾未嘗更易天禧戊午歲春自青游青城山廻時臨邛宰師仲冉頗好道藝思見其人卽令召之與語且曰飲酒否對曰某有少藥君能服之某亦飲酒師侯受藥各飲數杯款話移時云吾儕野人心近雲鶴久居城市頗思歸鄉誠有奉託辭出往故驛路去師侯餌藥漸覺輕安專令人訪之至四月二十七日獨攜杖負笈往臨溪路一里間有寺曰國盜遂於寺門下坐行人問之曰日將

暮矣於此久坐何為答曰我有師在此至暝忽暴卒於門下鄉耆聞官權瘞於道左至六月師侯聞之曰曩所言久別家山頗思歸鄉斯之謂乎遣吏趙彥往彼焚之發其尸顏貌如生手足皆軟若熟寐焉頃之身下清泉湧出浮屍而起遂就沐浴之鄉村聚觀或以衣服斂之兼及設酒饌而祭者師侯曰吾聞仙人不死脫有死者乃尸解也此人眞解化乎身雖委蛻神未遐逝自輟俸以瘞之且旌異人也前所言有師在此其是之謂乎休復常讀登眞隱訣謂仙道有昇天躡雲者游行五嶽者服餌不死者尸解而仙者忽有暫游太陰自有太乙守尸三魂營骨七魄衛肉胎靈錄氣雖以鐵石牢固藏閉終至煉形數滿當自擘石飛空而仙者夫得道之士入火不爇入水不濡躡空如履實觸實如蹈虛雖九地之厚巨海之廣八極之遠萬方之大應倏歘而至何所拘滯耶所以然者形與道合道無不在毫芒之細萬物之衆道皆有之今備錄者與王客張本也

甄棲眞

按宋史方技傳棲眞字道淵單州單父人博涉經史長於詩賦一應進士舉不中第歎曰勞神敝精以逐虛名無益也遂棄其業讀道家書以自樂初訪道於牢山華蓋先生久之出游京師因入建隆

觀爲道士周歷四方以藥術濟人不取其報祥符中寓居晉州性和靜無所好惡晉人愛之以爲紫極宮主年七十有五遇人或以爲許元陽語之曰汝風神秀異有如李筌雖老矣尚可仙也因授煉形養元之訣且曰得道如反掌第行之惟艱汝勉之棲眞行之二三年漸反童顏攀高躡危輕若飛舉乾興元年秋謂其徒曰此歲之暮吾當逝矣即宮西北隅自甃殯室室成不食一月與平居所知敘別以十二月二日衣紙衣臥甎榻卒人未之奇也及歲久形如生衆始驚傳以爲尸解棲眞自號神光子與隱人海蟾子者以詩往還論養生祕術目曰還金篇凡兩卷

王鼎

按襄陽府志王鼎襄陽人初寄儕十中後遇鍾離得仙術自號王風子人不見其飲食常行江干人見水中有二鼎影怪問其故曰若欲更見之乎須臾見十影衆皆驚異眞宗召至禁中長揖不拜後辭去不知所之著有修眞書

晏奉禮

按臨川縣志晏奉禮名穎臨川人丞相元獻公之弟也童子時有聲眞宗朝召試翰林院賦宮沼瑞

進賜出身授奉禮郎穎闕報閉書室高臥家人呼之弗應搯鎖就視則已蛻去旁得書一紙云江外三千里人間十八年此時誰復見一鶴上遼天時年十八

賀元

按濟南府志賀元修道東蒙不死宋眞宗東封謁於道左曰晉水部員外郎賀元再拜而去蘇軾寄詩曰生長兵間早脫身晚爲元祐太平人不驚渤海桑田變來看龜蒙漏泄春又曾謁東風玉露壓幅巾短褐亦逡巡行宮夜奏空名姓悵望雲霞縹緲人　按兗州府志晉賀元修眞於東蒙山得道不死宋眞宗東封謁於道左曰晉水部員外郎賀元再拜而去蘇東坡作詩送之云爲問父老晉郎官已作飛騰變化看聞道東蒙有居處願供薪水看燒丹

朱友

按陝西通志朱友祥符閒人修眞養性於回山西眞宮數年絕烟火粒食日餐松柏葉以爲常行履如飛世傳其得道後隱太和山不知所終

郭上竈

按開封府志郭上竈不知何許人夫禍中以備淪湯滌器於汴州橋側一日遇呂嵓知其為仙隨去十餘年始歸謁趙長官曰大數隨盡願施一小棺首穿一穴通竹節於穴中通氣明日汲水浣身臥槐下遂沒葬於河岸是秋大漲趙往視焉獲棺無屍

馬氏

按延平府志宋馬氏名五娘永安二十七都銅盤人父馬大相母羅氏至道元年正月十五日生容貌豐美及歸婚夜身中毒病夫家棄還其父父請僧徒送之河將沉之忽雲霧颶起有神附人語引上百丈巖頭得仙果食之二妹及嫂杜氏來看五娘以果分與之食俱飛昇去是九天元女度之今銅盤殿其祖居地也及百丈巖上坪雲峯洞皆有顯迹鄉人刻木祀之隨禱輒應惟雲峯洞木像一出則大風隨起

鄒希衍

按江西通志鄒希衍鄒源人為元明觀道士宋天聖間遇吳張台符授以丹術四十年不踐枕席年九十卒辭曰戊亥重逢日乾坤透逈時幻身今已脫明日有丹棉後三年有人見在西蜀又三年有

道士寄書與冠服至元明觀謝之書曰客歲辱相過也其徒驚訝開墓視之已尸解

陳昉

按蘇州府志陳昉吳江人慶曆間爲縣吏掌刑獄以廉謹稱不畜妻子惟一女婢給使昉性好魚每食必以二魚餉一日餉至而昉適他出同舍吏戲竊其一置舍席上昉歸以爲婢竊其一怒而杖之時向暑舍席生蛆落几上昉視之乃魚腐也始悟婢冤歎曰此小事尙爾冤抑吾爲吏決大事能無冤耶遂辭役別親友從縣前運河洞中而去洞甚深黑相傳通太湖上聞浪聲行七十里可出洞庭山後數年有道士沽飮肆中將別留一壺爲贈曰以此償酒價貯酒當佳旣去忽見酒旗上題云昔年陳昉登仙處酒味松陵第一家主人驚異其事取壺貯酒則香冽異常自是沽者羣集其家始知昉已仙矣因名洞曰仙人洞橋曰仙里橋云

武志士

按廣西通志武志士修煉於來賓之武禪山每出赴齋供卽架靑布幕爲橋去五七里遠至市鄽人見而奇之越數年道成宋皇祐初白日上昇

安昌期

按廣西通志安昌期恭城人少舉進士皇祐中爲横州永定縣尉以事去遂不復仕過海豐令胡濟結紙爲數紐覆之以器因叱之其器遂動徐啟其覆俱化爲鼠飼以飯咀嚼如眞鼠既又叱之復覆以器而紙結如舊嘗上山採藥食之吐出津膠藥如膏治平乙巳攜一童往峽山廣慶寺謂寺僧曰久聞此山有和光洞故來一遊遂與俱往凡數日不返僧求之莫知所在惟石室間有詩曰蕙帳將辭去猿猱不忍啼琴書自爲樂朋友孰相攜丹竈非無藥青雲別有梯峽山余暫隱人莫擬夷齊後題以横州永定縣尉安昌期筆

曾至靜

按續文獻通考曾至靜廬陵人自少不御酒肉端毅寡言去爲道士益元默忽遇異人授以祕術自是杜門辟穀十餘年異人來視之曰未也又數日復至曰可矣至和二年春忽告其徒曰吾九月爲衡山遊至期正坐而化既葬有自衡山來者持至靜書勉其徒學道云

趙覺

按重慶府志趙覺未詳何許人修煉於合之東山宋嘉祐中冲舉而去今山頂有飛龍觀石寶丹井井不盈尺常不乾水可愈疾人欲取之以巾覆之默禱少頃水自滿禮斗臺今石上衣佩履跡見存

劉繼先

按江西通志宋劉繼先籍貫無攷修煉於貢水東玉虛觀常坐棘叢中隱隱有祥光覆其上提刑某自城中望見知其異人邀入城至水際忽凌空去或有言在空同山者尋跡之雙趺隱石上竟不知所往宋治平中賜觀額明永樂庚寅大學士解縉書碑記其事

周貫

按冷齋夜話周貫者不知何許人自號木鴈子治平熙寧間往來西山時時至高安與予大父善日酣飲畜一大瓢行旅夜以爲溺器工作詩詩成擗嘗宿奉新龍泉觀半夜搥門道士驚科髮披衣啟問其故貫笑曰偶得句當奉道士殊不意已問之因使口誦貫以手指畫吟曰彈琴傷指甲蓋席損髭鬚是夜貫寒甚以席自覆故爾又至袁州見市井李生者有秀韻欲攜以同歸林下而李嗜酒色

意欲無行貫指書藥鐺作偈示之曰頑鈍天教合作鐺縱生三足豈能行雖然有耳不聽法只愛人間戀火坑尋死於西山方將化人問其幾何歲貫曰八十西山作酒仙麻鞋軋斷布衣穿相逢甲子君休問太極光陰不計年後有人見於京師橋付書與袁州李生云我明年中秋夕時當上謁也至時果造李生生時以事出乃以白土大書其門而去曰今年中秋夕來赴去年約不見破鐵鐺彈指空剝剝李生後竟墮馬折一足　按江西通志周貫號木雁子嗜酒布褐不完乞錢詣酒家輒醉好事者訪其道術僾以惡語若狂不可近者常著華陽三編坐臥袖之人不得而窺宋熙寧初在洪州石頭有張生見之邀酒食醉臥中夜聞車馬聲起視之貫死矣四體柔紫如平生張歸其弟迎語之曰周生過我云今往雙嶺矣

張用誠

按臨海縣志宋張用誠邑人字平叔爲府吏性嗜魚在官辦事家送膳至衆以其所嗜魚戲匿之梁間平叔疑其婢所竊歸扑其婢婢自經死一日蟲自梁間下驗之魚爛蟲出也平叔乃喟然歎曰積贓盈箱其中類竊魚事不知凡幾因賦詩云刀筆隨身四十年是非非是萬千千一家溫飽千家怨

半世功名百世愆紫綬金章今已矣芒鞋竹杖任悠然有人問我蓬萊路雲在青山月在天賦畢縱火將所署案卷悉焚之因按火燒文書律遣戍先是郡城有鹽顛每食鹽數十斤平叔奉之最謹臨別囑曰若遇難但呼祖師三聲卽解汝厄後械至百步溪天炎浴溪中遂仙去至淳熙中其家早起忽有一道人進門坐中堂叩其家事歷歷隨出門去人以平叔歸云百步嶺舊有紫陽眞人祠扁云紫陽神化處今廢　按山西通志張伯端天台人少好學晚得混元之道宋神宗熙甯間遊蜀遇劉海蟾授以金液還丹之訣乃改名用誠字平叔號紫陽山人英宗治平中隨龍圖陸公寓桂林後轉徙秦隴久之訪扶風馬處厚默於河東乃著悟眞篇授處厚曰平生所學盡在是矣願公流布此書當有因書而會意者元豐五年夏尸解而去住世凡九十九歲弟子用火燒化得所謂[illegible]金姿者千百粒大如芡實色皆紺碧後七年劉奉眞遇紫陽於王屋山留詩而去紫陽嘗謂己與黃勉中維揚于先生皆紫微星號九皇眞人因誤校勘刼運之籍遂謫人間今紫微耳光耀可見者六星而已翼城紫陽宮卽其修煉處　按陝西通志張用成號紫陽嘗有一僧修戒定慧能入定出神數百里間頃刻卽至與紫陽雅志契合一日紫陽曰禪師今日能與遠遊乎僧曰可願同往揚州觀瓊花

於是同處靜室相對瞑目趺坐出神紫陽至時僧已先至遶花三匝紫陽曰可折一花爲記少頃各伸而覺紫陽曰禪師瓊花何在僧袖手皆空紫陽乃拈出瓊花與僧把翫弟子問曰同一神遊何以有有無之異紫陽曰我金丹大道性命兼修是故聚則成形散則成氣所至之地眞神見形謂之陽神彼之所修欲速見功不復修命直修性宗故所至之地無復形影謂之陰神神不能動物也元豐五年夏趺坐而化壽九十有九

徐熙春

按續文獻通考徐熙春邵武人熙寧初夢鐵冠道人儀容修整旣寤至城南五峯院遇所夢者自言姓蔡住武夷遺以五華草食之甘美自此不復粒食惟飲淸泉約以某日會武夷至期而往蔡已先至徐以水深不能渡止於金身院修煉尸解而去

黃希旦

按續文獻通考黃希旦長樂人號支離子居九龍觀翛然有出塵之志熙寧五年作五福宮成希旦以戒行淸淨召至京師後二年化形於太乙宮後復見於蜀有詩寄友人曰昔遊西太乙今日返成

都若問去來事雲藏月影孤

朱有

按續文獻通考朱有涇州人少竄名伍籍元豐初瀘賊犯塞詔起秦卒征之軍次資中郡有醮壇山李阿試仙臺有往來臺上俄二鳥飛鳴爭食墜地若松枝者有取食之卽腹脹且渴求水飲焉遇一道士指松曰食此葉可療也忽不見有如其言渴遂止自覺心爽神清有始不知書不飲酒至是高吟劇飲脫伍籍而仙去

王江

按續明道雜志余平生所見方士道人惟見陳州有王江者眞有道之士嗜酒佯狂形短而肥丫髻簪花語言不常有中理威王侍讀陶守陳頗禮之數問房中之方江無所答王問有強兵戰勝之術如何江曰百戰百勝不如不戰其言大抵類此余外祖李少卿居陳以年德為一鄉所服常延禮江而江竟無所教李一旦謂江曰與君相知有年矣竟鎖胸臆不我教乎江曰君示鑰匙余不憚開也江止無常處或神祠佛寺下里貧舍遇便宿惟持藥一束時時題所止壁作詩句又有近性宗處爲

與小兒輩戲或終日小兒以狗蝨巴豆盈掬與之江隨便啖食而了無他因衛部使者導從使者怒執送州杖之出曰好打好打人窺其杖處初無損也後有客自北門來云嘗夜遇風雨寄宿道傍一小舍舍中惟一老翁至曉別去老人曰到陳州爲傳語任江客到陳城北草市王江遇之曰何不道傳語王江乃知必任江王姓非眞也自爾江稍往來他處或至京師今不復見矣　按方外志王江魏之考城人嘗舉周易學究不遂慨然有超世之志醉則臥衢路或值雪則邏者戲以雪埋之其氣蒸然消釋盡去或値其宴坐從旁竊聽之潺潺然若流水之聲此蓋仙經所謂飛精入腦晝夜之間水聲潺湲不絕者是爲金丹第二轉之應也　按辟寒丐者王江居宛丘喜飲酒醉臥塗潦中不以爲苦嘗大雪或以雪埋之其氣勃然雪輒融液遊於市中常髽角戴花小兒羣聚捽罵之江嬉笑自若往往販鬻餅餌晚不能售輒呼與共食入田舍父老招之食飲醉飽卽睡婦女在側江不以自疑人亦信其無他也

衛朴

按續明道雜志衛朴楚州人病瞽居北神鎭一神祠中與人語雖若高闊而間有深處類有道者莫

能測雖病醫而悅書道人讀而聽之便達其義無復遺忘每算曆布算滿案以手略撫之人有竊取一算再撫之即覺其市物擇其美惡雖毫釐不可欺有取其已棄者與之朴即怒曰是已嘗棄矣由是人無能欺亦莫知何以能若此也頗言人未來休咎亦屢中嘗布令海州沭陽來楚見監司求舉狀不遂因試問朴以休咎朴曰公何憂自此三年當爲翰林學士矣已而信然朴年七十餘卒或言朴能養性導氣仙去不死也朴嘗令人聽其腦中有聲常若滴水云

上官道人

按老學庵筆記青城山上官道人北人也巢居食松麪年九十矣人有謁之者但粲然一笑耳有所請問則託言病瘖一語不肯答予嘗見之於丈人觀道院忽自語養生曰爲國家致太平與長生不死皆非常人所能然且當守國使不亂以待奇才之出衛生使不夭以須異人之至不亂不夭皆不待異術惟勤而已予大喜從而叩之則已復言瘖矣　按延平府志宋上官道人南平人辟穀煉氣一日偈云處世紅塵五十八混世獨存今始沒時人若問吾歸處掃盡雲霞一輪月後有戍兵見之於廣西

徐眞君

按游宦紀聞福之永福西山曰高蓋爲天下第一福地出縣郭陟峻嶺山行五十里而近最上處有禪刹曰名山徐眞君上昇東西二室歸寂其所也朝廷累降御香有樵禁該曲臺祀典石門插天杉檜畫暝猿狖清嘯與寒泉響答眞偉觀也徐本牧兒飯牛山椒一日聞樂聲出林杪緣崖造觀至則有二人奕棋立良久遺徐棋子一吡令歸歸即精解手譚時碎瓦器爲子布地爲局縱遊巖上往往與二人遇遂得修行燒煉訣有趙眞君不遠千里訪之以所得祕密與之參契徐喜酌酒共飲草廬中時霜月草木凋空徐曰主人遠訪無以爲樂以餘瀝一噴頃刻林花遍開今名所居曰花林莊徐功行成將入山煉大丹仙去埋棋子田中涌土成墩植牛杖其傍旋生枝葉今老樹尚存嘗有耕者發墩致風雷之變至今相指爲戒丹成之日與兄弟姊妹七人餌之同時上昇故其地七仙有亭徐趙二眞君有祠云

張明

按方外志張明者永靜農家子也有道人者呼去入牢山授以修煉內丹之法明後館於劉毅一日

塞其兩楹間使毅立阼階上明祖臂中立頓撼支體俯而嘬者數四忽仰而大呼噴吐一赤丸其大如橘霞彩四發時毅家人婦女皆竊窺之光芒射隙間皆驚明却立須臾復吸而吞之出謂毅曰此吾十五年之所養也翌日不告而去莫知所之

卷終

神仙部列傳三十

宋二　謝祐

按延平府志謝祐沙縣白水村人移居歷山嘗從黃裳學宋元豐五年從裳守泉州裳遣持書至建寧遇異人於水晶室留憩三日授以金符玉册歸遂體骨不凡復師事陸真人遂精道術元祐二年化去鄉人立祠祀之凡旱災水疫禱之輒應紹興九年民具靈蹟上聞勑封顯烈尊王淳熙間賜廟額曰正順

趙吉

按欒城集趙吉高安人兩目盲自言年百二十七歲矣敝衣蓬髮未嘗休沐好飲酒醉輒毆詈人人故以趙狂呼之與人雖素不相識能道其宿疾及平生善惡如見蘇子由謫居筠時吉來見問曰亦嘗夢先公乎方其夢也亦知有存歿憂樂乎曰是不可常也吉笑曰公問我養性今有夢覺之異則性不全矣子由異其言及東坡謫黃吉求書往見留半歲不去從東坡北歸死於興國後蜀人法震

者省二蘇過雲安於逆旅中遇吉自言姓趙頃于黃州識蘇公爲我謝之二公驚問狀知興國朱彥博聞之發其塚惟一杖兩脛而已　按續文獻通考吉狂而落魄元豐中蘇轍謫居高安往見曰吾知君好道而不得要陽不降陰不升故肉多而浮面赤而瘡敎轍挽水以灌百體經旬諸疾皆愈後尸解於興國軍

黃知微

按宋白玉蟾有宋廬山養正先生黃君仙遊碑先生姓黃諱知微字明道世爲江州人少隸太平興國宮道士稟性沖淡賦形豐偉執心謹諒治身嚴潔元豐間卽本宮奉采訪眞君香火蓋其職也舒州潛山體道先生崔君聞其名自舒之江訪之授以一丸谷神之道金液滄景之旨從此若佯若蹤狂易無度時人呼爲黃風子遂自賦黃顛歌益自汙晦先是宮中養正堂得業今以養正先生呼之蓋與崔君遊有所謂泥丸萬神刀圭一粒之語復爲一詞以自表卽集中御街杯行之云　也按猴溪蔡子高所著之記大梁司馬之白所述之傳先生嗜酒每醉則浩歌歌罷顛狂自若常於宮前朝眞橋上疾聲大呼若有所呵一衲百結裸露不顧隆冬盛夏恬無寒暑權貴士夫有施惠者隨手散去

或走竄林壑之間或歇鄰城市之中終日醺醺一切不爲常帶兩布襞每遇便溺和以糞壤悉用紙
裹而置諸襞與夫餅餌藥物雜置一處殊無穢氣其襞自號錦香時大雪林壑溟濛草木變白獨先
生所居之室其頂無雪常指室傍壁罅而示人曰此昔遊蜀之路也初不知書而所談多史傳間事
不能文而所出皆高妙之辭至如詩云買紙一百車緊筆一千管紙盡筆頭禿不說胸中半獨曰此
漢高帝詩不可致詰者也又如溪雲拂地送殘雨谷鳥向人啼落花及萬里碧雲開暮色一條銀漢
在秋天等句出於自然皆學者所不能到嘗謂所知曰酒能敗德必須戒之吾所以飲酒與人飲異
又曰雞在卵中已含造化於人有功安可食之善哉言乎由是士大夫多禮接之樂其道而忘人之
勢遺棄形體處人之所惡宣謂風顛者也宮中道士五百輩時或飲酒雖不邀先生亦一造焉人以
爲饕餮先生不羞也或恐其知者則密以爲期臨欲飲則先生不期而會賓主交愕乃坐先生於席
末癡飲大嚼旁若無人醉輒叫同褐厭之嘗噫氣以自快每噫時不停聲響徹霄漢久之乃已蔡猴
溪年十八九時勉其學道蔡方業儒託以有父兄在先生笑曰車下有水時何爲不可蔡自是數得
顧遇之異蔡嘗問先生如何久不噫氣先生不答再問而噫且曰大噫一聲天地靜落花煙淡水朦

朧又同宿道士聶叔彬之燕處堂先生語蔡曰近有金道人自北來見在道堂中爾可往見不果往先生起而坐口占一絕曰將身輕步入名山四海雲游盡可攀大道自然隨自過鬼神瞻仰白雲間久與夜坐溪上指東方一星爲題曰入夜明星拱紫微東西南北共光輝通天入地無人會惟有清風明月知又見蔡眼中有黑花而吟曰腎耗元精少眼有黑花生却得蓬蒿力遮藏見太平又同飲而取蘿蔔置酒中自食一半分一半與蔡食曰一性無耽酒色荒元精混沌歸渺茫眞人惠送清涼藥換得朦朧曉夜光蔡出門便覺眼花不復有矣崇寧末先生年已九旬餘貌若處女肌膚如玉然顛狂之態如故也人皆忽其態故失其編年叙事之詳蔡子高司馬之白俱慷慨高蹈之士變與之交時有崔風子高赤脚亦皆異人往來廬山斯時斯人誠難其遇也宣和末年遣使召之先生堅不起有司强之登輿至九江終不肯前乃曰今二天子矣我往何爲哉既而淵聖登極赦至矣宮庭未回祿日先生於採訪殿上掘去其甎植蒿一根坐其旁若歌之曰明年了來如是連歌數四而去次年韓世清賊馬焚毁宮庭乃植蒿之日也煨燼之後舊址之上獨存當年所植之蒿別無繁類先賊馬臨境之際人心動搖不遑寧處多就卜其去就之理得其語者後皆可驗有過先生或謂曰爾得

或曰爾休所謂爾休者委之溝壑莫知所在謂爾得者喪亂之後悉皆無恙先生居常語人禍福初不經意久而有驗如神也兵燼之後先生死山側瘞之矣後數年有自蜀中來者曰黃風子今在蜀昨於成都日相會衆疑之復因便寄書一封回山開緘乃喪亂後所存道士姓名也於是怪而發其棺惟衣履在焉舊傳本宮道士王三一頗知其出入隱顯之事然神仙之跡千變萬化不可校舉粗據其傳記大略以碑其仙游之躅云若夫警世歌樂道歌及詩詞等作散亡之後僅得數十篇山中道士熊守中編之先生所居舊名養正堂內有風玉軒先生仙去遂改其堂曰大噫今復易名黃仙庵羽流夏師古別築數椽誅茅於庵之後以祠崔君暨我先生焉一旦其裔劉道璨者請余碑之余生晚不及見先生但多慨慕而已敬爲銘曰廬山之下湓浦之瀕山高水長不見斯人竹月涓涓松風瑟瑟遐想仙姿風清月白

許昌齡

按河南府志宋許昌齡乃旌陽眞人之後也得神仙之術潁陽石堂山之一峯雄秀上有石室郎邪和璞算心處也昌齡開其奇杖策來居天下傾焉後遊太清宮時歐陽文忠公守亳社聞之邀至州

舍與語豁然有悟贈之詩云綠髮青童瘦骨輕飄然乘鶴去吹笙郡齋坐覺風生竹疑是孫登長嘯聲

徐問眞

按鳳陽府志宋徐問眞自言濰州人嗜酒狂肆以指爲針以土爲藥治病輒有驗歐陽文忠公爲青州問眞來從公遊公致仕復來汝南公嘗館之一日求去公留之不可使人送之有鐵冠丈夫立道左候問眞同行問眞因屬村童使持藥笥行數里還求去問眞於髻中出小瓢如棗大覆掌中得酒滿掬者二以飲童子自爾不復知其所之而童子亦修道莫知其所終　按萊州府志問眞嘗教歐陽修引氣愈足疾蘇軾試之亦驗

陳太初

按東坡志林吾八歲入小學以道士張易簡爲師童子幾百人師獨稱吾與陳太初者太初眉山市井人也余稍長之學日益遂第進士制策而太初乃爲郡小吏其後予謫居黃州有眉山道士陸惟忠自蜀來云太初已尸解矣蜀人吳師道爲漢州太守太初往客焉正歲旦見師道求衣食錢物且

告別持所得盡與市人貧者反坐於戟門下遂寂師道使卒舁往野外焚之卒罵曰何物道士使我正旦舁死人太初微笑開目曰不復煩汝步自戟門至金鴈橋下趺坐而逝焚之舉城人見煙焰上眇眇焉有一陳道人也

陳仁嶠

按續文獻通考陳仁嶠南海人嘗夢爲逍遙遊及寤思舊游不可得忽一日有仙數百從空招之仁嶠超然隨衆朝謁於帝遂掌蓬萊紫虛洞元祐中降於廣州進士黃佑家者再

雷隱翁

按廣西通志雷隱翁名本宋時桂州人磊落不羣業進士不第即棄去默坐終日或誚其癡笑曰終不以吾癡易汝黠後遠遊不知所之宋元祐中有命使游羅浮見本嘯傲松下自道姓名云雷隱翁乃知其仙也

盧六

按廣西通志盧六者上林人生而性不食肉一日往樵大山見一白衣童子變幻可駭因謂曰汝且

去更十日可來授汝道如期而往端坐石上無言而化鄉人以爲尸解

謝寶

按寧波府志宋謝寶鳥巖村人父宗立母董氏無嗣禱於眞武夢雷震而乳次年生寶有金光燭室之異年數歲卽有靈異嘗夢眞武爲之浣腸溪上水至今有赤色天旱與羣兒束芻龍祈雨雨卽至舉芻龍放溪上卽行數里觸石而沒遂成深潭每陰雨龍必現見之者必病人以爲患寶卽去之與人業田所芸處嘗有雲氣覆其上嘗得小魚變成小龍寶卽跨之遊水中遽出而衣不濡邑嘗大旱令使祈雨寶囑母擊鏺箕旋紡車灑水母如其言而忘灑水則有雷而無雨後歸訪其母乃如囑爲之雨遂沾足元祐間事聞於朝旌以金帛皆不受惟求東攝潭居焉後多顯跡人稱活神建炎三年三月召鄰里親故曰吾明日辭世還造化三年後當復生幸勿葬次日午瞑目而逝越三年忽聞棺內有聲啟視之容貌如生忽見火從頂出化焉

孫姑

按太平府志宋孫姑采石人元祐間許嫁而姙人鄙之越十年至其夫家取水浴坐其中堂產一鶴

赤身跨之而去其妹繼之亦顯靈異錫號靈寶大師勅建白鶴觀於寶積山嗣教者極一時之盛

周史卿

按續文獻通考周史卿浦城人元祐中遇異人得養生之要隱油果山二十年煉丹垂成一夕風雷大作丹已失矣遂出神求之謂妻曰七日來復有一僧勸其妻曰學道者視形骸如糞土遂焚之明日史卿來空中啞啞責其妻而去

曹國舅

按續文獻通考曹國舅曹太后之弟隱跡山巖精思慕道遇鍾離純陽純陽問曰聞子修養所養何物對曰養道曰道安在舅指天曰天安在舅指心鍾離笑曰心卽天天卽道卽識本來面目矣遂引入仙班　按徐州志宋曹國舅紹興四年蟬蛻於玉虛觀縣東南五十里今更名騰雲寺

邵璩

按續文獻通考邵璩湘陰縣人少與兄玭弟珪同遊太學遇至人後歸都嶠山草庵修煉元符初蘇軾自嶺南歸訪璩庵中留旬餘璩後立庵西蜀峨嵋山不知所終留題壁間云往往來來三十年更

無蹤跡在西川功成行滿昇天去回首山頭月正圓

呂陶

按四川總志呂陶建中靖國時知梓州有客至賓次禮之甚恭或以問陶曰此呂洞賓也余自此棄人間事矣後果傳仙去

陝西子仙姑

按嬾眞子錄王元道嘗言陝西子仙姑傳云得道術能不食年約三十許不知其實年也陝西提刑陽翟李熙民逸老正直剛毅人也聞人所傳甚異乃往青平軍自驗之既見道貌高古不覺心服因曰欲獻茶一杯可乎姑曰不食茶久矣今勉强一啜既食少頃垂兩手出玉雪如也須臾所食之茶從十指甲出凝於地色猶不變逸老令就地刮取且使嘗之香味如故因大奇之

韓生

按鐵圍山叢談桂林有韓生嗜酒自云有道術人初不大聽重之也一日欲自桂過明同行者二人俱止桂林郊外僧寺而韓生亦來夜不睡自抱一籃持匏杓出就庭下衆共往視之則見以杓酌取

月光作傾瀉入盤狀爭戲之曰子何為乎韓生曰今夕月色難得我懼他夕風雨儻夜黑留此待緩急爾眾笑焉明日取視之則空盤弊杓如故眾益哂其妄及舟行至邵平共坐江亭上各命僕辦治殽膳多市酒期醉適會天大風俄日暮風益急燈燭不得張坐上墨黑不辨眉目眾大悶一客忽念前夕事戲嬲韓生曰子所貯月光今安在盍可用乎韓生為撫掌而對曰我幾忘之微子不克發我意即狼狽走從舟中取盤杓而一揮則白光燎焉見於梁棟間如是連數十揮一坐遂盡如秋天晴夜月色瀲灩秋毫皆覩眾乃大呼痛飲達四鼓韓生者又酌取而收之盤夜乃黑如故始知韓生果仙人也

徐神翁

按陝西通志徐神翁鎮原人修煉飛昇之術居潛夫山洞中建祐德觀後召至京師居天慶觀

按江西通志徐神翁海陵人崇寧間來遊安福北眞觀忽江漲徐飛巾水江上渡江去　按重慶府志徐神翁常居樂溫之北眞觀相傳神翁於此飛昇去今觀之右有飛仙臺仙人跡尚存後人有仙翁去後留蹤跡丹竈沈沈鎖翠煙之句且題咏甚多　按徐州志徐神翁蕭人居陳疃村通黃

白之術家日殷富曾建願窮堂不富亭後白日昇舉今丹井遺址存焉

申元道

按蘇州府志申元道泰陵人師事徐神翁得修煉術將出遊請於師師示曰逢虞則止無雪則開乃渡江見虞山問人曰此何山人曰虞山也卽築菴居之插竹成林因名竹林菴山中每患無汲一日大雪獨於菴前覆簣不積遂浚而得泉因名雪井紹興間喻抱元改名招眞菴又嘗於福山建潛眞觀梅里建頤眞觀爲煉丹之地

田端彥

按濟南府志田端彥齊曾閒人也崇寧中僉書荆南節度使一日仙去元至治中人猶見其修煉於雲山

劉跛子

按冷齋夜話劉跛子青州人拄一拐每歲必一至洛中看花館范家園春盡卽還京師爲人談譃有味范家子弟多狎戲之有范老見之卽與之二十四金曰跛子喫碗羹於是以詩謝伯仲曰大范見

時二十四小范見時喫碗羹人生四海皆兄弟酒肉林中過一生初張丞相召自荆湖跛子與客飲市橋客鬨車馬過其都起觀之跛子挽其衣使且飲作詩曰還客湖湘召赴京車蹄迎逐一何榮爭如與子市橋飲且免人間寵辱驚陳瑩中甚愛之作長短句贈之曰槁木形骸浮雲身世一年兩到京華又還乘興閑看洛陽花說甚姚黃魏紫春歸後終委泥沙忘言處花開花謝都不似我生涯予政和改元見於興國寺以詩戲之曰相逢一拐大梁間妙語時時見一班我欲從公蓬島去爛雲堆裏見青山予姻家許中復大夫宜人蕭參政㮚之孫女云我十許歲時見劉跛子來覓酒喫笑語終日而去計其壽百四十五年許嘗館于京師新門張婆店三十年日坐相國寺東廊邸中人無有識之者劉野夫留南京久未入都淵材以書督之野夫答書曰跛子一生別無路展手教化三饑兩飽回視雲漢聊以自誑元神新來被劉法師徐神翁迹得不成模樣深欲上京相覷又怨撞著文人泥沱佛藉地被乾拳濕腸著甚來由其不羈如此嘗自作長短句曰跛子年年形容何似儼然一部鬅鬙世上詩人拐上有工夫達南州北縣逢著處酒滿葫蘆醺醺醉不知來日何處度朝晡洛陽花看了歸來帝里一事全無若還與狐羹不脫依舊再作門徒藉地思量下水輕船上蘆席橫鋪呵呵笑

睢陽門外有箇好西湖

吳應能

按處州府志吳應能龍泉人奉靈宮道士雜用符水治病輒愈祈禳詣禱其應如響崇寧中上聞而嘉之給驛召見戲術甚奇上優寵命改奉靈宮爲天寧萬壽之宮御書額賜之仍號洞元妙應先生尸解賜葬隱眞觀後

薛道光

按陝西通志薛道光一名式一名道原陝府雞足山人一云閬州人字太源嘗爲僧法號紫賢一號毗陵禪師雲游長安留開福寺參長老修嚴又參僧如環因桔槔頓有省悟頌曰軋軋相從響發時不從他得豁然知桔槔說盡無生曲井裏泥蛇舞柘枝二老然之自爾頓悟無上圓明眞寶法要機鋒迅捷宗說兼通且復雅意金丹導養宋徽宗崇寧五年丙戌冬寓郿遇石杏林傳授口訣眞要乃註解悟眞篇作復命篇及丹髓歌行世壽一百十四歲尸解作頌云鐵馬奔入海泥蛇飛上天蓬萊三島路元不在西邊明年沙門道昭復見紫賢於霍童山　按武進縣志道光雅好金丹導養宋

徽宗丙戌冬遇石杏林年八十五綠髮朱顏夜事縫紉道光巽之偶舉張紫陽詩石曰此吾師也光乃稽首盡得張紫陽金丹之祕號紫賢弟子稱爲毗陵祖師紹興中尸解

張繼先

按續文獻通考張繼先字嘉聞號翛然子三十代天師五歲不言一日聞雞鳴忽有所詠九歲嗣教崇寧中召至闕問曰汝居龍虎曾見龍虎否對曰虎則常見龍顏今始覩之上悅後治解池水溢鹽課復故封爲崇寧眞君建醮內庭密奏赤馬紅羊之兆請修德以禳之賜號靜虛先生金師犯汴二帝召之至泗洲天慶觀作頌曰西山下紅日煙雨落潸潸書終而化汴京亦以是陷後人有遇於武夷及羅浮西蜀者　按鳳陽府志靜虛先生姓張名繼先字嘉聞靖康中召入京至泗洲天慶觀索筆寫詩隱几而化瘞於龜山之麓後十六年西河薩守堅遊青成山相遇於峽口繼先以書一封赤舄一隻令達嗣天師家嗣天師大驚使人啟龜山之墓惟一舄存

秦志通　李志亨

按陝西通志秦志通李志亨俱金縣人自幼聰敏能讀書卽知慕道兩人各相規勉元宗內外二典

無不精研得遇太虛眞人授以金液大丹五行生尅七返九還之道遂專心烹鍊數足功完於政和二年白日拔宅昇天今興隆山乃遊甓處清虛觀其故里也

李思廣

按吉安府志李思廣字景淵吉水人放意山水間得錢即以易酒或醉臥市中政和四年來螺川常止習溪橋有酒嫗頗異之每飲不問其直久益不替一日忽謂嫗曰我將往當別後奉書報謝晨起視則已死體發熱如生召所親葬之後有自衡嶽來者爲景淵致書謝嫗郡少年發其塚獨有空棺

王樂仙

按春渚紀聞道人王樂仙或云潭州人初爲舉子赴試禮部一不中即裂冠從太一宮王道錄行胎養之術歲餘勤至不怠王云我非汝師相州天慶觀李先生汝師也汝持我書訪之當有所授樂仙得書徑至湯陰求之無有也一日坐觀門有老道士見之呼與語曰子尋李先生此去市口茶肆中候之果見赤目蓬首攜瓶至前瀹茶者因揖之使呼李先生李佯驚曰汝何人也樂仙探懷出王書授之李微笑曰王師乃爾管人閒事耶此非相語處三日黎明候我於觀門也樂仙辭謝而歸三日

雞鳴坐門未久李至以手撩髮則兩目煜然如巖電燭人握手入觀中謂樂仙曰汝刻心求道而燒假銀何也樂仙謝誠有之但以備乏絕無告耳然是乾水銀法非若世人點銅爲之以誤後人也李探懷出銀小錠請以是易子所作如何樂仙取以示之範制輕重與李所授無異也即令取油鐺於前投樂仙所作烹之須臾粉碎還原曰豈不誤後人耶樂仙悔謝久之李勉之曰如子不妄用亦欲子知此術於子無益耳我且歸後更就汝語也明日訪之主人云夙昔折券而去不云所適也樂仙旣蹤跡數日不復再見乃西遊黨山中寓一僧舍主僧亦喜延客因留止旬日而主僧復善壬遁且日必焚香轉式以占一日之事忽謂樂仙曰今日當有一大貴人臨門不然亦非常之士見過當與子候之并戒其徒掃室以待至日欲入略無貴達至者忽遠望林下有一舉子從羸童負書篋竹筒而來主僧揣之曰我所占貴人豈此舉子異日非常之兆耶更當復占以驗之即喜躍而出謂樂仙曰貴者審此人也因相與迎門延至客室相語甚久云姓蔡鬻舉進士也旣而主僧請具飯蔡曰某行李中亦自有薄具二公居山之久若不拘葷素當可共享也即呼燭設席命其僮於竹筒中出果實數種旣皆遠方珍新至傾酒榼樂仙味之元是潭州公廚十香酒也酒行筒中出三大煎鮭魚尚

未冷酒再行又出三肉餅亦若新出爐者至餘品燒羊鵝炙皆若公侯家珍饌而取諸左右笑語至夜半而罷二公大異之而不敢詰其所從至也蔡繼云某亦於此候一親知罷官者當與二公少周旋也日後一日亦問及養煉事樂仙心獨喜之亦意其有道者至夕主僧與僕從皆已熟寢唯樂仙炷香前拜而請其從來郎以先生禮之且哀懇言其能舉求道了未有遇願賜憐憫生死骨肉也蔡徐笑曰我南嶽蔡眞人也固知子棲心之久更俟與子勘問之也樂仙稽首謝其垂接次夕復扣戶伺之忽見一大人騰與簷齊而不見其面目音響極厲云仙童萬福投一白紙於蔡前蔡取以示樂仙曰與子勘問至矣紙間有書云某於十洲三島究訪並無此人名籍後檢蓬萊謫籍中始見其名氏鄉里也某人供呈蔡語樂仙曰子無憂也因授以內丹眞訣數日別去云汝有未解處但焚香啟我我當自告汝也後樂仙關通直郎章子才自九江棄官還居錢塘金地山行符水救人疾苦外丹已成因南遊過之夜語及蔡眞人事取所授白紙示章視其供呈人姓名乃其法籙中六丁名字也卽燒炭於爐取紙投之炭盡而紙字如故因相與驚異且乞之以藏其家樂仙旣去了不知所向或傳其解化矣章亦數歲而終將葬之夕有一道人不言姓字來護葬事且留物以助其子或疑是樂

仙也

妙靖鍊師

按金華府志宋妙靖鍊師陳氏女名瓊玉義烏人年十九與姊浣於澗中得桃實大如拳食之從此不火食惟飮酒啖生果初不識字忽能詩詞爲人言禍福悉驗一日邀其兄遊四明海中兄乘舟而己行水上閱數日衣不濡曰我知來事恐泄天機姑以風花雪月爲咏而寓意焉徽宗政和七年召見賜號妙靖鍊師乞還山賜肩輿敦遣壽九十端坐而化

羅昇

按袁州府志羅昇宜春人少貧業屠狗晚遇異人授以方術年幾百忽一日辭親戚奄然逝後有見昇賣藥瀏陽市中寄書鄉人歸乃其歿之明日時政和八年也

陳楠

按續文獻通考陳楠字南木號翠虛惠州博羅縣白水巖人以盤櫳箍桶爲業後得太乙金丹訣於毗陵禪師得景霄大雷瑯書於黎姥山神人遂能捻土愈人病人號陳泥丸政和中擢道院錄事後

歸羅浮驅狐治病鞭龍救旱浮笠濟湍流合水銀成白金顯諸神異

張虛白

按續文獻通考張虛白南陽人通太乙六壬術留心丹竈遇眞人得祕訣徽宗聞其名召管太乙宮恩賚無虛日官太虛大夫金門羽客出入禁中終日論道無一言及時事曰朝廷事在宰相非予所知金人尤重之以爲神仙忽一日曰某年月日吾當化去至期果然

張仙姑

按續文獻通考張仙姑南陽人莫詳其所以人有疾仙姑輒瞑目潛爲布氣攻之俄覺腹熱如火已而鳴聲如雷雖沈病者無不愈徽宗嘗召至中都後不知所終

賈文

按兗州府志賈文號曰成公臨沂人自幼深慕道教宋政和間嘗遇呂純陽與之遊自後能作詞章洞知禍福上召見賜以紫衣而歸尋訪神遊之處乃得龜蒙之陽建殿宇聚徒衆後年七十四一旦雲鶴俄集庭除乃仙化今有祠在蒙山玉虛觀

劉野夫

按山東通志劉野夫青州人居京都嘗約龔德莊曰君家人夕必出我往見君至晚德莊坐待不至俄火自門起德莊犯烈焰而出四傍皆燼翌日野夫來曰君家人幸出可賀也陳瑩中深重之宋政和間寓興國寺人計其壽一百四十五歲

朱希常

按處州府志朱希常青田海西人住梅溪學老子術政和間從洞元妙應居士吳應能入內祈禬上嘉之號凝妙大師授右街鑒誥劉差知濠州南華觀未幾辭歸築菴於連雲山名曰南華菴丹成尸解而去其丹井與手植花木至今有存者

鄧道士 附鮑氏二婦

按荊州府志鄧道士相傳居荊州紫霞觀丹成仙去爐旁遺丹二粒鮑氏二婦吞之亦仙去政和間建觀

黎道人

按江寧府志黎道人溧陽人少落魄去家足跡遍秦魏政和間遊陝夜為虎窘竄伏古廟頃燈燭光中有三道士飲數童侍黎驚趨詢其自以銀盆酌飲之自是不饑飲水而已建炎多難黎歸溧陽結茅菴於市側遇兵寇必先知之輒別去人每視其去留以為安否縣有火災黎往救時四門各一黎人愈崇敬一日奄然而逝後有人遇於建康猶寄信邑中好事者啟棺視之止有草履焉

張先生

按池州府志張先生宋政和間人少遇異人既得道結廬齊山常兀坐人問之直視不答在山三十年既老顏如童後卽尸解

徐若渾

按廣信府志徐若渾字居明政和間上命林靈素講道寶籙宮學士大夫咸會靈素蔓衍若渾越次啟曰傾河之辨必貴當於理終日不言亦貴會於道靈素曰止有懸河之辨若渾曰先生獨不知邪靈素曰子所學者何道若渾曰若渾所學孝於親忠於君居仁由義調喜怒正好惡安時處順樂天知命如是而已不知先生欲進以何道靈素叱咤高談已乃曰此道乃教主道君之道子何以揚之

若渾進曰皇帝方以道涖天下欲還萬姓之淳復一世之樸故俾先生以道開羣聽今參侍講席貴賤大小咸願聞教未審先生以何道使仁者見其仁智者見其智賢者識其大不賢者識其小虛而往實而歸性與性俱傳心與心皆得靈素復泛舉不倫終曰杳杳冥冥乃道之精昏昏默默乃道之極左右喻令禮拜若渾曰本來無欠今日無餘人情之間奉禮兩拜上異之問肯爲道士否若渾對親老無兼侍乞歸山林詔授將仕郎祠廟差遣終父喪不仕唯出入漁樵寓興詩酒隱玉虛之西留意方外嘗攜一布囊入市令群兒探錢隨取隨有又嘗戲言欲入壁中已而果與壁化後不知所終或云仙去

白雲片鶴

按陝西通志白雲片鶴金明縣人爲道士自稱白雲片鶴宋宣和初遊汴見趙鼎大呼曰中興名相也人驚異之他日又遇鼎曰吉陽相逢後鼎紹興五年爲相有重名晚竄吉陽忽與白雲相見白雲曰憶疇昔之言乎公將歸矣未幾鼎卒

范叔寶

按處州府志范叔寶遂昌人字子珉年十六為道士有仙骨宣和間隨師適京師一日遇長髯道人授以畫牛術繇是得名言人禍福無不驗行步若飛每歷温處台明越衢婺率三日而周至青田劉氏壁間畫一橋三敵人于其上衆莫喻意未幾范稱兵淮南乃信為異人隆興間郡守錢公招之寓天慶觀一日自郡醉歸夜半坐逝瘞後有人數見之於茶肆或一時數十處皆見之

魏一翁

按兗州府志宋魏一翁曹州雷澤人遇異人得道手持蒲篚時時語人禍福里閈重之製纊奉以禦寒盜至欲竊之翁呼其名曰爾欲我纊乎盜驚謝而去宋徽宗聞其名遣使起之至其廬但聞鼻息齁鼾如雷不見形影惟得頌武彝一章以歸宣和間尸解

張聲

按延平府志張聲字鳴道通易象辟穀煉氣得養生法宣和間游延平結廬劍浦溪源山范氏子從之夜忽有客叩門知為異人拜求道術客取二丹遺范以飼之自是絕烟火食一日往郡西花心洞留一頌於處舟躍入水識者謂水解

楊道人

按安陸府志楊道人者不知何許人宋宣政間寄跡於朱司戶家數年落魄不羈狂飲自如朱未嘗少厭一日酒酣曰我辭世矣不疾而逝葬之山中後三年朱往京師忽遇於通衢言笑如舊朱詰其所以不言而去朱歸啟棺視之則空函也

張常清

按彰德府志張常清林慮人宣和中學道於沖和處士後入聖符山修煉人稱爲竹馬先生上以璽書召延便殿賜坐問方外事欲拜爲諫議大夫固辭還山授以金符後沖舉去

王文卿

按臨川縣志王文卿臨川人徽宗夢三天掌文史吏陶伯威降乃肖像令內侍求之得文卿拜凝神殿侍宸時將有事於明堂雨不止文卿爲禱而霽又揚州大旱詔文卿求雨仗劍噀水曰借我黃河水三尺數日揚州奏得雨皆黃泥賜號沖虛通妙先生一日忽謂其徒曰西北有黑雲起當報我移時果然卽入室解化乾道初人有見文卿於成都者　按江西通志文卿字安道卽王侍宸也宣

和初渡江遇異人授以五雷法自書棺曰此身是假松板非眞牢籠俗眼跳出紅塵書畢臥棺中是夕風雷交作厥明視之已解化矣

高尙眞人

按濟南府志宋高尙眞人者姓劉氏名卞功字子民濱州人生而穎慧有高眞色相父母奇之及長淹貫三氏妙法尤邃周易莊老年十四不婚娶遇異人授以元祕術遂徜徉不語寒暑一敝衲而已終日靜坐日蔬食室傍有竇竅可通問答饋給客至多俛伏訪以方外事瞑目不答後政和間太上皇賜錢三百貫不受六年命授高尙處士祕道漕使杜縮物色以進自是繪相滿朝野士人乃爲之營宮觀宣和初復遣廉訪使粥省之題其扁曰高尙觀宣和建炎間盜寇起有過禮之者解刃伏拜每潛消其叛志終莫之近也行年六十有九金皇統癸亥冬十一月九日平旦以節杖擊戶呼左右曰去矣去矣須臾南向端坐忽然冥化人謂之尸解云

顧筆仙

按續文獻通考顧筆仙高郵人建炎初鬻筆遇仙日售筆十則止人置錢於筒筆自躍出會轉運使

過境見之問曰能飲否曰可飲一斗飲畢長揖而去遺所攜筆筒於舟中轉運使左右取而遷之盡力不能舉凡得其筆者剖而視之中必有詩或偈記其破毀歲月及人姓名禍福無不驗者年九十七一日積葦庭中坐其上自舉火焚之但見烈焰中乘火雲飛昇而去

段璩

按袁州府志段璩字德禎萬載人少游鄉校事詩書性醇厚與物無忤有不平則奮臂爭之建炎間寇盜充斥段氏族屬皆為寇掠璩齎金帛往贖寇重其義俾與偕歸紹興二十九年歲旱斗米千錢璩發廩濟之止取常值又為粥以食饑者全活甚衆後結庵謝山壁間多寫坦蕩字忽敘親舊別曰天帝卽召我矣一日鐘鳴歘然淩空去鄉人走視惟敝衣履存焉

聖道者

按紹興府志聖道者不知何許人紹興初居蕭山淨土寺日乞食於市口每吐一珠如彈丸大光奪琥珀出玩掌中人欲攫取則復吞之一日至山下指田中一穴謂從遊項姓者曰此有酒可飲項飲之甚甘冽囑覆之無竊發項後思飲往取之皆水耳忽一日乞薪市邸謂媪曰我將去矣叩所之不

答乃於常臥處火薪自焚人卽其地葬之後有見之於蜀者歸發其棺則尸解矣

孫道人

按春渚紀聞孫道人不知何許人寄居嚴州天慶觀爲人和易初不挾術及言人禍福但袖中嘗畜十數白鼠子每與人共飲酒酣出鼠爲戲人欲捕取卽走投袖中了無見也至約人飲則就酒家市一小尊酌之不竭人告酒困卽覆尊而去否則自晨至夕亦不別取也酒家是日必大售人頗以此異之紹興三年三月三日觀中士庶駢集道人拱坐告衆曰我今年九十歲矣久寓此土荷郡人周旋誓當小別勉力事善言訖坐逝一郡驚異瘞之城南而塑其像觀中歲餘有南商手持香一瓣封題甚固云我去年三月三日於成都府觀祿事有一道人云我始自嚴州來知子不久回浙幸爲我達嚴州天慶觀尋孫道人付之也入觀見塑像驚禮之曰此我成都所見付書人也因共發其藏則空棺矣

陶道人

按四川總志陶道人黎州人紹興間入獅子山採薪遇異人得道與王豐龍同時所豐龍神異必有

所闕不然則隨雷雨變化陶每見王輒以杖擊之曰此龍妖也後俱不知所終

姬洞明

按陝西通志姬洞明號抱眞子居華山文仙谷紹興丙子中秋前一日謂門人劉褚之曰張翁驪姥昇元待吾久矣言訖怡然化去

武元照

按紹興府志武元照蕭山女子也方孩時母或食肉卽終日不乳及菜食乃乳母異之後長議適人女不從忽夜夢神人命絕食及覺遂欲不食母强食之則夢神怒曰何違吾戒也剖腹滌之因授靈寶法自是不復食以符水療人疾紹興十一年某月日忽詣數十家聚話後往其家訪之云死矣卽詣之日也

石泰

按陝西通志石泰字得之常州人以醫藥濟人不受其謝惟願植一杏樹久遂成林人因號爲石杏林遇張紫陽得金丹之道初紫陽得道于劉海蟾海蟾曰異日有爲汝脫韁解鎖者當以此道授之

餘皆不許其後紫陽三傳非人三遭禍患誓不敢妄傳乃作悟眞篇行於世曰使宿有仙風道骨之人讀之自悟則是天之所授非人之輙傳矣中羅鳳州太守怒按以事坐黥竄邠州會大雪與護送者俱飲酒肆杏林邀與同席問之知其故杏林曰邠守吾故人也紫陽因懇爲先容乃相與之邠一見獲免紫陽德之遂傳其道作還元篇行於世壽一百三十七　按武進縣志石泰字得之號杏林一號翠元子遇張紫陽得金丹之道道成於紹興二十八年秋日尸解越二歲易介復見泰於羅浮山

唐廣眞

按蘇州府志宋唐廣眞嚴州人旣嫁得疾夢有道人與藥服而愈自是與夫仳離逕往平江謁蓑衣先生留於吳號無思道人淳熙年赴郭氏飲醻昏兀如醉兩夕方蘇言若有呼我者出門逢呂純陽曹混成獸道僧三人引至海邊跨大蝦渡海因隨游名山洞府純陽問曰汝欲超凡入聖耶身外有身耶留形住世耶棄骨成仙耶對曰有母尚存且盡孝道曰如是則且留形住世遂持丹一粒分而爲四投之盤中圓轉甚疾吞其一自是不食惟飲酒啖果而已能夏暴烈日中冬臥霜月下高宗聞

其名召入德壽宮行符水有驗御書寂靜先生四字賜之

宋耕

按寧波府志宋耕號雪溪先生世家雙流遷崇慶宋紹興中為閬中令以仙去後其孫德之閩在四明往訪焉至雪竇山有蜀僧言聞諸耆老云山後爛平山有二居士其一宋宣教也德之躋攀至爛平果見丹竈而仙蹤不可復尋矣乃置祠其上而歸

皇甫坦

按江西通志皇甫坦字履道臨淄人避地入蜀居峨嵋山暮行風雪中聞有人呼之者顧見一道人臥小庵中因留與抵足眠坦自覺熱氣自兩足入蒸蒸浹體甚和適比曉道人告曰他日可訪我於靈泉觀坦後往靈泉訪之始知所遇者妙通眞人朱桃椎也其後復與妙通會酒肆中盡得坎離虛實之旨內外二丹之祕常宴坐不寐其兩足外踝皆平偃頂有珠光紹興中顯仁太后患目翳國醫不能瘳太后夢黃衣道士揖而長耳自言能治目高宗詔有司物色之臨汝守龐得以聞詔入見慈寧殿坦為噓呵布氣目即愈翳脫瞭然矣又詔療仙韶甄孃疾亦即愈辭還山兩宮賜賚甚厚皆

不受坦既還山賜詔存問詔築室廬阜以便往召兩宮賜金爲築室費不受賜御書淸虛庵額詔繪坦像御贊之　按四川總志宋皇甫坦善醫藥宋高宗詔見問何以治身坦曰心無爲則身安人主無爲則天下治引治顯仁太后目疾立愈擇賞一無所受高宗書淸靜二字以賜隆興初入朝孝宗稱爲先生而不名坦善相嘗言京南帥李道中女必母儀天下後果爲光宗后　按天台縣志宋皇甫坦蜀人於丈人山遇朱仙翁得輕舉之術嘗勸懷二聖蠟書歸自北庭過孟津於逆旅中病危得救相與偕行至臨安高宗召見後嘗居天台後來過之留桐柏甚久後入廬山結庵賜名冲虛

蔡道像

按浙江通志蔡道像博學通微遇異人得仙訣高宗南渡阻風祠茅君而濟見絳衣人坐吳山因改庵爲觀使主焉能致鶴百萬因賜田及七寶鎮其山年至八十一坐解

王嗣昌

按浙江通志王嗣昌自北海來望吳山五色雲趺坐頂上竟日衆異其貌編茅供茅君其中居焉遂不下山嘗畫地爲獄囚妖熸馘之治病卽愈不用醫術也居吳山三十年無疾朗吟而化高宗感其

靈異爲建三茅觀

房長鬚

按襄陽府志房長鬚不知其名宋南渡後隱居武當日以栽杉爲事今五龍宮後杉皆房手栽培植灌溉不違晷刻一日忽遇元帝化形爲道者問以栽杉之因慰諭之曰子神清矣惜無鬚以手頷之經宿覺有物如絲縈於頷臆視之鬚已長尺餘甲午三月一日清旦雲中隱隱見跨鶴之形視故居惟杖履在焉

章思廉

按續文獻通考章思廉遂昌人居壽光宮爲道士誦度人經有悟遂默不語或絕粒不食踰四十年預言休咎多驗　按處州府志思廉名居簡以字行少業儒以經學名三舍既有悟遂棲迹於邑之壽光宮終日默坐蓬頭垢面出則步履如飛動作語言皆禍福所寓鄉人以神人待之宋高宗遣黃門董御藥齎香致禱大書愼乃在位授之未幾孝宗受內禪蓋愼孝宗名也以至隱語告人疾病吉凶如響應乾道丙戌郡守錢公竽迎舍郡齋兩月不粒食惟日飲醇酒忽出遊半日而歸因問呂

洞賓今何在答曰正在張公橋洗紙被郎命爲往謁之至則若有閧曰此思廉小兒饒舌矣一日語守曰吾欲歸乃端坐而逝昇至天慶觀七日顏澤不改越八日瘞少微山後有人見其持隻履在東陽洞邊釣魚發其瘞惟隻履存嘗有詩曰得太極全體見本來面目先天一點眞後天却是屋

白玉蟾

按續文獻通考白玉蟾名葛長庚母以夢呼玉蟾瓊州人年十二舉童子科於黎母山中遇異人授洞元雷法後居武夷山嘗自贊曰千古蓬頭跣足一生服氣飡霞笑指武夷山下白雲深處吾家嘉定中詔徵赴闕對御稱旨命館太乙宮一日不知所在後往來名山入水不濡遇兵不害神異莫測詔封紫清明道眞人有上清武夷二集行世玉蟾自號海瓊子或號海南翁或號瓊山道人或號蠙庵或號夷散人或號神霄散吏人云尸解於海豐縣　按九江府志白玉蟾瓊州人姓葛名長庚嘗任俠殺人亡命之武彝事陳泥丸爲道士自稱靈霍童景洞天羽人善幻好詭誕之行往來廬山間揮灑文墨信筆而成山南北諸佳勝並有題咏而太平宮爲多嘉定己未冬解化賜號養素眞人按崇仁縣志白玉蟾瓊州人宋嘉定間來遊臨川筆架山居三十年衣藍褸不飾善談仙幻因至崇

居景雲觀聚徒授書好吟詠人莫知其為仙值洪流驟漲置雨傘水面別徒乘之而去故有橋名飛仙　按寶慶府志白玉蟾宋時瓊州人至郡今留詩鏤板郡庫云仙境閒尋採藥翁草堂留話數宵同欲知山下雲深處直是人間路不通泉引耦花來洞口月移松影過溪東求名心在閒難遂明日馬蹄塵土中後書三清選丈玉皇舉人雲外子書按此詩乃晚唐人荀鳴鶴題廬嶽劉居士草堂者意白偶書之耳及閱安福縣志亦載有此詩且稱為玉蟾作則不知何考矣　按和州志白玉蟾原姓葛名長庚東海人也生而穎異丰姿駿發長業儒為詩文有奇氣援筆立就靖康末天下擾亂放浪於江湖間尋眞訪道蹤跡無所不至遇異人陳蓬頭授以費長房驅鬼役神呼風鞭霆之術人皆稱其為仙遊歷陽之白石洞愛其清泉翠巒遂居焉有重遊白石洞詩　按祁陽縣志葛長庚福之閩清人父董教瓊州宋紹興甲寅三月十五日母夢一物如蟾蜍而眞人是生於瓊父亡母氏他適因改姓白名玉蟾號瓊琯師事泥丸陳翠虛於羅浮學太乙刀圭之妙九年盡得其旨乃遊於海上號海瓊子一號蠙菴又於黎母山中遇神人授以洞元雷法宋紹定間清湘蔣暉洞陽李日新俱與之遊

彭耜

按續文獻通考彭耜字季益三山人事白玉蟾得太乙刀圭火符之傳九鼎金鉛砂汞之書紫霄嘯命風霆之文遂杜門絕交遊亦不理家人產業妻潘蕊珠與同志晨夕惟薰修而已其沈酣道法呼嘯風雷人所敬慕後尸解於福州今城東有鳳丘山鶴林院存焉

王興

按四川總志宋王興爲蒲江縣主簿性淡薄好道一日遇白玉蟾引載共駕雲昇天於長秋山

按香案牘長秋山洞穴中有千歲金蟾蜍山頂有瓊花木徑八九尺葉如白檀花如芙蓉香聞數里興常見之

孫元明

按祁門縣志孫元明自稱野仙紹興中來洞元觀居棲眞巖服石元丹遂斷穀時食酒果乞錢買酒醉則擲餘錢施丐者盛暑不揮扇寒浴溪爲人書偈禍福無不驗紹興二年四月自作頌坐瞑曰佯狂八十六年識得元中又元今朝擺手歸去笑出蓬壺洞天未幾蜀客至言青城山有孫道士云是

此觀中人

謝道人

按賞耳集謝道人嘉州洪雅人嘗賦君帚詩掃此圖清淨愈掃愈不淨欲要掃教淨放下君帚柄在彭州葛仙治洞中坐多有蛇纏身三五日不去移上深山中打坐忽一日以青褐寄觀主云我去矣數日不知所往倚大石而逝觀主瘞之是日有一老持謝道人簡來取青褐老云偶相遇在闐州始知其尸解云

卷終

神異典第二百五十四卷

神仙部列傳三十一

宋三　知命道人

按滁州志知命道人宋乾道間著黃道服青結巾項帶數珠手提櫻笠上寫知命先生遇仙得術字晉陵胡儒遇而奇之須臾出門輒不見後數載忽有一兵至執一青軸乃呂純陽公寫眞恍如儒向所見上有蘇子容丞相所題乃南京顧子敦刻本淳熙己亥來守滁敬刊諸石寘之天慶觀今移寘學宮

汪秦二道人

按盌遠縣志汪秦二道人宋乾道間修煉於麓牀宋陶公定與之煎茗夜話後道成入深山不知所之

趙知微

按池州府志趙知微宋乾道時人於九華山鳳凰嶺東建延華觀以居屢詔不起賜碧雲星冠青霞

羽衣嘗植桃花皆碧色知微蛻去人因名其澗曰桃花澗

金野仙

按休寧縣志宋金野仙名艮之字彥隆峽東人兩浙提刑受之之子以蔭爲奉新尉一旦狂肆以病去官自是袒跣垢汚動旬月不食然貌常充悅夜臥往往有光樞密朱樸以謫來一見則曰此八百仙中之一也直以金丹動盪故有此態度耳晚節多採大黃食之棲止無常處常曰使吾爲物外仙難矣若塵中仙人拔生度死可庶幾也我當以八月死幸毋焚我淳熙元年八月十二日夜半起坐揮扇而逝葬城陽山立壇其上後有自蜀見之者爲摶家書歸或謂之尸解云同郡有士人朱南一瀟灑閒逸至老不娶野仙贈之詩有云寄語月溪朱隱士他年同賞水仙花野仙沒一紀南一下世士友率葬正在野仙墓後時水仙花正開初趙師夔爲郡日聞野仙前知强邀至郡齋索詩立成云王侯門戶懶開顏斗酒千錢一笑間無事可欺青檜老有天難管白雲閒丹霄作客曾騎鶴紫府爲家不買山京口相逢又相別隻琴孤劍幾時還趙欲以斗酒千錢與之已知之矣一日郡齋雪開宴野仙曳杖直造侯命坐索詩出塡字韻賦云昨夜嫦娥弄玉纖也應掐月作花鈿爲嫌梅影太清瘦

幾片飛來疎處塡郡士張夢錫赴南宮贈以詩云秧針刺水麥鋒齊漠漠平沙白鷺飛盡道春光歸去也淸香猶有野薔薇夢錫不省屢薦不第歸授徒外邑望隴前綠秧如針白鷺飛過徘徊驚訝見籬間薔薇正開悉如所言其前知類如此

呂生

按廣信府志宋呂生居永豐眞隱觀有異跡朝奉郎通判謝傑景英作傳云有呂生者隱於丐不知其里居或言海州人其來永豐甚久父老皆謂自童稚時識之不記其甲子顏貌如初至以一衲蔽體寒暑不易汚垢尤甚或逼以嗅之無穢惡之氣邑之西數里許有廢祠瓦蓋不完垣頹屋敗不足禦風雨生止其中席地而處殆數十年猶一日也祠壞乃止眞隱觀門廡下未幾人知之又止縣市道室中人知之邑民蔡氏舍之於莞園陳尙書天祐謫居於信詣山禮謁生遙望見亟走林莽間解衣固辭贈千錢生亦拒而不受忽自書死日乃淳熙丙申十月癸卯也臨絕用薪燼書四句偈云六十年來此地居靈臺光爛勝冰壺一朝破屋遂傾倒且喜家中事事無

陳明

按紹興府志宋陳明攢陵鋪兵也人呼爲陳院長年三十有五時犯罪受杖遂蓬頭跣足若病狂者往來行歌無定止頗能知未來事雪中不施一縷臥野橋上氣騰如蒸眼色正碧好以白堊書地且讀且歌字畫類五銖錢文觀者莫識中貴人典領攢宮者憐其寒嘗遺以衣乃轉與貧者淳熙八年郡中久不雨鄉民或叩以凶豐應曰木災竹災魚災貧道災俄而高岡發洪水水暴至所經竹木盡拔魚鼈漂流陳大病不食數月腹皮皆凹入附骨隱隱見五臟人謂其必死俄復如初有蜀客來見之焚香作禮曰先生正爲鄉里募緣造橋安得來此衆始悟其爲異人神遊彼云或問其年庚但云三十五後微疾而終甃葬溪岸未幾其徒發瘞將火之空無一物

曾道

按武進縣志曾道幼入天慶觀翊聖院奉灑掃旦汲泉置盂爲供一日泉湧如沸白其主視輒止已而復沸立飲之自是佯狂言事率有驗善療人疾時吳中何蓑衣亦得奇術或往丐醫何叱曰汝郡自有曾道暨歸訪之曾迎笑曰蓑衣遂得好淳熙間先逝數日遍語知識若別去狀趺坐而瞑方喪有雙鶴飛翔今通吳門外瘞趾猶存

牧得清

按南陵縣志牧得清承天觀道士精導引術一日有谷客者見謁弟子誤以事對客乃索茶飲釃瀝題桌上云蓬島三山在寸心先生何自混凡塵不因門外家人謹遲是無緣遇洞賓覆盂而去堅不可舉弟子往告牧追至門橋見一醉人枕二瓶酣臥牧時不悟後五載客復至假寓共奕鬪三日牧始勝一局客曰寓機於目識陰陽之盈縮可以不覆牧驚悟曰先生呂公耶客曰賓枕瓶丐耳相顧抵掌牧乃長吟一偈云完得一局棋除此一件衣何去何來兮白雲共依稀吟罷撫容而出視坐中衣蛻而已後人於橋建閣祀之名曰降仙橋時宋淳熙四年也

梵公

按處州府志梵公宋慶元時爲隸人因邑令刑峻公用葱貯血匿杖中行杖見血刑者往往得從減一日令見公不履地三尺詢其故大異之無何遂飄然去至白鶴山廬其上一意修煉功成冠石曰千斤登山岡羽化俗稱爲梵公還仙有禱屢應

黃十公

按處州府志黃十公慶元下宮人嘗樵採仙桃山見二叟對奕得餘桃啖之觀奕未竟歸已二載矣遂居百花巖二十年坐化石上遺跡迄今在禱雨多應

毛道人

按建昌府志毛道人失其名宋時南城人年少不娶父母既終翩然遠隱三十年方還寡言笑屢同客夜坐一伸欠則光自其口出富家慕道者咨無一言與之善者怪而問之應曰吾藜莧之腸何能陪膏粱之腹與讀書人掉書語哉其意乃拒之耳慶元元年坐亡於南豐逆旅焚化時骨皆連環不斷仍得一物如錢大色白如玉堅而瑩隱然通明有人形跏趺而坐

周師慶

按廣西通志周師慶五羊人宋開禧中煉丹於邕之伊嶺巖中後人名曰望仙巖石刻碑銘尚存邕州安撫王侃有詩

呂處仁

按紹興府志呂處仁餘姚人次姚子嘉定間隱居四明山得異術禱雨及為人祈禳甚驗辟為演教

眞人及卒以劍投於後橫潭至今每風月淸朗之夕其劍常飛出

莫起炎

按蘇州府志宋莫起炎號月鼎苕溪人寶慶閒慕元學至靑城山見無極徐眞卿授以雷術又聞建昌鄒鐵壁得王侍宸斬勘法委身童隸事之鄒疾危遣去曰吾將逝矣雷書不全不能畀汝已而書張使者一符授之再見潯陽楊眞卿精於持練勁與神合時憤世嫉邪托狂於酒信筆塗墨出詭祕語人莫能曉寶祐秋越守馬光祖致之禱雨雨應聲至理宗賜詩賛至元中崔成奉詔江南起觀京師祈禱有異驗命典道教事力辭歸止於光遊巷學者塡門癸巳冬謂其徒曰明年正月某日吾逝矣至期書偈曰六十九年明月幾番陰晴圓缺今朝無缺無圓三界光明透徹書畢閒斂具衆謂具矣復搖首曰待吾五事備須臾天忽昧風雲雷雨電交作倏爾斂焉　按浙江通志莫起炎錢塘人入靑城山見徐無極授五雷法召雷雨破鬼魅動無不驗雖嬉笑怒駡皆若有神物隨之者嘗與客遊西湖烈日中向空噓氣忽黑雲一片隨而雨焉人皆異之元世祖求異人於江南得之賞賚優厚又起炎山陰人更名洞元初見世祖於內殿世祖曰雷可聞乎起炎卽取袖中核桃擲地雷聲應

發

蔣暉

按祁陽縣志蔣暉字吉甫其先陽羨人也後徙居清湘暉幼潛心孔孟傳通羣書其於天文地理醫卜壽數亦殫究焉因世奉黃老之教耽志道法嘗刊布仙經啓施濟歲嘗積穀減價糶之又廣爲藥肆濟人不受直居祁山之陽有山曰烏符因建觀以奉元帝白玉蟾書雷勅令符刻石鎮蛟於其地宋紹定己丑中秋後一道士訪暉題詩壁間稱無上宮主蓋呂仙也瓊山白玉蟾贈以歌略云瀟之涯湘之嶼爰有逸人此內居水光山色暉暉乎千古萬古奉玉虛

田蓑衣

按襄陽府志田蓑衣不知其名隱武當隱仙巖石室冬夏止一蓑時人以蓑稱之隆冬則眞氣如蒸盛夏則溫涼如玉人有疾厄叩之者摘衣草吹氣與之服者卽愈煉大丹端平間失所在今丹室爐竈存焉

蓑衣師

按淮安府志簑衣師者姓張名志朴自號飄浮子泗水人性明悟學元黃飛煉之術聞東海山水之地遂隱入溪雲山清霄洞晝惟一食身則一簑衣人故呼為簑衣師嘗山行羣鹿隨之有葛姓者聞而見焉師曰爾國器也終當持節不踰年以功授洪都統制膠西守趙德義將之官患航海往禱之師曰吾助汝無憂也既登舟白龍隨之一夕而達淳祐間夏旱鄉人扣之師為之禳已而大雨嚴冬會客指南園郁李曰來日可共看花及朝視之花已爛熳又嘗一日赴數齋會皆題詩書字與之及人往謝乃知師未嘗出舍蓋神遊也寶祐甲寅二月八日有鹿銜竹枝來獻師語人曰吾將逝矣此其兆也是年六月果終葬之時人見其在漣水化齋蓋尸解云

景元範

按鎮江府志元範字仲模號棠巖金壇人學道元陽觀生平絕酒肉嘉熙間見禮於朝壬戌臘謂弟子曰恍惚中三茅君召我我將往矣且曰生為有死為無來亦無拘死亦常事頂門氣出而逝三日神色如生

徐因默

按金谿縣志囦默徐姓蒲塘人生宋淳祐間今陝西學憲徐公龍野從遠祖也自幼左手拘攣右足跛蓬髮斛齒人以徐瘋子呼之敝衣垢面逢人則笑有時野外大哭而歸人問其故答曰我自有感云已而歲有祲疫輒先知言必驗春正月上元隱几睡熟久乃覺族子問之曰適壓呼不覺何也答曰自閩中邵武過錢塘觀燈爲二三同行者所持故不覺族子曰有是哉可攜我輩行否囦默曰可乃令衆族子就几隱睡戒勿開睫衆皆隱几合睫但聞天風拔拂衣燈少頃至杭州燈綵皆尙紈繪散步蘇堤見其族人客遊杭州者各致詢問衆復語囦默曰不識尙可至邵武否囦默曰邵武珠燈甚精試一往爲須臾去杭少頃抵邵武珠綵絡索煥麗城中衆皆厭玩思歸一人忽開睫卽墮途中餘皆就几上覺焉其墮者歷旬日始歸由是知其有仙術後委蛻於武夷黃卓峯先生遊武夷尙親見其蛻有徐囦默之碑焉徐之人士又曰族近有高山秀崛山半有奇石數塊有如坐几者有如倚屏者蒼松數株天風嘘翠傳云囦默嘗於此取雞子白爲人染網左足踏石板右足趺左膝而坐已而惡翠牧兒侮己遂以雞子數枚擲擊石屏之上左足自石板發躍右足落於九紫嶺石相去幾十里兩跡至今存焉其雞子黃白濺溜屏石儼若雞子新破遊人好事者以小石磨去其黃白越宿則

黃白還生仍若新破雞子然里人因稱之曰黃石仙蹤徐宮保公及龍野皆有詩余亦和之古松石磴蒼煙鎖困獸嘗來此趺坐石板踏穿左履痕右履遠落九紫嶺荒唐底事不堪拾我輩脚根須穩立屹然振衣千仞岡清平郊野鸞鳳翔

楊維

按延平府志楊維字耕常南平人母陳氏年五十六未舉子忽遇異人授粒丹吞之夜夢大星入懷覺而有娠維生七歲始能言長而穎敏間如風痴人好弄不事家人生產學道得三五飛昇呼雷之術驅疫禱雨輒驗淳祐四年甲辰冬十一月八日觴蕺集姻舊翛然而逝有自臨安來者遇維於途寄蒲扇布履各一歸遺其女兄人遇時正逝日也啟棺視之惟隻履在始悟其尸解矣家人以扇履寘於棺瘞興化寺之前賜號清隱妙濟披雲楊真人刱祠塋側肖像祀之

河南子

按建昌府志河南子不知姓名新城人自號日峯道人嘗於日峯山遇異人寶祐間羽化身輭如綿或謂其尸解云又嘗爲程公鉅夫幹使一日齎帖往南豐戚屬家便入郡城南忠清廟壇石熟睡少

頃探懷中覆書以對墨跡未乾程公異之葬遯去今名其石爲臥仙石

季可

按處州府志季可字忠可龍泉人寶祐進士遷戶部侍郎退居天台作堂留馬山讀書號隱怪或云得道仙去有文集

葉文詩

按處州府志葉文詩麗水人本儒家子爲天慶觀道士時稱葉書記嗜酒善詩畫山水人牛閉戶累月出則羣兒環之或與之錢與之衣則悉與路人每嚴寒浴於溪宋寶祐甲寅十二月旦浴於觀池擲其衣獨賸二草屨作偈云似癡非癡似醉非醉竹杖芒鞋落魄半世咦清風明月逍遙流水白雲自在端坐靜室而逝既葬人或遇於路跡之竟不見皆以爲仙云

葉梅卿

按嚴州府志葉梅卿壽昌人明春秋通史傳理宗朝任撫屬舍人後棄官家居習修煉導養之法有異術能存神謁帝與諸神將會忽一日示偈云六十七年有身平生本分爲人對越兩間無愧至誠

一念常存昨夜天官召我明辰金闕朝眞脫却凡塵皮袋一團和氣氤氳次日恬然而化將殮顏色如生後舁葬衆疑其輕啟棺視之惟衣服在焉

唐風仙

按德安府志唐風仙名守澄隨州人幼入武當姿貌古怪鶴體松形杖頭常掛葫蘆數十往來雲房之間郡守程進令開闢武當預道人吉凶多奇中常叱辱人被叱者卽蒙福慶人以風仙稱之或立積雪或臥道路住紫霄南巖常有虎豹守衛年八十餘以道著遠近點墨片紙可療異疾度徒百餘人解化之日面若童子

章自然

按江西通志章自然武寧人宋景定三年居太平山用丹藥濟人甚驗一日以修煉尸解異香三日封廣惠眞人祀其肉身於太平宮　按興國州志章自然武寧人闢觀于太平山以玉帝靈符濟人贈迎眞至妙靈應自然廣惠眞君賜金鐘玉磬封其父爲毓德先生母爲仙姑至今仙蛻猶存

張元英

按廣信府志張元英長沙人宋景定間遇異人授以道法令爲道士嘗禱雨於鄉刻期不應忽有神憑人語曰水南樟樹妖梗雨耳元英向空叱雷神擊其樹須臾霹靂一聲澍雨霑霈明日或來自水南者言雷火昨焚樟樹矣一日主黃籙醮忽一人自縛門柱曰適自倪陽市飲酒啖牛肉衝觸醮壇神令縛我乞師救元英曰彼旣知畏神宜釋之以水噀縛者立醒其他靈異甚多

金眞人

按江寧府志金眞人溧陽人幼愚戇不事檢束父母遣之執灑掃於泰清觀夜夢三茅眞君授以靈符密呪旣覺忘之復夢如初凡三夕乃能記憶宋理宗時錢塘江潮爲患眞人曰我能治之因抵江濱以丹書符投江中三叱之潮漸平丞相史彌遠引見帝賜以官服衆帛皆不受問所欲曰願免三茅峯稅糧耳許之賜眞人號還還嘗大雪中澡浴市河不解衣或伏水上如龜狀或逾半月不語或三四日不食凡旱潦禱之輒應一夕不知所之其徒晨視則偃臥于三清殿几上云

宋恭

按浙江通志宋恭富陽人登俞魁榜進士已而致仕潛迹山林嘗遇眞人授以道家法即能通神感

淳四年大旱蕭山縣丞陳績率耆老迎之呼吸間大雨如注禾賴以甦居鄉里能以道術為民禦災捍患屢著靈驗

沈敬

按疑仙傳沈敬浙右人也自幼學道後遊鍾山遇一老姥謂之曰爾骨秀神清心復正後十年當得道但修煉之仍與一塊白石教之曰但以山泉煮此石不停火待軟如藥劑卽食之若未軟不得停火言訖而不見老姥敬奇之因於山中結茅而居汲泉以煮此石不停火十載此石不軟敬遂不齋忽一夜此老姥復來謂敬曰始教爾以山泉煮此石今何不煮之敬曰我自奉教十載煮此石而不可食老姥曰此石非常石不可得也君既得之何不虔誠息慮以煮卽不待十載而可食若信之與疑交生於心雖煮之十載亦不可食也敬曰此石何石也如非人間之石自然有異可食既有異又何必煮之然後可食也老姥曰此石是瓊樹之實也不知誰得遺於此山被人間深毒之風吹之故堅硬若以山泉虔誠煮之卽復軟軟而食卽得道矣敬乃拜謝之遽又不見其老姥敬遂齋戒汲山泉以煮之至明日其石忽軟仍香馥滿山敬沐浴而盡食之頓變童顏鬢髮如漆仍心清體輕山中

人皆怪焉後數日不知所之

范慈伯

按郴州志范慈伯州人幼染異疾經年不愈聞道士沈敬作治病多驗棄俗事之月餘病愈後入天目山服胡麻十七年得道登仙號元一眞人

保定老姑

按續文獻通考保定老姑不知名字嘗謂人曰貧道持世二百年矣言畢投崕下不墮飛昇而去後人名其崕曰捨身崕又曰老姑峪在保定府唐縣葛洪山之西南隅

張拱

按續文獻通考張拱汴人宋舉進士不第賣藥宜春門忽有道士抵其肆授以棗七枚食之不饑踰二年溲矢俱絕神明氣爽日可行數百里後遊名山不知所終

黃昇

按續文獻通考黃昇長汀人自幼得道法叙沈水中沓呼之卽出又能納水於口中運氣煉之卽成

白金有蔡道人死昇為棺殮後遺書與昇曰在崆山相候昇往見之曰吾向時有文字在壁隙間汝歸誦之忽不見昇得其文字能役使鬼神後尸解

藍橋

按續文獻通考藍橋龍川人宋時舉進士不第隱於霞山常吹鐵笛賦詩曰太乙亭前是我家滿牀書史作生涯春深帶雨不歸去老却碧桃無限花一日飛昇而去後有人見之於洛陽

郡圃老卒

按江寧府志郡圃老卒不知姓名宋張稚圭為江東漕運使攝金陵府事嚴酷鮮恕喜與方士游一日行郡圃見老卒項繫念珠稚圭曰汝誦經乎卒曰數息爾稚圭異之呼至室內問其所得論養生吐納內丹皆造精微又曰運使平生殊錯用心酷虐用刑非所以為子孫福延方士皆非有道之士此曹特覬公惠耳稚圭曰能傳我乎卒曰正欲授公然須今夜半潛至某室當以傳公稚圭初亦難之不得已許焉既歸與內人議之咸曰不可公以嚴毅人素苦之夜中獨出事有不測奈何太夫人微聞之潛鎖其寢室竟不得出黎明視事衙校報守圃卒是夜四更趺坐而化

周文英

按蘇州府志周文英字紫華世居郡城東偏讀書好道有道者過之見其讀參同契道者曰子有夙契可與語留宿夜甚寒將熾炭道者止之視其所衣一木緜裘其氣充然時方雪積道者所止有光赫然出屋上雪獨不聚鄰人以為火操水具至周尤異之逐且留詩以別問其所止曰泊楓橋問其姓指書中幸字次日周冒雪至楓橋果見大船泊橋左幸方倚蓬而笑出一小鼎貯水銀煉之頃刻成銀命舟子入市易酒殽盤桓終日且曰戊亥歲當成子志歲甲戌一日以幸所書展玩一過曰茲維時矣遂斂衽端坐而逝

古無極

按蘇州府志古無極居葑門道堂暑中開戶而眠蚊蠅不敢入扃其室曰小小蓬居以白堊塗四壁皎然如雪中設榻常出所攜瓢笛魚鼓等懸之以書一束為枕自釀酒一甕於牀頭人有求飲搖手弗許猫犬至即俛首疾回無敢窺其內經年不見掃拂一塵不生未嘗出募於外而錢不乏疑其挾術過問之笑而不言一夕撤去器物不知何往明日跡之葑婁盤閶四門人皆見其負龜荷杖出門

去矣

楞伽貧女

按蘇州府志楞伽貧女名伴娘不知何許人乞食為活往來山中歷年久顏髮不變插花謳歌夜宿古墓中虵虺寒暑皆不畏時有何從者與邓道士遊山中適遇貧女問其姓曰無姓問其年曰天長地久有甚數目時嚴冬問何不畏寒却指松木答曰草木與人天地之所養木尚能過何不會此從等因敬之進曰特來問道願慈悲開示女曰汝不能慈悲如何却教我慈悲汝若求道必歸求心從赧逡巡而退明旦復往已失所在

梁亮

按蘇州府志梁亮家駟馬橋下以捕魚為業嘗見白鼠逐之入穴得書一卷讀之有悟車塘張氏世有神術亮往候之擲一索於其家家人見虵入臥內張知其為亮追而歛之視虵乃索也提刑吳潛舟次江上方小飲亮攜盤步水上入其舟潛怪問之曰欲假公筒中白金酒器耳潛見其盤甚小意其必不能藏試與之亮卽納器於盤而去隨於駟馬橋上碎而分諸貧者潛以為妖捕之遽至官謂

兗曰汝今能去此否兗因貯水於盆剪紙爲魚遊躍水中復剪一鷺飛遶庭下攫魚而上衆皆仰視
遂失兗所在

王永齡

按蘇州府志王永齡嘉定人不事生計好談仙遠遊嘗設大甑二置之左右中立竹筒用軟箬裹卷
小管橫貫筒竅垂兩端於甑取水上升倒流歷甑戲諸市自云試分水法年逾七旬一日遍辭親友
曰此去見東海龍王矣挽之弗從迹其至海口天妃宮具衣巾與衆拱手直蹈海中首沒水浮巾起
手出水上整其巾以去人皆異之

韓崇

按武進縣志韓崇字長季毘陵人累遷汝南太守年七十四得隱解法入霍太山後列上眞爲左理
中監太府長史

聶紹元

按歙縣志宋聶紹元字伯初母程氏始孕便畏葷夢天神指其腹曰此子當證道果長好文史尤精

元學嘗詣金陵受戒籙是夜夢入一城官府嚴肅中有朱衣者凭几謂紹元曰此司錄之所也可自閱籍籍上圖形旁題云吾紹元十八入道二十受上清畢壇二十六往南嶽遂掩卷而寤久之還問政山築室號葦堂事母勤瘁不交流俗自號無名子世多以煉師稱之忽晨起沐浴戒家人以伯祖有訓宜世勤修煉毋忘太上教俄有四鶴集於屋有光自空而下遠望疑以為火至則無他而紹元已化矣先一夕告母曰胡將軍至可備酒果至是若有就坐者詰旦僕夫自外入云煉師與三道士衣朱綠乘馬武士冠帶從者數百輩赫然南去煉師回首語之曰吾往南嶽矣最後一人云為語宅中謝貽我酒果嘗撰宗性論修真祕旨各一篇學士徐鉉及弟鍇稱之曰吳筠施肩吾不能過也

汪四

按歙縣志汪四諫議謝泌微時讀書烏聊山汪心愛敬謝旦就市得錢纔輒攜以相資嘗數日不來謝下山問之人云已盜驢竄去矣及登第為屬縣令一旦有道人訪乃汪也與坐書室汪起書壁為巖洞有朱門金鑠解腰間鑰開之挽謝同入謝請歸言之汪遂先入比出壁如故汪不復見矣

鄭仙姑

按歙縣志鄭仙姑城東鄭八郎女也居於烏聊山東嶽廟前旁有泉出石竇中甘而冽洽洽有聲姑與父同居一小閣父死獨居數十年不出城門而或有見之百里外者頗識字常誦度人經其略言禍福亦多驗時有葉孝女以鞠於叔嘗辯出叔於獄及卒像之廬而奉於舍後山遂不嫁與姑証修蘇轍知績溪縣聞姑訪焉問之年八十矣猶處女也歸志其所與問答甘泉今名仙姑井

任將軍

按涇縣志任將軍者嘗爲京師內殿將軍遇夜每乘竹龍或乘仙鶴而歸

檀仙姑

按池州府志檀仙姑宋給事檀倬女屢及醮而夫輒死遂矢祝髮父母阻之不得乃備一騎併奩資一鬟曰從騎所如即汝歸地中途遇一僧抄化欲拜爲師僧曰我爲造塔方仙往某日會我於西峯山至期之西峯山果見造塔謁所塑像乃知爲聖僧顯化盡以奩資助工自是益勤修煉白日化昇萬曆間建德令錢穀祈嗣有驗重建其宇至今貴池之仙寓庵建德之新庵祁門之九龍池皆其香火也

周眞人

按無爲州志周眞人世傳住登仙觀能醫藥風水樞密王公識之後從許眞君遊不知所終

崔之道

按霍山縣志崔之道爲灊之眞元宮道士嘗見二仙人對奕與一奕子命食之自此言禍福輒應後尸解

徐依希

按淮安府志徐依希漣水人自幼慕道入本州上眞觀築室座圜扁其室曰九陽洞未嘗識字年久得悟隨口成章有出神之驗辭衆去留詩曰自少生來好出家清虛冷淡作生涯九陽洞本吾家事攜杖歸來樂歲華遂尸解有鶴浮空導之謚冲眞大師思道眞人

張同之

按和州志張同之字野夫爲朱部使者嘗乘傳至浮山遊而樂之闢一巖遂棄官辭家隱居其中辟穀仙去桐人龔惟慕題爲張公巖至今藥杵丹竈猶存也

萬直臣

按江西通志萬直臣字道同號元隱幼不娶修眞於德興妙元觀觀有葛稚川丹井井中紫氣冲騰人以爲毒不敢汲直臣浚井糞去其毒及底見氣從砂顆中出卽取吞之曰寧使吾一人當其毒吞後舉動異常一日水漲流大木於歲寒溪直臣跳躍其上隨洪濤去莫知所之數年後兒信臣客無爲州忽見之引兒入山中茅舍留宿及別遺兒一甕曰明歲大歉持此歸可濟一鄉兒攜至樂平明溪開視之糖也怒擲于溪抵家告母母探甕底猶有存者視之皆金也往索之遂得金鄉人稱爲淘金灘云觀中道士病目直臣一日忽至爲舐之光如初去壁間留詩云往往來來數百秋幻泡重作故人遊紫泥白雪尋常事何苦人間詠不休

包眞人

按江西通志包眞人宋時遇人授以至道且囑曰麻峯洞天汝得道飛昇之地也眞人乃至進賢之麻姑觀居焉自稱包道者玉蟾子過麻峯會龍井上論金丹火符眞人貽以歌有待吾了却人間事然後相從而紫羅之句嘗以泥塑像謂觀主曰類我否曰然値歲旱命羣兒捧迎取龍泉水浥之雨

沛注一夕觀中異香襲人天樂作觀主驚異起視眞人已乘雲騰空矣

趙子甄

按江西通志趙子甄安仁人幼出家至道宮修丹得九轉還丹之術壽九十餘卒葬沖虛山後越三年有邑人遇於西川寄觀中道友詩云秦川蟬蛻已三迴明月清風任去來寄語沖虛諸道友芒鞋竹杖不須埋啟塚視之果空棺人以爲尸解去

連可久

按江西通志連可久安仁人父蔡與熊曲肱遊幼時引見曲肱令作漁舟調調成目爲神仙中人晨居至道宮學道落魄嗜酒能詩將化咬指在盤面書云立化也不好坐化也不好惟曲肱而枕之便是蓬萊三島書訖血蹟染穿盤下即羽化去

汪一雷

按江西通志汪一雷有道術邑人處捨宅爲西山觀居之臨化自題像云吾年七十七幾雨幾番風攜手清虛上一輪明月中後有發其墓者中止履一隻其徒程洞清能呼風叱雨役使鬼神墓在隴

源傳爲仙塚

張模

按江西通志張模字君範稱紫瓊眞人兄根樸俱膴仕而模獨志恬退太虛眞人寓安仁熙春宮往求道太虛弗納已而適市見模施丐者錢數千文乃曰可教復會眞州始授以大道火候之祕隱去不知所終

黃眞人

按江西通志黃眞人失其名長樂鄉茂山人幼時天旱父督之灌水溉田徐曰無所事此也可將我家田插標爲記詰朝水滿禾甦他田皆否鄉人異之合詞請禱遂皆得雨後數日語其父曰死矣可置我於鼓中仍封以革隨鼓所至即我丘壟封定鼓竟奔至仰天岡山上送行者約七八里遂不動父即瘞之至今鄉人猶呼爲轉鼓陵

田純靜

按江西通志田純靜自浙至贛修煉於景德觀一日尸解朝天門外令人棄之江中江水湍急尸不

洸口猶頌云六十八年老拙平生不會扭捏今日撒手便行獨伴清風明月

王蒙道人

按瑞州府志王蒙道人不知何許人嘗遊上高麻塘市李林家林喜植牡丹一日花盛開曰今歲花好否蒙笑曰看到子孫能幾家以詩贈之有終朝觀草木今日遇芝蘭之句又嘗用雞冠花染眞紫其色絕佳後宿永豐觀道士知爲異人因鑰其戶次早開戶視之不見但見椽間題一絕云水須大海龍方隱木是梧桐鳳始棲莫道男兒無去路碧霄雲外有丹梯自後不復見

敖眞人

按瑞州府志宋敖眞人失其名上高人縣有敖嶺眞人於此得道有石壇劍石丹竈存焉今新昌敖橋觀亦其修煉之所

王敖道

按瑞州府志王敖道號浪仙入上高白土洞修道經年不出嘗題龍泉云靈刹倚山光無塵染洞房雲龍金地暖龍噴玉泉香松竹分幽徑樓臺聳上方蓬瀛人到此儕伴遶迴廊王御史親造其洞訪

之贈以詩云白布襴衫白布裙不羈蹤跡似浮雲而今若有青牛跨便是當年李老君後不知所往

幸潭

按瑞州府志宋幸潭字子淵高安人祭酒南容五世孫也少有奇氣寡言笑後遇異人授祕術卒得爲神有鄉人過之於汴都寄書抵鈞語之曰城北潭旁古木卽吾家也叩之必應人如其言果有二童子出一丈夫繼之宛如汴中所見郡人異而祠之祈禱輒應或謂其爲蜆仙也歷代崇祀屢封龍王白玉蟾遊幸龍王廟作歌五首

謝仲初

按袁州府志宋謝仲初萬載人修煉閣阜山得道歸過縣西無水拔劍刺地湧泉甘潔欲渡無舟以竹葉浮水登謝山冉冉去

西子陽

按祁陽縣志西陽子無名氏不知爲何許人來自西蜀上九嶷將歸過祁處士盧玉鉉延之別齋住祁數月人咸往求藥無不應但取腰間葫蘆中丸子與之沉疴立痊雖給百餘人不匱酬以銀錢不

受口中能乾永構一茶亭於湘江南渡題曰島人留珮叩以仙術輒答曰忠臣孝子便是世上神仙一切服食導引皆妄爲不可學也後還蜀不知所終

沈仙翁 附小僊翁

按浙江通志宋沈仙翁歡喜人曠蕩戲嬉問其世事笑而不答常頂一冠穿一青衫一日到縣値天旱祈雨急仙翁曰求神不若求我衆以爲狂翁遂執一淨瓶睡於太平鄉支嚴殿戒之曰若不喚我不回須臾空中雲生大雨如注人遙望仙翁在雲端倒傾淨瓶爲雨人欲雨過夜分方喚翁已氣絶時年七十餘矣　按天台縣志沈仙翁邑人歲旱謂人曰請我以瓜酒必雨果如其言子小仙翁靈異如父併塑於尖山廟

季隱子

按金華府志宋季隱子名道華眞定人晚遊義烏青巾褐裘與陳炳奕而以棋自晦嘗曰夫棋勝者必若有得負者必若有失負而或勝必矜勝而忽負必爭吾見終日馳騖其心於無益之較不知竟何所得也自有天地人以來其以棋鬭心而較勝負者不知其幾今安在哉吾竊自悲焉隱居不食

能飲酒嗜紙得紙即撚爲枚以齒鍊之無紙與酒則默坐竟日或即堞垣之巔踞坐下視大笑雖大雪臥積冰無凍色一旦語其徒曰吾飲止今日耳幸埋焉及其趺逝衆埋之明年金華呂道士元素過小茅山遇之語呂曰爲我謝宛陵陳主簿蓋陳炳也

蔡華甫

按紹興府志蔡華甫新昌人名必榮幼警敏略涉書史爲縣從事嘗遇道人授以道術遂能驅使鬼神一日甫偶出遊有道人來其家索酒持麻袋盛去歸而知其事即剪白紙二條噀以符水化二白蛇凌雲去投其醮壇吸所懸佛像并樂器道人哀懇乃叱還之女適張文華文華嘗過華甫見圜中有二虎倉皇驚走華甫曰無懼我當呼來即馴伏於地其異術多此類暮年作丹將成使弟子護之夜登橐駝山坐石棋枰上望顏色卓起即歸取服之謂諸子曰我將遠遊矣遂尸解時有從子在天台清溪見其乘青騾從二童子問之曰道友邀我遊桐柏宮

姜仙翁

按天台縣志姜仙翁邑人牧牛山谷中夏熱招雲覆之旱則呼雨多著神異後坐化人以其眞骨塑

像見存豐饒坑廟旱潦有禱必應

王溫

按僊居縣志王溫字如玉善造夾紵像世好善有二癩者踵門溫惻然問可以愈癩者曰釀酒浸之則可但無由得耳溫家釀適熟許之越三日癩者出皆美少年也謝而去溫啟酒香甚舉家飲之忽拔宅上昇雞犬亦仙去郡以上聞遂改邑名西郭社稷壇其遺址也

柯可崇

按溫州府志柯可崇永嘉列眞觀道士隱靑嶂山架巖鑿石爲觀迺陶貞白舊隱有煉丹井石棋枰具存可崇每造絕頂築凌霄菴以居導引辟穀猛虎馴伏其傍後得道尸解

夏元鼎

按溫州府志夏元鼎字宗禹永嘉人嘗登南嶽祝融峰遇赤城周眞人授以丹法歸隱西山修煉眞德秀贈以詩曰龍虎山前形異夢祝融頂上遇眞仙覲君早辦驂鸞事莫把天機漫浪傳後無疾端坐而逝是日鄉人在閩中見之寄書歸號西城眞人今其地名夏仙里云

林升眞

按温州府志林升眞平陽人仁欒之孫能神遊上清知人福禍禱雨晹輒應

饒松

按延平府志饒松沙縣人少不樂婚娶嘗入山樵採遇異人自是落魄不羈爲人傭工田間時亢旱主家謂曰聞汝素有術能令水溢此乎松以鋤掘地水逆流而上須臾漲溢後於六月六日坐化於毘山鄉人塑像祀之凡旱潦灾疫叩之如響宋末文天祥帥師道經其處士卒饑渴松顯化持壺漿勞之飲過而壺漿不竭問其姓名居止曰饒姓松名前庵其居也倏然不見至庵視之塑像儼持壺者奏其事以聞封都天法主饒公祐正天師至今靈跡顯著

黃天元

按延平府志黃天元不知何鄉人住持永安宜福觀祕傳符籙精五雷祈禱之術禱雨輒應後至新庵洞石龕坐化

張元始

按安陸府志張元始玉津鄉人好黃老居荆門能隱形易貌凝鉛煉丹年百一十六歲膂力過人將
發人人告別湘東王愛而奇之遂留其枕

廖立

按寶慶府志廖立眞人修煉武岡今其地有丹砂井即立故家

盧慧

按寶慶府志盧慧修眞望雲山眞身猶存石洞中生氣凛然土人以祀禱煩擾封其洞門遠近刹俱
有盧眞像祈禱輒應又有譚眞人與盧生修煉今眞人祠列主其中一云即秦盧生

謝天地

按武當山志謝天地者不知姓名絕粒不食步履如飛居南巖更衣臺下石室中石壁萬仞下臨深
澗凡人莫能往來公飛行自若人有啟問但應之曰謝天地餘無他語人以是名之所居之巖人亦
以是名之後仙去不知所在

趙天雷

按濟南府志趙天雷者居洞眞觀修煉日久有異人授以劾攝符呪夜半試之神將列前雷懼令之拔木且視之樹盡仆嘗禱雨雷山輒澍後無疾而終其徒為棺以殮顏面如生邑有王姓者於其亡日過於陝西潼關歸告其徒開棺驗之止存衣履蓋尸解云

靳八公

按濟南府志靳八公世居長清之靳莊去縣治東南七十里以鬻酒為業有道者屢過其家八公出醇酒飲之酩酊而去不知其為仙也後復至稱有篤疾臥於榻痰涎嘔穢索麪湯為食八公家偶乏道者於葫蘆內取麪付之為湯道者食畢留餕餘不潔八公妻取而投之火八公亟奪吞之道者遂與八公登東山而去其妻泣逐之道者草書十字遺之世傳以為號咷歸別處結綵便飛雲　按山東通志靳八公家貧市酒相傳純陽眞人屢至其家飲酒後同八公飛昇而去

一目九仙

按登州府志宋一目九仙一人隻目其八人俱瞽行則使隻目前導行乞於市夜止城西北來賓橋下人莫之識也後州守遇於橋上以書示之九人倏化去遂改橋名迎仙

王明志

按開封府志王明志宋人幼入端雲宮學道後遊太華少室諸名山遇異人授以飛仙之術辟穀竟日不出一日整潔衣冠謝諸友曰我以某日上昇衆笑以爲狂至期果乘白鶴飛去遂易宮名爲白鶴觀

馬之瑤

按河南府志馬之瑤太康縣人棄家遊嵩居太室之絕頂善吸引導氣之術雨雪絕糧或數日不食人召之食又能大啖當邑旱持書一軸謂人曰吾與龍王祝壽爲汝輩乞雨忽聳身入潭中須臾復出衣履不濡曰某日當雨後果驗與人語多顚狂不經不能窺其際也

風仙姑

按河南府志宋進士王宇作姑銘序云洛陽有風仙姑者俗呼小二娘始自皇統關西來寓東周不顯姓氏與壽亦不言何處人以言語較之似秦人也乞食度日垢面蓬頭以穢汚身而遠世魔晝則佯狂於廛市夜則棲泊於祠不起爱憎不言是非無爲淡薄一任自然蓋內修仙道外隱仙跡而

能信口放言以暢祕旨

李妙成

按陝西通志李妙成築靜明庵服氣煉神年耄童顏不衰晨昏有鶴周旋其室人皆異焉莫知所終後人名其結庵處為悟仙莊

董守志

按陝西通志董守志字寬甫號凝陽精於修煉世居隆安徙汧隴以神仙為慕感遇正陽純陽海蟾往來提挈屢加點化晚築庵於隴山低村一日祥雲覆地疾雷震天真人謂其徒曰仙師邀會蓬萊矣遂返其真

白道元

按陝西通志白道元涇陽人享年七十歲髮齒面色嬌若童稚日行千里腳下無跡自歌曰橫順四條椽在世八十年若要跟尋我直到白骨邊後果八十無疾而卒既而舉葬棺空無尸旬日人皆見白骨寺往來方驗在生所歌之言

黃鹿眞人

按四川總志黃鹿眞人綿州馬氏女名道興七歲時遇異人授以鉛汞符籙要術及笄乃祖逼以聘事堅辭夜與女奴攜藜杖策而去卜地修煉久之前異人復至授以黃白之術後四十年道成遇羣盜入庵刦之遂乘黃鹿翔白鶴騰空而去異香終日不散後人卽其地建觀以崇奉焉

張守虛

按四川總志張守虛鳳翔人字無知嘗賣藥於梓州因訪友尒朱過金雞遂棲名山延禧觀後歸梓州號落魄仙以九口飛昇

陶克忠

按廣西通志監殿仙師陶克忠宋時平樂人也其妹適譚生二女白日飛昇忠躬耕望雨二女忽至曰飯我卽雨飯畢果雨忠隨羽化洪武間立廟祀之

羅隱

按廣西通志羅隱江西太和人宋時嘗隱於興隆之都陽旗强二山修煉後仙去今猶有題刻遺跡

云

王總管

按辟寒王總管宋之老兵也宋亡失志嘗以蒲席爲衣或寄宿道院及市井人家自稱王總管然每到之處輒利故人爭邀之然多不往諸酒肆或過其來急以酒與之乃滿飲擲杯於地而去則其家終日獲利倍于他日皆呼爲利市先生嘗客石函橋許公道院立以寐時方大雪牛羊多凍死王乃解衣入水扣冰而浴既出汗流如雨眞異人也平生每狂歌人聽以卜休咎多驗也

周恢

按温州府志周恢字復元瑞安人幼習舉子業宋末避亂青田山中絕意仕進從蔣梅莊受元學居雁蕩一日入城遇髽角道人坐塲山茅舍酣歌恢前致禮弗顧是夜宿其傍夜半見道人起坐兩目光各丈餘俄合爲一及曙恢市酒酌道人道人持滿呵以授恢飲之覺神爽體輕須臾又一道人至龐眉鶴髮道人曰此沖應葛仙翁也可拜而師之恢如其言仙翁乃出書一帙俾恢錄之仍授密印恢由是飛神上下去來無礙不啖煙火食者四十二年一日索紙筆書曰混合元宗七十六年時來

果熟撒手高眠紫雲匝地黃鶴彌天遂化

卷終

神仙部列傳三十二

金　王嚞

按陝西通志王嚞字知明號重陽子京兆咸陽人母妊二十四月而生體貌雄偉美鬚髯倜儻尚義不拘小節嘗醉於甘河會二人授修眞口訣時年四十有八所遇者唐呂純陽化身也再遇於醴泉嚞趨拜之邀飲嚞問其鄉閭年姓答曰濮州人年二十一而不告其姓留祕語五篇令讀畢焚之且曰速去東海投譚捉馬已而俄失所在乃捐妻子行句鄠杜終南間舉止亦若狂者人莫測也後領馬鈺等往崑崙山始至指而言曰是中有煙霞洞我先世修道之所也命鑿之其器具之朽者與玉池井尚在嚞將歿謂門人曰丹陽已得道長眞已知道吾無慮矣處機所學一聽丹陽指點長眞當管領之又顧處機曰此子異日地位非常必大開教門者也書物外親眷詩奄然而逝鈺輩取靈柩歸葬於劉蔣結廬三年然後各從所志馬鈺嗣其教與譚劉丘相繼爲宗盟而全眞學者稱鍾呂劉爲三祖又以嚞爲祖師元至元六年贈重陽全眞開元眞君其遺文全眞前後韜光集行於世

按登州府志重陽子姓王名嚞盩厔人大定中往來海上嘗棲府城內修眞觀城中有卄橋高峻難登重陽子語人曰此橋逢河必壞衆意河水衝蕩耳大定二年何邦彥守郡患其不便改造之語驗人始知其爲仙

馬鈺

按續文獻通考馬鈺初名宜甫寧海人號丹陽子母夢麻姑賜丹一粒而生兒時李無夢見而奇之曰額有三山手垂過膝眞大仙才居崑崙煙霞洞忽患頭痛不可忍師知其破戒以法水愈之而戒其斷酒色財氣攀緣愛念憂愁思慮十二事後能使枯木重榮禱雨輒應卒之日雷震一聲枕肱而逝年六十一次年徐惟祖等見空中鸞鶴交舞丹陽見於雲際元至元六年贈丹陽抱一無爲眞人有金玉集漸悟集行化集成道集圓成集精微集及語錄集行世　按登州府志丹陽初名從義後改名鈺字元寶陝西扶風人漢伏波將軍馬援之後先世因五代兵亂徙居寧海弱冠能詩奇特不凡舉進士大定間遇重陽子教以仙術專務清淨後遊關東回道經芝陽山嘉其山形峻峭石洞清幽遂環堵爲修煉之所因遊萊陽遊仙宮羽化其內加號丹陽順化眞人又加抱一無爲眞人又

加抱一無爲普化眞君　按陝西通志鈺字宜甫世宗大定七年七月王嚞抵寧海儒者范明叔家主人適與郡人馬宜甫邀館於私第初宜甫夢其園一鶴從地湧出嚞至同擇地立菴嚞指鶴起之處命名全眞全眞之名始於此矣宜甫乃屛去塵累改衣冠而執弟子禮嚞名之曰鈺字元寶號丹陽子

孫仙姑

按續文獻通考孫仙姑名不二號清淨散人寧海縣忠翊幼女天輔二年母夢鶴入懷而娠生而聰慧柔淑父以配馬宜甫生三子重陽祖師畫骷髏勸化之又畫天堂一軸示之姑棄三子屛絕萬緣詣金蓮堂祈度時洛陽有風仙姑所居列上下二洞孫仙姑往依居下洞六年道成奄化香風瑞氣竟日不散時宜甫居寧海仙姑乘彩雲而過告曰吾先歸蓬島矣元至元己巳賜號清淨淵眞順德眞人有詩詞行世　按登州府志仙姑歸馬丹陽丹陽既師事王重陽仙姑亦詣金蓮堂出家重陽贈以詩改今名遂授以道要大定十五年仙姑遊洛陽居風仙姑洞二十二年十二月十九日忽沐浴更衣問弟子天氣亭午遂援筆書卜算子趺坐而化今萊陽縣西南隅有仙姑菴

譚處端

按續文獻通考譚處端初名玉字伯玉號長春子寗海人天會元年生骨相不凡六歲時墮井遇火俱無所傷長感風痺疾晝誦北斗經求濟忽夢取街橫卧大床諸星君坐其上已拜其下自是道心遂決大定中聞重陽祖師在馬丹陽家徑往師之冬夜患寒疾祖師展足令抱之汗出如置身甑中黎明以盥手餘水滌其面宿疾頓瘳遂誠心服事得其道後能以陽神遊於外書龜蛇二字貼吳六酒肆得免火災人求書者多以二字與之亦以示已歸化之期元至元六年贈長春雲水蘊德眞人有水雲集行世　按陝西通志玉以宿疾來見王嚞始拒之玉固請爲弟子留宿菴中其疾頓愈玉遂出其妻而從之嚞名以處端字通正號長眞子　按登州府志譚長名玉又名處端寗海人遇重陽子度與馬丹陽等俱以次得修眞異術

郝大通

按續文獻通考郝大通字太古寗海人號廣寗子熙宗天眷三年生嘗夢神人授以周易祕義由是隱于卜筮中後從重陽祖師學道嘗坐於趙州橋下兒輩戲累石爲塔於其頂囑以勿壞頭竟不側

河水溢不動亦不傷如是者六年凡所言莫不應貴人欲見之卒不可得卒年七十有三元至元中贈廣甯通元太古眞人所著有太古集心經救苦經太易圖及示教眞言行世

劉處元

按續文獻通考劉處元字通妙東萊人皇統七年母王氏夢取玉樹金葉而生旣長不肯娶大定九年於鄰居暗壁間得二頌其末曰武官養性眞仙地須作長生不死人是歲重陽祖師東來處元與母俱往叅謁祖師曰汝解壁間語否相視而笑後元風大振相從者日衆遂註黃庭道德清淨等經能出神外遊預知人禍福元至元六年贈長生輔化明德眞人有太虛安閑仙集般陽大成大同神光至眞語錄等集及道德經註陰符演黃庭述行世　按萊州府志劉長生掖人少爲屠酗酒一日頓悟眞學嘗夢壁上有詩云武官養性眞仙地須有長生不死人又遇重陽眞人於衆人中招之曰若憶夢中詩否長生大悟遂執弟子禮重陽賜之詩曰釣罷歸來又見鰲已知有分到仙曹招呼悟徹元中意蹤出洪波萬丈高明昌丙申長生自洛陽還大有所契後歿舉棺甚輕人以爲仙蛻云　按河南府志處元字道妙號長生子武官人大定十八年還洛城東北雲溪觀門人爲鑿洞

室忽得一井衆方駭異處元笑曰不道數尺更有二井此我三生前修煉處繫之果然金主召問至道之要對曰寡嗜欲則身安薄賦斂則國泰金主悅勅居靈虛觀以居之一日鳴鼓集衆告以去期乃曲肱而逝　按陝西通志處元字通妙寧海人至孝爲師重陽廬墓終南後遊洛陽仙去贈長生輔化明德真人

王處一

按續文獻通考王處一寧海東牟人號玉陽一云字玉陽號全陽子皇統二年母周氏夢紅霞遶身而生嘗氣絶仆地移時乃生母驚問故曰但知熟寐不知其他後因悟生死之理拜重陽爲弟子後隱雲光洞臨危崖翹足駐立人目爲跌腳仙人承安中召見問先生寧能前知何也曰鏡明能鑑物此自己靈明之妙耳一旦謂弟子曰羣仙約我矣因沐浴而逝元至元六年贈玉陽體元廣度眞人　按登州府志玉陽於大定間侍重陽子居崑崙山煙霞洞修仙重陽授以道法三十有六　按陝西通志處一居牛仙山聞王嚞至來謁問答有契遂師禮之後住鐵查之雲光洞嚞飛蓋致其名號名處一號華陽子

劉眞人

按續文獻通考劉眞人名德仁滄州樂陵人始生有光照其室及長讀書稍通大義會宋靖康之亂徙居鹽山太平鄉一日有老叟授以道德要言投筆一枝而去自是元學頓進從遊者日廣眞君乃演繹其義以示人大定初詔居京城天長觀賜號東嶽眞人有趙氏被狐祟德仁劾之狐數百嗚嘯赴火死人共神之卒後追封無憂普濟開明洞微眞人

通眞子

按山西通志通眞子姓秦累舉進士不第棄家學道隱居王屋山少室讀方外書求治心養性之術後遇披雲老師於上黨授上清大洞紫虛籙立局校書於平陽元都觀三洞諸書多所補輯垂數十年忽風雷大作羽化而逝所著有林泉集二十卷

蓋時敏

按東昌府志蓋時敏臨清人金末兵亂人多逃竄時敏生踰月父母逃急啼不止棄東郭外草間兵退十九日往跡之見其神色朗潤復以木葉兎乳其下父母驚異抱歸及長喜施予傾身振人之急

年老如童一日無疾召集親朋攝衣冠端坐操筆書偈云七十五年人間住强認臨清是鄉故來亦不知何處來去亦不知何處去回首之時一事無但留三尺西村墓子孫必欲問行蹤萬里春風獨自步揮畢端坐而逝葬之日羣鶴百餘盤唳其上葬畢始散

汪僊翁

按兗州府志汪僊翁金大定間有異人來遊單父與惠冲作友云汪姓居無何發狂奔墮城南井中急往救已死遂葬城南後於汴京託王洪寄書曰汪先生致意惠冲開書讀果親筆因發壙視之乃空棺因傳云呂僊易姓也

呂道章

按山西通志呂道章垣曲人大定間爲縣吏夢神告以修道焉卽避居洪慶觀道成治疾有奇驗比修觀宇市材管州山放筏遠近不一皆有道章身董之旣訖工解衲蹈黃河水面坐其上順流而去莫知所終

郭志空

按山東通志郭志空字超然章丘人號長春眞人嘗遇異人祕傳眞法遂長坐不臥善運氣或化爲靈風或化爲玉液聞於朝賜金冠錦服　按青州府志志空正隆中遊於蒙山斜山之壑會世宗聞其僊風召至闕問道乃屬其徒道安子曰爾之緣契在齊魯山中道安與王伯和之斜山開搿雲菴一所世宗賜額曰棲眞觀

趙龜頤

按山西通志趙龜頤嵐州人體貌粗俗猶如癡人不茹葷酒不事家業惟喜靜坐及冠乃出家於紫極宮杜門不出衣以紙衲食以藜藿晏如也一日暴粟於庭忽有鶴自空盤旋而下立於松頂頃之飛近暴粟處頤以杖驅之其鶴自如後漸相親馴伏於跨下頤悟其意遂乘之飛空而去

蕭淨興

按畿輔通志蕭淨興宗城人初入道九年不語旣語能解文義人有請必先知之明昌二載帝晝寢忽夢一仙姑跨鶴而來狀貌清古與論神僊事帝寤覺擬像遣使者未至前二十日已知其事明昌六年羽化

李頤眞

按萊州府志李頤眞武略將軍居昌邑南青石山前得僊術養恬守素名其圃曰歲寒明昌己卯劉長生題曰過僊圃

張信眞

按青州府志張信眞樂安人世以農桑爲業其母嘗夜夢一馭鶴僊人現空中遂感而娠既誕三月母亡甫六歲嘗讀書聰悟過人泰和初年十五從父參禮大通爲師戒行精嚴祛邪治疾大有靈應後於天長觀問天師授正一盟威祕籙賜號眞人行年五十五當晝淩空而去

蔡眞人

按畿輔通志蔡眞人滿城人母王氏感夢而生六歲始能言七歲出家戒行嚴甚大安初聞丘眞人即恭詣之口受其訣遂得悟焉元帥張柔領軍治滿城以狀奏之賜眞人湛然江月之號丁酉歲五十九告弟子曰若塵俗殆將歸矣翌日具衣冠端然而逝不雲而雪樹木皆掛比葬有鶴翱翔人以爲仙去有江月集行於世

訾亙

按續文獻通考訾亙不知何所人嘗師丹陽馬鈺長春丘處機自號寍眞子人稱訾仙翁遊歷濟南抵鄭之鈞臺太和間大雪丈餘亙不出十餘日人以爲死除雪視之端坐儼然殊無寒餒色貞祐間元兵攻關峽軍民恐懼亙曰無妨已而果然哀宗幸蔡問曰天下城池陷盡此獨完何也僉以訾仙翁對一日亙羽化城陷矣

王子可

按金史本傳子可字南雲河東吉州人從本軍校子可亦嘗隸籍年三十許大病後忽發狂久之能把筆作詩文及說世外恍惚事南渡後居上蔡遂平郾城之間遇文士則稱大成將軍於佛前則稱諦摩龍什於道則稱騶天元俊於貴遊則稱威錦堂主人爲人軀幹雄偉貌奇古戴青葛巾項後垂雙帶若牛耳一金鏤環在頂額之間兩頰以青涅之爲翠靨衣常不能掩脛落魄嗜酒每入城市人爭以酒食遺之夜宿土室中夏月或尸穢在傍蛆蟲狼籍不恤也人與之紙落筆數百言或詩或文散漫碎雜無句讀無首尾多六經中語及韻學家古文奇字字畫峭勁過宋諱亦時避之或問以故

事其應如響諸所引書皆世所未見談說之際稍若有條貫則又以誕幻語亂之麻九疇張瑴與之遊最狎言其詩以百分爲率可曉者才二三耳壬辰兵亂爲順天將領所得知其名竊議欲挈之北歸館於州之瑞雲觀予可明日見將領自言曰我不能住君家瑞雲觀也不數日卒後復有見於淮上者

丁善淵

按山西通志丁善淵字湛然垣曲人幼聰敏通經術爲鄉閭所稱年十六父命爲道士居洪慶觀德望隆重朝廷賜以紫衣通元之號尋受法籙濟生度死呵禁厲鬼有顯應貞祐末河東兵亂宣差紀邦瑞鎮蔣伯城殘忍好殺善淵諷諭全活者甚衆年五十八一日升几而坐召其徒歌以訣曰五十八載應人間立教成功不等閒歸去來兮仙路便九霄雲外謁天顏歌竟遂朗朗飛昇翟雄飛爲撰碑記

梅志仙

按畿輔通志梅志仙檀州人戒行嚴峻修道黑山二十餘年遂能出神遠遊郡國人莫能測有無根

柏一株使其徒栽之卽見茂盛臥於石嵓浹旬不食虎馴擾其側年九十餘端坐而化

范常眞

按萊州府志范常眞丘長春弟子隱平度盤石山能馴猛獸人稱爲狼范後尸解去　按淮安府志狼范者失其名始監海州倉歲饑私貸糧以活多人事覺將刑於市忽見神人披髮仗劍衛護之所司異焉乃開釋其罪先在獄時有一老母旦夕饋食尋詣之至城東門見而謝母曰我驪山老母也緣汝有陰德在仙籍故來祐汝往當修行言訖不見遂入山苦志精修與豺狼同處人見而神之後不知所終

李笺

按山東通志李笺濟南人寓臨安嘗詣淨慈寺見青衣道人林下斷笋拱之道人曰子來同食燒笋食之甚美道人忽不見笺頓覺身輕神逸行步如飛不復飲食後入蜀隱青城山乘雲而起

中仙

按山西通志中仙潞城人幼聰慧遇異人授以太陰煉形之術嘗單衣跣足臥凍雪中能預知水旱

災祥既卒葬百餘日一夕雷霆大作但見塚開數寸惟留隻履椶扇薄衾而已

郝志隆

按兗州府志郝志隆嘗因莘縣舊觀經營爲道院未集而尸解羽化之夕月色如畫祥風慶雲簫韻之音由西北而昇太虛見之者望空而拜咸驚異之識者知其爲眞人也門人劉志淵繼而成觀曰太清觀

劉志淵

按山西通志劉志淵萬泉人方其未生有牡丹先開之兆及生紅光滿室迨爲兒童不作嬉戲事親至孝自號元沖子慕仙學道後遇長春眞人於棲遊菴金末兵亂志淵避於綿山雖九軍搜獲萬騎蹂躪身不離於側亦不罹於害殆仙家所謂兵無所容其刃者與及厭世自留句有七十九年倏忽間而今脫殼出塵寰云

元 歐陽生

按浦城縣志宋元之際有歐陽生者其名器盧閩郡人蓋道家者流莫月鼎之高足弟子也善內鍊

精氣結爲嬰兒從頂心出入保養純熟於是浛然御風而行倏忽千里朝發淳泉暮抵建水與人相見談笑飲食自若而其本體偃然在靜室中若酣於睡也方外之士謂之出陽神其弟子馬月林嘗侍歐陽生於清華道院適值仲春上丁縣大夫方祀宣聖月林迺問曰老釋皆以修鍊爲道故其不與生死俱變若儒者之學則不在此未知仲尼之神果能長存否也歐陽生曰善哉問吾當出吾神往觀焉然後有以告吾子也於是歐陽生趺坐靜室凝然不動月林穴壁而窺之少頃忽見其神自頂飛出浮空而往維時文廟庭燎熒煌俎豆具陳鼓樂並作冠裳序立忽有一人絳袍玉帶由櫺星左門而入自東廡上周匝大成殿庭轉西廡下向右門而出歐陽生進而問之其人曰我文昌君也宣聖命我來察人誠否言訖步虛而去良久主祭官陞殿祭酒讀祝文時一道太素之氣皎若匹練自天而垂貫入廟庭祭畢冉冉復收而上他無所見惟覺清寒凜凜浹人肌骨歐陽生之神浮空而還復合於體若酣睡初醒揚眉噓氣啓戶而出與月林坐語歎曰吾今乃知仲尼之同於天也古之眞人飛神謁帝者未嘗獲瞻其像惟見金光焜燿耳吾於仲尼亦然

洪山眞人

按開封府志洪山眞人密縣人元初混迹耕牧爲人傭工以所得易豆飼牛牛或不行跪拜於前不用鞭策牛卽解意力拽後得道趺坐於氾水之涯瞑目而逝氾人稱爲使牛郎因立廟焉

黃房公

按續文獻通考黃房公姓宋名有道字德芳號黃房公沔陽府人無雲則能以符行雲有雲則能披雲見斗故時號披雲眞人一日遇丹陽授以金丹火候祕訣行之能令其身不死因遊東海世祖封通元弘教披雲眞人武宗加封通元至道崇文明化大眞人後莫知所終或云在燕之長春觀坐逝

按漿州府志披雲眞人十二從劉長生脫俗天性敏慧道行淑眞開馬鞍山一洞神山七洞還終南山羽化而去有偈云喝散迷雲驅回宿霧萬法無私千峯獨步其徒以事聞贈披雲眞人

李玨

按續文獻通考李玨字雙玉蜀之崇慶州人得黃房公金丹之道卽往邵武之武夷潛修金丹道將成乃回後至眞州玉虛菴以道授張紫瓊而入青城山莫知所終

周德清

按衢州府志女冠周德清元初人少於振塘洞石溪遇異人啖以蘿蔔遂不食烟火夜不假寢垂七十後尸解至正間賜號靖應散人

楊道眞

按兗州府志楊道眞元時人也嘗仕宋爲攸縣尹偶有所悟即解印綬棄妻子爲道士遊蜀廣最久若吳越關陜之地奇境神界靡不窮覽在嶧靑檀山以尸解去謚爲通元希妙大師

楊道和

按河南通志道和上蔡人生而奇異有相人者見之曰此子仙風道骨非風塵中人及長棄俗修道居蔡之白雲洞後値至人授以仙訣至元初忽白日翀舉後有人見之淮上

劉洞誠

按吉安府志劉洞誠安福人元初學道於武當山道成隱居吉安城西玉泉觀能驅使鬼神或使之立現至禱雨治病其應如響

羅蓬頭

按遂昌雜錄杭西北羊角埂上金眞小菴上人羅蓬頭者非痴非狂冬夏惟一衲衣居菴一室中無坐臥具惟晝夜蹲地上穢污殊甚而往往能前知一張其姓者故宋王表司宋亡依道館嘗舒手向羅問吉凶羅書狗災二字張問應在幾時書百日內張持齋誦道經日禱於神明冀免難一日見牝牡狗以首觸嚙之竟為狗所傷而死閩人馬都錄者號靜齋以道法際遇度宗賈平章以海味進謝后命昭之泄瀉不止馬進符水飲之而愈后召馬賜與之馬騃戇因謝恩自致其言曰臣上告佛佛繼今他人進飲食不可造次供御言出口而賈已知之甫出禁門即下臨安府獄面刺雙旗押付酆都寨時以江上事危出師有日以故寨兵寬之得不死復於寨村落間禱雨有驗未幾宋亡崔中丞奉旨訪好人薦馬於世皇道法復有驗宣授浙西都道錄提點西太乙宮恩賚殊優渥一日大雪訪羅於全眞菴問未來休徵羅書賀字復書正字遞之但曰問知堂知堂者卒意曲解既而明年正月宣州賀雷巖齎璽書宣命截替馬前職云雪晴道凍鹽運司一卒張某問羅未來事筆硯皆凍不可書卒怒捽蓬頭知堂勸止之烘筆硯為書千二錢卒大笑以為我此行勾四場鹽官所望數百緡而僅書若此已而卒出門道狹冰凍一蒼頭擔酒四缶來卒撞之酒墜地蒼頭者持卒哭曰我方千二

錢買酒來須償我乃得去卒償鈔竟入門謝羅曰吾仙信有先見哉凡逐利市人間休咎其人將稱意必書其手曰鈔好仍乞鈔買酒肉啗已并衆人否則搖手終不爲一書後將死大笑拍手歌唱立地卒羅蓋仙者惜其事遺落故附此此

岳眞人

按畿輔通志岳眞人涿州人其母一日夢老人皓髮長身冠劍莊偉告之曰我今當寄母家矣明日州人見有青氣西北起自天而下奔往視之止於岳家眞人乃生自幼不食酒肉長卽辭親學道師事太元眞人學得其祕至元中封崇元廣化眞人丞相安主病眞人視之卽愈大德初升仙而去

張松谷

按太平縣志張松谷望仙鄉人幼聰敏博學嘗游宦池陽至元辛巳忽悟養眞之術遂棄官歸隱於黃山芙蓉峰下辟穀修煉不數年道成凡人病掇草爲藥授之無不愈歲旱禱雨默坐潭上而風雨時至大德庚子五月命侍者具紙筆書偈云只有人難做容人肯得麽這漢實風流世人識不破咄鐵牛鞭向四禪天金身已寄蓮華座書畢坐逝至今遇水旱疾疫禱必應

李志常

按東昌府志李志常觀城人母聶氏夜夢神人授兒覺而有孕及誕瑞光照室異香遠聞既長從離峯道人遊次海濱參訪長春眞人修煉後世祖遣使召至大都命爲大濟度宗師住長春觀一日忽召道衆囑後事坐化有五雲見空中

苑至果

按保定府志苑至果號悟眞子滿城賢臺村人生而質朴不混流俗結菴於葛洪山禮江月蔡師密授元微之旨採薇而食斵木而衣至元十三年年九十矣一日浴更新衣謂衆曰酉刻吾必去遂作頌曰來時空手來去時空手去一脚踏虛空御返蓬萊路又作頌別衆曰人間九十年歸去塵緣斷雖有戀衆心恐失朝元伴時及酉初刻儼然端坐拈筆書一詩曰九十年來瘦鶴姿紅鉛黑汞煉多時塵凡懵懂誰人識飛上青空任所之端坐而逝

洞眞子

按徐州志洞眞子涿州人姓丘年壯學道至元庚寅北游京師謁眞人祁公賜號寶巖大師既還東

南游鄒嶧山拜丹陽眞人爲師道侶號爲洞眞子乃西游碭山遇晉井趙志堅創建琳宮功成達於集賢院賜琳宮名聚仙洞眞子爲眞靜大師兼本宮提點延祐乙卯人見其西去弟子志堅闢戶視之羽化矣

永壽眞人張仙公

按青州府志永壽眞人張仙公日照人兄弟五人仙公居四十歲即知慕道不願妻室十四來居朝元觀修道至大德五年元日忽白鶴遶庭清風飄灑仙公羽化今昇仙橋其遺跡也因改觀爲宮

殷震亨

按蘇州府志殷震亨號元震崇明人爲寶慶觀住持好詩有在山稿太上感應篇集註簡驗醫方大德間遷居崑山州岳祠年八十五趺坐長逝反火自化紫煙結覆龕頂既燼遺骨挺立

太倉丐者

按蘇州府志太倉丐者延祐初椎跣披皁衣操大瓢往來水軍寨及張涇馬頭酒家乞飲醉輒呼牟來又於水軍寨木及人家門壁連書火字人皆惡詈或挟之後不知所往是冬海賊牟大眼自劉家

港至太倉肆剽掠水軍寨張涇馬頭俱火災始知丐者非常人

劉公道

按六安州志劉公道本州人大德戊戌春刱上眞堂修道其中甲辰召入治病有功封道判眞人至元三年三月三日羽化人見其辭州官乘白馬至宣化坊騰空去

周頤眞

按閩書頤眞少遇西蜀異人授以隱書及壬遁返閉之法因自號山雷子後從開元觀道士蔡術嗣靈寶法凡元學運用悉以易變通之元統甲戌歲旱郡請禱頤眞默運俄出袖中雷雨隨至未幾有訐其左道捕之急頤眞挺身立州橋石欄側捕者不見也一日命筆書曰我從空來我卽空我向空歸空自在　按溫州府志頤眞字養元閩福清人世稱闇室先生有洞浮老人集

汪貞常

按武當山志汪眞常名思眞號寂然子家世徽人宋丞相汪伯彥之後生於安慶嗣全眞教法入武當山至元乙亥領徒衆六人開復五龍荆榛塞途黑虎爲之引導興建殿宇四方禮之度徒衆百餘

人任本宮提點吉凶預知後無疾而蛻俗民多夢其步紫雲而北去

曾洞雲

按武當山志曾洞雲名大有號洞雲子隨州應山人也家世宦族初入武當學道遍歷南北至元乙亥偕汪眞常開復武當住紫霄殿年八十餘以道著遠近點黑片紙可療異疾度徒衆百餘人解化之日面若童顏其證道可知矣

張可曇

按山西通志張可曇雲中人棄俗慕道年幾百歲面如童顏因過交城愛其山水遂止於棲霞觀嘗曰我有三字經遇師不能更展開無箇字惟是守丹誠又曰清風常在伴明月幾時休去去依然在呵呵一石頭自號石頭道人預於重陽日自言曰我明年今日去矣至期果尸解時至正元年也

仙姑澄陽眞人

按陝西通志仙姑澄陽眞人姓何氏枹罕人生有仙風道骨弱齡卽慕道一日汲水遇異人就飲一見奇之相與語方外事咸解悟隱顯林市動有金光覆映至正三年五月十四日雙鶴來空彩雲遶

室須臾飛昇今城西有大隱菴

毛沖道人

按廣東通志毛沖道人至正二年遊東福卓與鄉民方堂同遊赤山因建道院於山陽踰年羽化石上有足跡存焉

風道人

按開封府志風道人不知其姓名但見髮行步蹁躚其狀若風因以呼之至正間住西華提城寺逢人則指天畫地問禍福言多有驗與之錢不受與之食或大嚼酣睡三日忽遁去邑人有自楚來者遇於襄陽城中托致意住持記之卽去之日也

洪眞人

按九江府志洪眞人鄱陽人洪皓之後至正間遊武當山傳法於異人元末至彭澤之南嶺結菴講說莊老及修煉之法時立壇仗劍演法或驅雷致雨以濟歲旱不數年坐化自令以缸覆其屍三日舉而視之惟冠服劍履存焉鄉人立廟祀之

吳秀

按娜環記吳秀有仙風道骨葛仙翁欲度之但色心未絕一夕秀讀書燈下有女子叩門啟視絕色也與之處者兩月一日過仙翁翁曰君兩月不見態色非常豈復有桑中之遇乎秀笑而不答仙翁袖中出一丸藥云此藥以醇酒下能令婦人顏色媚好秀持歸如方與女飲之少選女云腹痛就枕問不應秉燭視之惟一具枯骨而已秀殊驚平生色心爲之冰釋蓋仙翁所爲也後受仙翁元明祕法年八十九白日昇天秀字長君

甄仙姑

按六安州志甄仙姑本州人自幼好善誓不適人至正間辭家入甄山修行得道立石飛昇

許毛

按續文獻通考許毛電白人自幼至老兩頰如丹風雨未作水旱將至時歲豐歉預以語人無一不驗一旦隱跡莫知所之人以爲仙去

麻衣先生

按續文獻通考麻衣先生元時居長清抱道潛眞醉歌自娛嘗以藥愈人疾或預告人吉凶事無不驗聲若巨鐘走及奔馬年百餘歲嘗過石澗巖指謂門人曰此吾葬地也後預言其日而蛻化

按濟南府志李堅長清人長於風鑑嘗賣卜於長安市凡壽夭窮通言之無不切中居長清東山麻衣洞世遂稱為麻衣先生云

二張仙翁

按續文獻通考二張仙翁一名崇眞澤州人一名道溫京兆人同居澤州西上町社修眞觀偕出東遊海島遇劉長生密傳妙法復歸結社於觀既相繼沒瘞之同穴人傳皆仙去

劉清淵

按保定府志劉清淵易州人天資穎悟巨目廣頤父奇之抱送元都觀禮沖和大師少思寡欲常樂清靜號通眞葆德大師年八旬神采不衰目光炯然人以為地行仙

王無二

按池州府志王無二元時元妙觀道士師令主爨不之奇也每夜至觀前橋上與諸仙人會語師往

覩則散去一夕死師瘞之後郡人商眞州遇無二以草履一雙寄其師師怒曰鬼也久矣尙爲怪邪擲其履化雙白鶴飛去因發其塚惟空棺耳今猶稱覩前橋爲昇仙橋云

桂心淵

按江西通志桂心淵撫州人元世爲道士居紫極宮醉臥地上不就衾枕虞集禮遇之初宮寮有宴臘會心淵一過飮啖無算或乘酒駡詈人不能堪遂各自爲會心淵幻在各席涸撓衆始異之俄而拱手謝衆跨一虎而去後棲隱廬山集贈以詩云深入廬山裏年年不見春風高會跨虎月落更聽猿酒熟邀皆去丹成笑不言雲屛第九疊相與浴晨暾　按九江府志心淵隱居飛雲洞人謂之桂風子後尸解去

鄔通微

按江西通志鄔通微不知何許人爲道士神清氣爽蹤跡無定常醉吟於道多遊豫章閒或數見通微其容益壯莫之測也一日忽登市樓醉飮飛昇而去

曹德林

按江西通志曹德林從東海青嶼山來遊江西疾者以符藥救之無不愈有女子將聘爲邪物所魅父詣德林陳狀德林曰汝女閒步溪側爲蛟所竊已拘攝精魂在其穴矣授之符俾投潭中忽霹靂聲一物浮出長二丈餘已劈裂死凡求符藥者以江魚爲餉并美酒饗之其疫自痊一日語人曰我捨此入西山然來春牛疫頗甚我留姓名與汝傳寫遇牛疫時以餉饗吾書其字貼牛角上自當無苦其後果如言

孫成

按南昌郡乘成不知何許人善爲詩預知休咎至廬山以詩題九天使者廟云獨入元宮禮至眞焚香不爲賤貧身秦淮兩岸沙堆骨湓浦千家血染塵廬阜雲煙誰是主虎溪風月屬何人九江太守勤王事爲放天兵渡此津不數年金陵板蕩九江重圍人受塗炭竟應詩讖後歿於南昌人棄之江中尸乃泝流而上莫不異之或以爲得道尸解云

李武

按九江府志李武徽州歙縣人客遊江湖偶遇異人授以仙術施藥愈病屢驅旱魃後於邑之鳳山

嶺結茅為廬精修數年道成一日於酷暑暴卒曝屍日中旬餘不朽牧童異之投以石礫輒有銅錢觸石而返於是羣兒競投以石大者得金小者得錢石聚成塚金錢遂絕後有見其在逍遙山者啟視其塚衣履存焉里人益異建廟塚旁祈求大驗號為眞仙亦曰大仙

黃竹

按袁州府志黃竹關元道人黃伯詳也修眞於萬載建城坊之道觀有八人者假盌以飡既莫知所之他日與邑商邂逅襄陽歸盌而言曰我八人仙也黃竹亦仙也客歸語未幾黃亦飛昇遂名其觀為九仙　按湖廣通志黃竹修道於綏寧龍煙坡有道行白日飛昇遺有黃石碑今武陽黃姓是其裔

黃東美

按袁州府志黃東美不知何許人嗜酒落魄人異之有贈黃美人詩輕盈逸宕旣卒有人自湖外見之寄聲邑里問舊游方知其尸解

李商弼

按臨川縣志李商卿字良佐臨川人幼與揭曼碩友善工屬文一日晨興有數道人叩門謁求作白蓮菴記援筆而就大爲歡噱有頃忽坐逝父母悶而趨哭之迎父母曰某兄弟幸多死生命也勿以爲憂既瞑一道人撫其背曰楷越生好處復瞪目厲聲曰大法本無生滅葬時衆輿出城初不能勝忽輕如羽時年二十二曼碩作四友詩李其一也

馮道助

按浙江通志馮道助山陰人善幻術凡里中犬嚙人者道助指之則狂猘死有村夫板築道側見行者偶妨其業則詈之道助摘草置其上已而所築連堵皆潰三江戍卒侮之遜謝不與較但引之坐石橋上道助既去戍卒踰時不能起道助行三十里許摘草與樵者曰某橋上有戍卒數人可以此草與之樵夫如言戍卒始能去嘗至丁墟呼農夫渡不得遂幻雙鯉躍田中見者取鯉禾盡蹂躪又嘗暑行至顧埭乞瓜於圃人弗與蔓中忽走一白兔行者爭逐之瓜蔓盡傷後符籙事發覺有司遣人持牒往捕適與捕者遇於途取捕者公牒去而捕者昏然不見

陳嘉

按紹興府志陳嘉字志謨諸暨人文辭超邁然佯狂不羈每應舉主司必喜其文第中必雜狂語竟怒見黜自號龍壇居士後與沃洲山道人尸解去

周景福

按處州府志周景福縉雲人仙都道士居仙水洞辟穀宴坐百餘年後仙去

趙惠宗

按荆州府志趙惠宗宜都人得九仙籙祕法忽於縣東北積薪自焚衆往觀之宗怡然坐火中斯須化爲瑞雲仙鶴而去火既盡其下草猶青得遺詩一首傳於世

張守清

按荆州府志張守清名洞淵號月峽叟宜都人幼習舉子業未成棄去更爲縣曹掾年三十二嘆曰河清可待人壽幾何奈何不早爲計退隱於清微妙化巖精修上道一日乘白鶴冲舉　按武當山志守清聞武當魯洞雲名投禮出家修煉金丹得雲萊洞陽雲巖三師之道創建南巖大一眞慶宮奉詔祈禱雨雪立有顯應人皆神之宣授體玄妙應太和眞人管領教門公事後退隱於清微妙

化巖精修上道棄形蛻去

楊道圓

按寶慶府志楊道圓楊氏女夙徹道法三謁太和山夜禮斗於北辰觀時郡守有子兩手拳合醫不能療道圓以果與之其手卽開後尸解而去自寫遺像留詩於紫極宮元帝閣西南小室塚在開元觀左相傳女仙解去僅存隻履耳其詩曰昨夜蟾光忽又多手攀月窟問嫦娥一從謫入人間世不覺逡巡七十過最喜是非今日了仰天撫掌笑聲呵琴心三疊胎仙舞撩翩倘佯入大羅

周興能

按閩書周興能學道福寧水西觀後返怡雲堂學煉丹久之道成元統中別諸徒侶躡香爐上升

張志純

按山東通志張志純號天倪子泰安州人六歲能誦五經十二歲入道門不數年遂得眞訣飛昇賜號崇眞保德大師　按濟南府志天倪子泰山人本姓張名志純居城西長春觀他日乃自頌曰脫下娘生布袋此際果然輕快百尺竿頭漸進蓬元洞裏去來前世宿德醫僧今作道門小才

馬靈眞

按兗州府志馬靈眞名了道師事雷洪陽洪陽馬丹陽弟子也人以其同姓稱小丹陽云了道既傳丹陽術遊至雲山見其洞谷幽奇遂結廬洞旁服氣導引形解仙去其徒乃於其廬𢬵雲峰萬壽宮號丹陽洞同時羽人有王志專者號清明子有張志廣者號清虛子有楊志清者賜號希丘眞人有張志靜者賜號淵靜大師有張志玉者賜號通眞大師皆滕人也或師洪陽或師靈眞多棲止洞之左右

周祖師

按登州府志招遠畢頭村有周太公者與四子入螺山中採木忽聞兒啼近前見一虎在兒旁逐之虎忽不見惟錦被裹兒抱歸育之年十二始能言冒周姓後往螺峯山修道與神仙唐公郎公化公志公張公寥公同昇

周眞人

按登州府志周眞人黃人年十五有道術往投師陸翁陸翁逐之乃獨居澗側有虎伏澗口陸翁知

之遂拜周爲師　按廬江縣志眞人住絳仙觀諳醫藥及相地樞密王公識之後遇許眞君從之遊不知所終

李國用

按登州府志李國用登州人寓杭州能望氣占休咎兼相術但崖岸倨傲謝石諸孫有退樂者延致之卽據中坐徧揖官皆下位不得其一言時趙文敏公爲七司戶陪席風瘡滿面李遂見卽起迎謂座客曰我過江僅見此人面瘡愈卽面君矣公甚記取異日官至一品名聞四海後如其言蓋嘗得相術洞視五藏世稱神仙云

張仙

按登州府志張仙初爲傭耘田若有神助後居羅山燈草洞修養茹松柏絕穀食三年蟬蛻於羅峯絕頂人爲壘石掩之至今存焉

王仙姑

按登州府志王仙姑世傳仙姑居招遠南十五里村落中日樵於野不採而薪自集後卒於樵所掘

得石椁題曰仙姑之墓因葬之土人立廟祀焉

周志明

按河南府志周志明居嵩之林鳳山朝陽觀凡數十年冬夏坐臥一室不出門戶人罕見其言笑與之食食之不與之卽旬日不言饑也一宵忽夜起汲水貯器庭前覺者從窗隙中窺之有二虎就飲不足志明復汲飲之事遂著元封為清虛眞人

馬丹陽

按河南府志馬丹陽嵩縣人母夢仙子入室而生首相奇偉篤嗜黃老之術謝婚辭父隱於邑東千秋鎭之南巖築室以居能隱形易貌凝鉛煉丹丹成凌空而去遺址尙存今目其居為仙巖　按汝州志相傳丹陽過純陽子食瓜自訝怪而問之答曰香從鼻裏出甜向苦中來豁然醒悟遂修道成眞仙北街有丹陽觀

詹道人

按陝西通志詹道人慶府羣牧所軍採藥賀蘭山陰遇神人授學久之悟出言成文唱咏有佳趣修

復尊照寺人從牖窺見護法泥神起立聽道人講書明日緣事應答如響工竣辭官民告去異日坐化有從數百里來者見道人南去相與立語莫知其終也

梁誌通

按陝西通志梁誌通山西介休縣人號達元子生元丙子間慕道來秦終於玉泉觀時或遇之長安灞橋與客使傳鑰封煙霞無爲眞人

張蒙山

按懷慶府志張蒙山不知何許人寓温縣麒麟村廟內一日與衆趺坐廡下忽瞑目少頃出蒸食鬭以獻言在某家化緣其人歸家驗之果然值匠役重修殿宇蒙山向壁上畫一酒罈以袖覆之命匠役取酒飲竟日不盡中秋飲趙堡鎭酒店抵晚同伴醉甚蒙山着其人伏肩上渠但聞耳畔風聲颯颯須臾已至門首次年暑月忽言渴甚投於井中不知所往

楊養拙

按懷慶府志楊養拙温縣張允齋素好道養拙引一小童投之語甚款洽允齋遂留寓焉每夜兀坐

無所事事初來不識一字坐幾二年無書不解允齋益神之一日引小童南渡離滎陽十里許訪某家言借院後塔內主人出驚曰昨夜夢明日午後有神仙降業灑掃以待養拙至賦詩中有一聯云玉笛吹動山月冷鐵鞋踏破紫芝香俾送滎陽縣尹黎明啟戶視之養拙端坐而逝縣尹來令即葬於逝處

譚公道

按廣東通志譚公道者歸善人也居九龍山修行不記歲月每杖履出山一虎隨之或爲之負菜往返與俱人甚訝之旣歿有祈雨暘者輒應山故有菴今廢矣

毛海泉

按江盜府志毛海泉居大勞山有郭次甫者入山中拜趙寶山爲師寶山引見海泉遍身綠毛目光如電自言金陵人元末入山山中人皆傳其爲眞仙

糊塗先生楊道士

按保定府志道士元末人行將老至柳山乃曰吾姓楊山名柳以楊遇柳吾宜居焉往來山前後施

藥濟人尋卒葬山巔時人思之爲建塔塑像迄今有疾者持糕麋懇拜用紙展案上閉戶良久即賜藥焉香類腦麝服之屢驗俗號糕麋先生

張羽士

按四川總志張羽士元末人嘗師赤脚張神仙善行雷法祈禱輒應遇呂蓬頭授黃白術遂似風魔醉酒行歌顛狂不知所終

卷終

神仙部列傳三十三

明一　周顛仙

按明太祖御製周顛仙人碑記顛仙周姓者自言南昌屬郡建昌人也年一十有四歲因患顛疾父母無暇常拘於是顛入南昌乞食於市歲如常更無他往元至正間失記何年忽入撫州一次未幾仍歸南昌有時施力於市戶之家日與稠人相雜暮宿閭閻之下歲將三十餘俄有異詞凡新官到任必謁見而訴之其詞曰告太平此異言也何以見當是時元天下承平將亂在邇其顛者故發此言乃曰異詞不數年元天下亂所在英雄據險殺無虛日其稱偽漢陳友諒者帥烏合之衆以入南昌其顛者無與語也未幾朕親帥舟師復取南昌城降朕撫民既定而歸建業於南昌東華門道左見男子一人拜於道傍朕謂左右曰此何人也左右皆曰顛者朕三月歸建業顛者六月至朕親出督兵逢顛者來謁問顛者曰此來為何對曰告太平如此者朝出則逢之所告如前或左或右或前或後務以此言為先有時逢見以手入胸襟中以手討物以手置口中問其故乃曰蝨子復謂曰幾

何對曰二三斗此等與言大槩知朕之不盜酒首見時卽言婆娘反又鄉談中常歌云世上甚麼動得人心只有胭脂胚粉動得婆娘隊裏人及問其故對曰你只這般只這般每每如此及告太平終日被此顛者所炕特以燒酒醉之暢飲弗醉明日又來仍以益多為說於是製新衣易彼之舊衣新衣至朕視顛者舊衲腰間藏三寸許舊蒲一莖謂顛者曰此物何用對曰細嚼飲水腹無痛朕細嚼水吞之是後顛者日顛不已命蒸之初以巨缸覆之令顛者居其內以五尺圍蘆薪緣缸煆之薪盡火消揭缸而視之儼然如故是後復蒸之以五尺蘆薪一束半以缸覆顛者於內周遭以火煆之烟消火滅之後揭缸而視之儼然如故又未幾時以五尺圍蘆薪兩束半以缸覆顛者於內煆煉之薪盡火消之後揭缸視之其煙凝於缸底若張綿狀顛者微以首撼撼小水微出卽醒無恙命寄食於蔣山寺主僧領之月餘僧來告顛者有異狀與沙彌爭飯遂怒不食今半月矣朕奇之明日命駕親往詢視之至寺遙見顛者來逆步趨無艱容無饑色是其異也因盛餚饍同享於翠微亭膳顛朕密謂主僧曰令顛者清齋一月以視其能否主僧如朕命防顛者於一室朕每一日一問問至二十有三日果不飲膳是出凡人也朕親往以開之諸軍將士聞之爭取酒餚以供之大飽弗納所飲食者

盡出之良久召至朕與共享食如前納之弗出酒過且酣先於朕歸道傍側道右邊待朕至及朕至顛者以手畫地成圈指謂朕曰你打破箇桶做箇桶盤此異言當是時金陵村民鬪之爭邀供養一日逢後生者俄出異詞曰噫教你充軍便充軍又閒中見朕常歌曰山東只好立一箇省未幾朕將西征九江特問顛者曰此行可乎應聲曰可朕謂顛者曰彼已稱帝今與彼戰豈不難乎顛者故作顛態仰面視房之上久之穩首正容以手拂之曰上面無他的朕謂曰此行你偕往可乎曰可詢畢朕歸其顛者以平日所持之拐擊之急趨朕之馬前搖舞之狀若壯士揮戈之勢此譬必勝之兆後兵行帶往至皖城無風舟師難行遣人問之顛者乃曰只管行只管有風無膽不行便無風於是諸軍上牽以舟泊岸泝流而上不二三里微風漸起又不十里大風猛作揚帆長驅遂達小孤朕曾謂相伴者曰其顛人無正語防閑之倘有謬詞來報後當江中江豚戲水顛者曰水怪見前損人多伴者來報朕不然其說以顛果無知命堅溺於江中至湖口失記人數約有十七八人將顛者領去湖口小江邊意在溺死去久而歸顛者同來問命往者何不置之死地又復生來對曰難置之於死語未既顛者猝至謂朕欲食朕與之食食既顛者整頓精神衣服之類若遠行之狀至朕前鞠躬舒項

謂朕曰你殺之朕謂曰被你煩多殺且未敢且縱你行遂糗糧而往去後莫知所之朕於彭蠡之中大戰之後回江上星列水師以撼江勢暇中試令人往匡廬之下顛者所向之方詢土居之民要知顛者之有無地無人無惟太平宮側草莽間一民居之以顛者狀示問之民人對曰前者俄有一瘦長人物初至我處聲言好了我告太平來了你為民者用心種田請後於我宅內不食半月矣深入匡廬莫知所之朕戰後歸來癸卯圖武昌甲辰平荊楚乙巳入兩浙丙午平吳越下中原兩廣福建天下混一洪武癸亥八月俄有赤脚僧名覺顯者至自言於匡廬深山巖壑中見一老人使我來謂大明天子有說問其說迺云國祚殿廷儀禮司以此奏朕思方今虛誑者多朕馭字內至尊於黔黎之上奉上下於兩間誑聽誑見恐貽民笑故不見不答是僧伺候四年仍往匡廬意在欲見朕不與見但以詩二首寄之去後二年使人詢之果實再見否其赤脚者云不復再見又四年朕患熱症幾將去世俄赤脚僧至言天眼尊者及周顛仙人遣某送藥至朕初又不欲見少思之既病人以藥來雖眞假合見之出與見惠朕以藥藥之名其一曰溫良藥兩片其一曰溫良石一塊其用之方金盆子盛著背上磨著金醆子內吃一醆便好朕遂服之初無甚異初服在未時間至點燈時周身肉內

揞舉此藥之應也當夜病愈精神日強一日服過三番乃聞菖蒲香醆底有丹砂沈墜鮮紅異世有者其赤脚僧云某在天池寺去巖有五里餘俄有徐道人來言竹林寺見請某與同往見天眼尊者坐竹林寺中少頃一披草衣者入某謂天眼曰此何人也對曰此周顛是也方今人主所詢者此人也卽今人主作熱爾當送藥與服之天眼更云我與顛者和人主詩某問曰詩將視看對曰已寫於石上某於石上觀之果有詩二首朕謂赤脚曰還能記乎曰能卽命錄之鄙俗無韻無聯似乎非詩也及遣人詣匡廬召之使者至杳然矣朕復以是詩再觀其詞其字皆異尋常不在鐫巧但說事耳國之休咎存亡之道已決矣故紀之以示後人

趙宜眞

按江西通志趙宜眞宋武功王昭德孫父爲安福令因家焉幼穎敏好讀書例試入京夢神人語曰汝吾家人何羨世資乎因棄儒業學道嘗於白鶴山永興觀結茅以居洪武初寓雩都紫陽觀煉金液還丹之道壬戌沐浴更衣書榻上云遁世和光了幻緣緣消幻滅獨超然清風遍界無遮障赫日當空照大千書罷雷電交作風雨晦冥倏然而逝景泰六年贈崇文廣道純德原陽趙眞人

趙友欽

按續文獻通考趙友欽字緣督饒郡人幼遭劫火早有山林之趣凡天文經緯地理術數莫不精通及得紫瓊授以金丹大道乃搜羣書經傳作三教一家之文名曰仙佛同源又作金丹問難等書行世後寓衡陽以金丹妙道授上陽子　按衢州府志趙緣督先生名友欽鄱陽人蓋宋宗室凡遁甲韜鈐天文曆算之學靡不精究一日遊芝山酒肆中遇一丈人方瞳綠髮與飲酒盡出懷中丹書授之遂隱處海濱二十年註易數萬言傳文懿公立極敬服之其書失於兵火存者惟革象新書耳先生嘗乘青驢從以小蒼頭往來衢婺山水間客中無所費而用未嘗乏倦遊而休飄然坐化於龍游之雞鳴山宋公濂劉公基皆從先生游華川王公禕手校其書以傳世　按江西通志緣督洪武初坐化葬於龍游雞鳴山後有於白鶴觀見之者

彭宏大

按松江府志彭宏大法名通微號素雲河南汝陽人母夢一黃冠授大桃食之而有娠大德十二年二月十五日生年十二事劉月淵爲師至正四年游武當山時太和張眞人主紫霄宮素雲服勞執

役三年得眞人授煉氣棲神之旨訪終南走蜀土青城入閩登武夷凡古仙過化處歷覽殆遍東浮浙水陟天目至松江擇勝棲止明洪武十四年始至細林山結茅居之初太和眞人授記曰逢辰卽棲且曰雲間有福地卽此山也山舊有泉久涸一日純陽眞人降之謂素雲曰晚來當具一井助汝修持臨行題詞曰野鶴翔天端縹緲淡無影長嘯一聲日月高海外烽煙靜飄泊百年身歸去還須省莫戀皇家丹鳳來熱我青鞋冷芻輿復贈以麈曰此可揮世慮其暮雷擊石罅遂成一井云明太祖遍求天下高人有司以聞二十七年秋八月二十一日清旦啟關沐浴更衣趺坐語徒韓曰我將返我眞又曰九天之上無不忠不孝神仙今人人倫未盡欲修僊佛蒸砂作飯豈不遠哉乃舉筆書偈曰九十韶光一度春由來幻法已非眞玉音讖說追空想金紫羞將潤色身已見聖朝新態度休疑海外舊風塵於今解脫縈纏去萬仞峯頭月一輪書畢閤左右曰何時曰正中遂翛然而逝是歲十月太祖命中使鄭承恩入山宣召以羽化聞越月復遣中使入山啟龕視之正身不倚捷爪透身命有司甃以甎石繚以垣牆賜號明眞子相傳其爪乘風化爲金蛇似蜥蜴而無足長三四寸今辰山猶有之取置器中俄失所在

貝國器

按浙江通志貝國器鄞縣人寓居海鹽烏鵲橋有異術弟子欲學不傳乃俟其遠出將竊其書發之見國器在篋中吳元年與鐵冠道人俱遊白下同宿値高皇微行假榻因無枕以斗爲枕而寢國器夜出視天曰帝星臨斗帝遽昂首聽之鐵冠曰尙離尺餘也帝大驚明日召二人至問國器以國號對曰當是大明問鐵冠以年號對曰當是洪武皆心所默定者益異焉俄而隱形去不復見

柳夫人

按湖廣通志柳夫人其先蜀人大父秉忠父禎皆仕元夫人生而靈異齠年遇賊掠之不屈加刃無所傷賊驚愕舁歸稍長好道及讖緯術歸龍氏子且有子矣大父謀抗明兵夫人言天命有在不聽遂與壻俱敗死夫人爲俘洪武元年放還溯行江上晝夜波濤光怪隨舟至陽邏虎頭磯止焉乃踞其巔緝麻七日有老叟袖符籙一卷授之曰明此役鬼神驅六丁矣是夕風雷拔木鷙獸潛藏荆榛頓豁適鄧將軍愈討麻陽道陽邏微服往見夫人曰將軍不與乎愈命將士試與角皆禁不得發夫人知愈輕麻陽乃曰將軍無輕敵脫有急吾當助之愈問其徵曰羣鴉作陣愈進討果失利天忽晦

冥霆鴉翔集見夫人緋衣躍馬空中霹靂山震轉石揚沙愈乘之大勝鄱陽遂平太祖賜封妙眞夫人後夫人欲建泰嶽祠而難其材值木筏蔽江而下夫人以一絲繫續其筏膠不行商乃輸木建祠磯上夫人年九十解去

單道安

按武當山志道安本州人從南巖張眞人學精究道法執弟子禮懃愨弗怠眞人昇舉之後潛藏於疊字峯屛絕人事處奉元帝香火洪武初遊西華終南諸山仍居重陽萬壽宮一日以所授元祕付與門人而去弟子李素希攜冠履瘞於五華仙塋

曹古松

按武當山志古松義興人生於元季自幼入句曲山禮三茅君出家元符萬寧宮爲道士質朴恬淡懶與人接手不釋卷理性明白後入武當蹟續仙源煮石茹芝韜光匿影黃庭大洞一以貫之後還句曲復入杭開元一日對王肩吳眞人作頌辭謝端坐而逝數日後有蔣姓者忽見古松如生拜辭而去

鄧青陽

按武當山志青陽南巖道士生於元季資穎過人不屑與儕俗為伍徽蘇上偃早來武當從高士學黃老文始文庚莊列周易龍虎大丹諸書精思熟煉深得其奧每與道侶講究眞詮凡所寓興吐詞發語皆有激發遊武林有忘情消白日高臥看青山之句所著觀物吟又曰警世文洪武初年與中人多有識之者後不知所終

王士能

按續文獻通考王士能初生海州後徙居濟寧生元至正甲辰入成化癸卯涉一百二十餘歲自幼慕長生之術遊四方入蜀關雪山中有異人因往訪之及至見一老人被氈衣臥深洞中石牀上顏如嬰兒臥側惟乾麪一甕時取啖之或掬飲澗水一二升士能伏拜不起遂依之朝夕左右居數日食盡老人出甕中麪遺之苦澀不可下士能乃採山菓野菜自給如此三年老人苦其志一日謂曰子可語道矣因授之術且曰他日非其人勿輕授士能攝形煉氣辭其師仍還濟寧僻居一處臥榻外無長物遂不火食或啖棗數枚或茶數甌飲水少許與人談皆靜坐寡欲之說其初州人不識也

久而人漸異之指揮王宣原籍海州往訪得其姓名大驚曰吾祖嘗言叔祖諱士能者少好道出家不知所終翁是乎詢之歷歷盡合遂日往候焉人慕而饋之拒不納又指揮朱顯欲業其術士能謝之曰非吾徒也顯慚退因疏於朝憲宗敕山東守臣以安車載入京賜寶鏹而遣之當被召時學士程敏政適以公事至因往問之士能曰老僕無能為朝廷過聽而召之僕豈知道但習靜日久今太敗吾事矣敏政問及元末國初事士能曰一身之外皆非所知也又三年丙午蘇州楊南峯亦以使事過濟寧訪之時士能著素白衣坐一木榻因叩其所以靜士能曰無他但平生不食肉不娶妻不識數不爭氣而已弘治辛亥羽化　按畿輔通志海上老人隱姓氏住渤海條山洞中時與山左右耆老相遊息遇金亂年荒饑死者衆諸老髮切不釋老人曰從吾入海以度年偕入海煮石而食甚甘美次年諸老皆肥澤而歸　按山東通志海上老人不知姓字洪武壬午過濟寧永樂間復至成化乙巳濟南衛指揮朱顯奏聞賜名王士能　按兗州府志士能白髮被頷肌膚如童

張三丰

按明外史本傳張三丰遼東懿州人名全一一名君寶三丰其號也以其不飭邊幅又號張邋遢頎

而偉龜形鶴背大耳圓目鬚髯如戟寒暑惟一衲一蓑所啖升斗輒盡或數日一食或數月不食書經目不忘或處窮山或遊市井能一日千里嬉笑諧謔旁若無人嘗遊武當諸巖壑語人曰此山異日必大興時五龍南巖紫霄俱毀於兵火三丰去荊榛辟瓦礫與其徒創草廬居之已而舍去行遊四方太祖故聞其名洪武二十四年遣使徧覓之不遇後居寶鷄之金臺觀一日自言當辭世留頌而逝縣人共棺殮之及葬聞棺內有聲啟視則復活乃遊四川見蜀獻王復入武當歷襄漢不常厥處永樂中成祖遣給事中胡濙偕內侍朱祥齎璽香幣往訪積數年窮陬僻壤皆到迄不遇乃命工部侍郎郭璡隆平侯張信等督丁夫三十餘萬人大營武當宮觀費以數百萬計既成賜名太嶽太和山設官鑄印以守竟符三丰言或言三丰金時人元初與劉秉忠同師後學道於鹿邑之太清宮與里人張毅相習毅四世孫朝用嘗遊寶鷄遇三丰問汝家名毅者為誰答曰吾高祖也三丰曰吾曾見其始生時今孺子亦漸長努力讀書官可至三品後亦符其言天順三年英宗賜誥贈為通微顯化真人然竟莫測其存亡也　按異林張刺達者相傳是宋時人為華州掾嘗從州太守入華山謁陳摶先生先生敘賓主就坐訖復設榻於左似有所伺太守不之悟已而一道人至藍袍葛巾

蕭如也先生與之揖而坐焉道人趨而左據榻端坐傲然無遜容太守不悅先生事之甚恭因請曰先生袖中攜有何物幸以相貺道人即探出棗三枚顏色各異乃以白者授陳先生赤者自吞食之青者授太守太守愈不悅持以奉掾掾遂啖之道人遽出太守問於先生曰是何道者先生固爲恭乎先生曰此純陽眞人也太守悔恨追不能及張公自後得道國初時往往遊人間每顯異迹太宗時開邸北平嘗召見之語有神異及即位思慕甚篤遣胡尙書濙遍海嶽間求訪之後於秦中邂逅宣述聖意企仰道眞乞廻鶴馭以慰睿望張公曰謹奉詔但道遠日久公先就駕予當繼至耳既而胡方入朝張公果至帝延入問之曰何爲是道曰能食能糞此即是道帝不悅曰卿有仙術爲朕試之以爲榮觀不亦可乎張公遣侍豎舁一甕來即指之曰臣欲入此以觀造化即投足縮首頃刻不見呼之則諾視之無形帝命擊破之使人各持破甕一片呼之如月印水在在皆是隨呼而應莫知所爲帝曰卿可試出言訖張公忽在前帝曰卿可更窮造化之道張公曰諾即走入柱中呼之復出帝歎曰妙哉張卿出幽入冥其至神乎張公復取水噀於庭中須臾變成巨川閒岸沙際橫一渡舟張公舉手招之舟忽近人遂登舟去不知所之尋視庭際了無波浪後帝患疾食不下始悟張公之

言歎曰張公其能鏡余之死生矣先是張公以草一莖授胡公曰異日陛下若有危疾以此療之於是帝服之果瘥

按玉堂漫筆相傳永樂初遣胡忠安公巡行天下以訪邋遢張僊人即張三丰名通號元元子天師之後寓居鳳翔寶雞縣之金臺觀修煉洪武壬申常應蜀獻王之召辭還山金時人也都太僕元敬嘗為予言蘇城人家有三丰手筆蓋與劉太保秉忠冷協律起敬同學於沙門海雲者南陽張朝用嘗記三丰遺跡三丰陝西寶雞人元時於鹿邑之太清宮學道與朝用高祖毅相識往來其家為親密之交朝用之父叔廉元末兵亂叔廉避地寶雞洪武中三丰亦來寶雞與西關李道士白雲先生交契相厚朝用時方年十三三丰見之問曰汝誰家子答曰吾父柘城張叔廉也兵亂徙家於此三丰曰我張元元也昔柘城時多擾汝家名毅者為誰答曰吾高祖也三丰曰吾曾見其始生時童子其勉力讀書後當官至三品越月朝用與李白雲送之北去見其行足不履地云朝用官詹事府主簿忠安公以其常識三丰薦之為均州知州與同往尋訪竟無所遇而還十五年文皇再遣寶雞醫官蘇欽等齎香書遍訪名山求之又遣龍虎山道士奉書云皇帝致書真僊三丰張先生足下朕久仰真僊渴思親承儀範嘗遣使致香奉書遍詣名山虔請真僊道德崇高超乎

寓有體合自然神妙莫測朕才質疎庸德行菲薄而至誠願見之心夙夜不忘敬再遣龍虎山道士謹致香奉書虔請拱候雲車夙駕惠然降臨以副朕拳拳仰慕之懷敬奉書或云此單質托之以別有所為忠安行事有密敕云又淮安王宗道字景雲學儒嘗與三丰往來游從永樂三年國子助教王達善以宗道識三丰薦文皇召見文華殿賜金冠鶴氅奉書香徧訪於天下名山越十年足跡滿天下竟無所遇而還復命　按江寧府志三丰丰姿魁偉美髯如戟入武當山修行寒暑惟衣一衲或處窮寂或遊市井浩浩自如有問之者終日不答一語或與論三教經書則吐辭滾滾皆本道德忠孝每事輒先知之所啖斗升俱盡或辟穀數月自若也登山如飛隆冬臥雪中鼾齁如常太祖聞其名遣使求之不得永樂初累致書敦請乃入見嘗奏對忤旨欲殺之忽不見上遂病有使者過之途附進蓑衣草數莖煎湯服之立愈由此遂絕李景隆事之甚敬臨去贈以蓑笠云他日有難可服此後其家遭幽閉年久絕食乃思其言服之行過處地即生穀一夕便熟賴此以濟及宥出後服之而行地不復生穀矣　按浙江通志三丰修煉武當通三教辟穀臥雪能前知成祖所訪眞仙也身長七尺美髯如戟洪武二十六年自言辭世比葬發視之復生後居寶雞觀開胡濙至竟遁去

按德安府志三丰號保和容忍生有異質手提方尺一笠一衲不飭邊幅人呼為張邋遢自洪武初居太和玉虛宮二十三年去後寓太平山與山下宗顯者善其童子嘗從之遊童子語人曰張嘗出遊必偕我但令閉目一日竊視之乃空中也三丰聞之不樂遂遣之去乃邀父老登山為別揖衆使坐旋下山取火往返行四十里頃刻而至又市豆腐一提比父老歸闔其提版曰此唐邑西關王宅物也為我還之嗣問王宅往市時正父老在山時也唐邑去太平山百四十里後竟三丰不知所在太平砦在治西八十里即鷹鷳砦　按襄陽府志三丰頂作一髻手持一尺洪武初至太和山結庵庵前古木五株師棲其下久則猛獸不拒鷙鳥不搏人益異之至二十三年拂袖遊方而去往來長安成祖遍訪未獲後寓德安太平山不知所在今石塲藥磁存　按武當山志三丰號元元子又號張邋遢遼東懿州人張仲安第五子也寓居鳳翔寶雞縣之金臺觀修煉忽留頌而逝士民楊軌山殮之臨窆復生以一小鼓留其家入蜀轉楚或隱或見有問以大道者專以仁義勸人事皆先見往來鶴鳴山半歲失所在嘗至甘州張指揮家遺一中袖及葫蘆天順間甘肅總兵官王敬患中滿疾諸醫不能療以中袖火煆服之愈後葫蘆忽自震碎留楊氏小鼓雖戛大鏞不能混其聲後亦

亡去又舊志載張全一號三丰相傳留侯之裔洪武初遍歷諸山搜奇覽勝乃至武當結庵常與耆

舊語云吾山異日與今大有不同命丘玄清住五龍盧秋雲住南巖劉古泉楊善澄住紫霄又結庵

展旗峯北曰遇眞宮黃土城內曰會仙館語弟子周眞德曰爾可善守香火成立自有時來非在予

也洪武二十三年拂袖長往不知所之二十四年詔道三山高道清理道教曰張元元者可請來永

樂十年遣使致香書歷訪不獲正統元年誥贈爲通微顯化眞人　按青州府志三丰永樂間隱

於雲門山之陽修煉洞中太宗賜號三丰後莫知所終今有張仙洞嘗在日照縣傳疃社張翔家傭

工同衆耘植其苗無草且茂一日佈芝麻數畝主嫌其密戲令芟去一半卽如其言旋復生一日種

菜縣中乏種使往諸城買之屬曰路遙可宿於桃林某友家張卽日回主訝其速曰汝尚未去耶曰

已買得矣主曰誑我詰之再三不信時有鄰嫗語人曰適見老張騎鶴從半空中而下不知其爲鶴

也後訪其友果一飯始信其爲僊矣自是辭去張臨行指主人子曰此子令讀書必高中後果中第

按汝州志三丰嘗寓南華觀求燈不得因於壁上畫月照之又嘗過郟昭陽觀訪道士李白雲適他

出時邑人張叔廉爲小兒在觀讀書三丰摩其頂曰張元元到此李白雲不遇白雲歸悵然久之問

其故曰此邋遢張也後叔廉以孫貴敕贈吏部右侍郎　按山西通志三丰平陽人一云猗氏人有仙骨修髯如戟眉如冰雪嘗路遇一少年美姝自稱麻姑教以服四味龍芽後遊武當山登祝融峯嚼梅花滿口朗誦南華秋水篇觀潮上日出大叫曰雲海盪吾心胸題揚州瓊花觀詩云瓊枝玉蘂屬仙家未識人間有此花清致不沾凡雨露高標猶帶古煙霞歷年既久何曾老舉世無雙莫亂誇幾欲載回天上去擬將博望借靈槎蓋自況也明太祖咨以時務曰惟本忠孝後成祖遣胡濙物色之終莫能得　按陝西通志三丰名君寶字全一一字元元世目為張邋遢寶雞人經籍典墳過目成誦詩語瀟灑與人議論三教若決江河洪武初至太和山詰庵于玉虛宮尋入蜀又入武當或遊襄鄧間後常往來長安隴西三十四年太祖遣三山高道訪於四方竟弗至太宗尤奇之遣使致書訪求未獲特敕正一孫碧雲於武當建宮以候天順末或隱或見問者專以道德仁義為言心與神通神與道一事事先見如神或云三丰遼東人　按四川總志三丰不知何許人洪武中入蜀僑寓環衛姜指揮家寒暑惟一衲笠甚大即小戶出入不礙緊鐵線條極工緻朝夕居一磐石上斵取梅枝插土即生花皆下垂故成都昔年猶遺照水梅種為毎勸人毋豢鴿子女毋婚於王家云

永樂中遊內江寓明玉道人家詭云麗姓徵示以異嘗履極險不墜涉水無少濡而玉善符咒多奇驗欲以授麗麗笑曰我以道奉公公乃以法授我耶乃作道法會同疏一通畀之居歲餘胡濙物色之遂同玉見胡後不知所終或曰天目人名君實字全一又洪武末三丰於鶴鳴山修道往來於峨嵋山中半年後遂不知其跡　按重慶府志三丰修道於巴岳山之頂崑崙洞其洞懸巖萬丈三丰騎驢出入於洞中白日飛昇仙去洞中存一雙竹石桌石牀玉版泉皆其遺跡　按貴州通志三丰洪武間寓平越高眞觀自於觀後隙地結茅爲亭晝則閉戶靜坐夜則禮斗與指揮張信善嘗與奕後指城南月山寺右地曰葬此必封侯信從之後信果以功封隆平侯永樂間遣官徵聘竟莫知所之嘗有了道歌無根樹詞二十四首三丰禮斗時四季止一破衲草履科頭時人呼爲邋遢僊今禮斗亭卽其故址手書亭聯碑詞尙存

張子冲

按閩書張子冲賣樵畢母常曰一心無罣礙願見呂先生一日上山刋木忽有道者衣衫藍縷至其家以饑告其妻妻答云未炊惟祭糯一斗待夫歸釀酒可食少許道者食之妻大恨曰吾夫嗜酒吾

被責矣道曰不爾累也可汲水一缸以餘粒浸盡尋拂袖去頃之沖歸其妻告之開缸酒也沖驚曰呂先生至矣追及澗橋懇其見度道答今日無緣來年中秋可於建陽龍游橋中相遇三人共一目爲記沖如期往見二瞽者搭眇一目人肩已過橋矣道責遲復期來年沖復往偶橋中相遇乃曰汝母今日死矣無棺可斂遂卽掌中書一屋語沖曰請視之似何所也沖答曰似北勝寺道曰我有棺寄西廊下往取之沖遂舁到家僧俗初不知其中有棺也後沖棄妻子寄跡寺中搠建翠雲庵居止無定處凡有錢施者第取一文云但得一錢足何憂身外身國初縣以爲妖械櫝車中送至京師開車無見惟破笠敝衣竹節冠滿櫝而是　按福建通志子沖邵武砌下人明初禁左道甚嚴縣以爲妖械車解京開車忽不見惟滿車皆破笠敝衣號竹冠道人自後或隱或見不知所終

冷謙

按巳瘧編冷謙字啟敬杭州人精音律善鼓琴工繪畫元末以黃冠隱居吳山頂上國初召爲太常協律嘗遇異人傳僊術有友人貧不能自存求濟於謙謙曰我指汝一所往焉慎勿多取乃於壁間畫一門一鶴守之令其人敲門門忽自開入其室金寶充物蓋朝廷內帑也其人恣取以出不覺遺

其引他日庫失金守庫吏得引以聞執其人訊之詞及謙逮謙將至曰吾死矣安得少水以濟吾渴逮者以瓶汲水與飲謙且飲且以足插入瓶中其身漸隱逮者驚曰汝無然吾輩皆坐汝死矣謙曰無害汝但以瓶至御前上問之輒於瓶中應如響上曰汝出朕不殺汝謙對臣有罪不敢出上怒擊其瓶碎之片片皆應終不知所在移檄物色之竟不能得　按續文獻通考謙字啟敬號龍陽子武陵人也元中統中與劉秉忠從海雲僧遊百家方術靡不洞習尤精於易後棄釋從儒遊晉川交趙孟頫及效李思訓書遂以書稱後入淮揚遇異人授中黃大丹至正間百餘歲矣顏如童避地金陵賣藥於市神效駭人　按寶慶府志謙嘉興人曉音律多幻術洪武初徵爲協律郎郊廟樂章多所撰定後遊湖湘間嘗寓居郡北開元觀遺跡甚多故一名冷道觀山水殊勝

張中

按明外史本傳張中字景華臨川人少讀書應進士舉不第遂放情山水遇異人授數學談禍福多奇中太祖下南昌以鄧愈薦召中賜之坐問曰予下豫章兵不血刃此邦之人自是少息乎對曰未也旦夕此地當流血廬舍焚燬殆盡鐵柱觀亦在煨燼中所存一殿耳未幾指揮康泰反一如中言又

言國中大臣有變宜預防至秋平章邵榮參政趙繼祖伏甲北門爲亂事覺伏誅明年太祖祭山川百神發舟山下問中何如對曰吉天馬兩重似拜似舞祀訖馬忽人立作舞狀復俯首若拜而是日中原獻名馬果符兩重語陳友諒圍南昌三月太祖伐之召問中中言五十日當大勝亥子之日獲其渠帥帝命中從行舟次孤山無風弗能進中以洞元法祭之風大作遂達鄱陽大戰湖中常遇春孤舟深入敵舟圍之數重衆憂之中曰無憂亥時當自出已而果然連戰大勝友諒中流矢卒降其衆五萬自啟行至受降適五十日始南昌被圍帝問何日當解中對七日丙戌比報至乃乙酉蓋術官算曆是月差一日實在丙戌也其占驗奇中多若此爲人狷介寡合與之言稍涉倫理輒亂以他語類佯狂玩世者生平好戴鐵冠人稱爲鐵冠子云　按續文獻通考鐵冠道人精數學以術謁

太祖曰待公神彩煥發時即受命應在千日內及上即位住鷄鳴寺預告僧云上將毀寺上知而惡之投之大通橋下而死後關吏報是日道人出關矣先是梁國公藍玉攜酒訪焉道人野服出迎玉不悅爲對曰脚穿芒鞋迎客足下無禮道人即以所持杯應曰手執椰瓢作盞尊前不忠蓋已知其叛矣　按江寧府志中字景和遇異人授以皇極數談禍福多驗元末兵亂歸隱幕府山間至城

市與人言避兵之方從之者多獲全癸卯夏中書省署當有震驚城中擾擾俄而忠勤樓災樓近省署內外咸恐及友諒復圍南昌上忽得異夢命占之曰當於咽喉中用力遇夜燒燈花蓓蕾可愛鐵冠適在旁遽剪之左右嗤曰嘉兆可惜鐵冠曰宜亟援江西後三日報果至上遂親將兵往復問中中曰是行勿遲五十日當大勝戊亥之日獲其首領既而果然　按江西通志太祖與陳友諒相持命道人望氣以決休咎鄱湖之戰友諒中流矢死兩軍皆未覺道人密奏曰友諒死矣顧其下未知猶爲之力戰請遣死囚持祭文往哭之則彼衆氣奪而吾事濟矣上從其言友諒兵果大潰道人居都下數年一旦無故自投於大中橋水死命求其屍不獲已而潼關吏奏云某月某日鐵冠道人策杖出關則其投水日也自是不復見云

馬山人

按武進縣志馬山人不知名氏以其居馬跡山故名常爲梢工從太祖大戰彭蠡脫太祖於厄不受官賞惟日求一醉太祖命光祿官給之一日大雪醉臥屋角太祖解衣覆之俄竟去不知所終

潘自然

按處州府志潘自然明初人爲松陽道遥觀道士居雲巖善符咒燒煉之術號召風雷及神將出現每夜有神燈懸掛於門當出行卽有神燈前導有求符者迫切治變老人因自然別出遠呼神將承命往治自然歸責老人有泥神廟中者詣前曰彼五世法官偶有過上帝謫下侍公庵公僅以三世法非彼若毋責爾也泥神與自然語畢老人遂不復見自然後亦仙去

錢國禎

按和州志錢國禎明初人知符咒之術凡請祈禱者無不應尤精於曆數課命之學年八十餘日行百里後無病而卒已三年矣後有鄰人張三老仍見其往來於僊蹤鎮呼之竟不見今僊蹤鎮幷其居里俱雕塑像稱爲錢公道顯先生尸祝致敬子孫凡七代猶存其書習其術

張柏亭

按衢州府志張柏亭洪武年人元妙觀都紀永樂間奉敕建武當山宮觀柏亭應詔住元天玉虛宮時遇異人授以葫蘆拄杖各一齎施藥授五雷祕法祈禱輒驗後還衢日跨青牛出入自號葫蘆道人臨終預語徒衆曰我當某日某時歸山果如言人皆以爲僊去

趙童

按德安府志趙童應城人相傳洪武初乞食應城竟莫詳其年邑西十里趙族言其遠祖有出家訪道未返者疑爲童也遇而認之童曰我非趙姓也久居應城卽改稱應童云披鶉衣繫瓢杖頭懸葫蘆膏藥治病立愈邑中九十餘老人言幼時見童貌至今未改但毛髮黑白無常雪天輒露坐去坐丈許無雪溽暑坐臥赤日中身無汗垢日居應城不遠出而邑人多於襄郢荆岳間數數見之於是漫呼趙神僊嘉靖初童徧辭市人曰吾行矣越三日江西張眞人以舟迎去拜懇長生術數月無言眞人怒加以刑童遽死令人瘞之舁棺者覺其輕啟視之惟一竹杖存焉

柴公遠

按衢州府志柴公遠號無無道人洪武間寓龍虎山與張眞師遊一夕師欲暫夜公遠曰吾能役神爲之是夜鐵鈴響者達曙師嘗過公遠夜歸假燈燭之如明晝眞師大奇之

王鼎

按江寧府志王鼎者爻爲衛千戶受命籍沈萬三家得僊人王古峯丹經十卷爐火一方於萬三處

寶藏之鼎有惡疾莫能醫者道士沈野雲住雨花臺傍清源觀中素師古峯受煉氣之術過而憐之語之曰吾觀子形神清拔似可入道者病不足憂也吾爲子起之雖然必隨我爲弟子乃可鼎許諾乃爲治療不逾月而愈於是鼎拜野雲爲師出其書以奉野雲見而喜曰吾自失眞師養胎未脫豈意今日復見元機野雲遂擇其麤以授鼎而自用其精以得道鼎後亦超元祕棄官遊行江湖間聞河南周王好道延徐生者共事修煉往見之王不聽其言徐生亦不深信乃別去明年徐生鄉人毛姓者商於他州與鼎相値鼎以一封物寄徐生曰急予之命猶可救比歸而徐溺死王亦薨逝乃以物付徐之子啟之中有筆二枝破其管得藥二丸來一通云藥可延年度世化汞爲金知子無緣托以予汝友人錢子其子買汞試之得二十金而不甚珍祕同門友錢生者求觀遂攫其一吞之及徐子覓藥而藥已盡訪錢生生逃去不知所之矣

于梓人

按巳瘧編于梓人者湖廣武岡州人梓人生七八歲眉目如畫資性聰警其州將愛之因其父藝以梓名之及長有俊才且多異術舉洪武乙丑進士歷知登州府部有訴其家人傷於虎者梓人命卒

持牒入山捕虎卒泣不肯行梓人笞之更命他兩卒曰第焚此牒山中虎自來兩卒不得已入山焚其牒火方息而虎隨至弭耳帖尾隨行入城觀者如堵虎至庭下伏不動梓人厲聲叱責杖之百而舍之虎復循故道而去尋爲部民告訐以爲妖術惑衆有詔逮治數月瘐死獄中棄其尸家人發喪成服忽一夜聞扣門聲問爲誰答曰是梓人也人驚爲鬼曰吾實逃去云死者詐也家人不信謂鬼衣無縫驗之不然遂內之梓人不自悔匿日與故舊遊宴或泛舟不用楫逆水而上以爲樂里人劉氏其怨家也執之白知州伍芳請奏聞芳不許劉遂詣闕告之朝命法官推案未至一日忽失梓人所在但存鐵索而已劉無以自明竟坐欺罔得重譴而梓人自是不復見矣梓人自號七十一峰道人詞翰適逸可觀吳用藏書自製遊大山歌一紙余嘗見之

去留馨

按萊州府志去留馨相傳姓范勝國時人自幼靈秀好遊遇道人授以辟穀導引之術既長絕不飲食身輕如槁葉行住處異香襲人自號去留馨歌舞於市不以言笑假人洪武間乘雲上昇膠州屢年豐稔

俞震齋

按閩書俞震齋沙人祕傳符籙精五雷祈禱術同時有黃天元道住持宜福觀亦能此術洪武二十年省城大旱藩司召二人祈雨既至分東西立壇私約曰吾二人雨當有辨乃以書符硃墨二硯分投水缸中須臾雨至一壇水黑一壇水紅時有贈之詩曰三日登壇三日雨一聲號令一聲雷俞晚居其里之三官堂一日有老嫗求救曰吾某山湫龍坐行雨失律當午時震死過午無害矣惟法官可救此厄俞曰能幻形小之藏我鉢盂中乎龍如令化小蜓蜓投盂中俞以令牌覆之端坐以俟須臾暴雷雨擊至數遍過午乃息俞呼龍曰可以去矣龍出仍化老嫗拜謝約有祈雨當如命効力每三年輒一來朝至今六月初有暴風疾雨由南而北必曰龍姑朝俞云

姚道士

按廣西通志姚道士號清溪賓州人洪武二十三年於龍虎山學道常騎虎過旱禱雨如注南寧孽龍作祟當事馳迎頃刻而至斬孽龍太守廟蛇精食人復殺之後白日飛昇

賀蘭二老

按陝西通志賀蘭二老洪武二十七年中衛人張秋童入賀蘭山伐木二老坐石上問曰秋童何為對曰伐木二老乃呼秋童與錢盈掬童歸尋往視之則二老莫知所之其錢至今猶存

黃一眞

按南陽府志道士黃一眞號雲峯又號誠一子內鄉夏館保人母王氏夢北斗樞星繞身而娠洪武壬申一眞生時有紅光少厭世紛入邑中奉僊觀為道士往來鎮平五朶山師全眞李崇樸藏修三十餘年人莫窺其祕也南陽宗藩唐王常命為道宮主南陽北觀不樂居去常往來玉清宮大谷峪玉僊宮而居奉僊觀為多一日謂其徒曰打破鴻濛竅已見未生前明年臘月內信步上靈天至期若有音樂導從者集衆與訣端坐而逝時成化壬辰十二月也壽八十一眞人既逝次日有見其謁唐王者又三日有見在盧氏縣尋化核桃令送歸奉僊觀修黃籙會手押宛然弟子啟其壙面如生壙甎誤墮額血出咸謂得道云

李希素

按武當山志希素字幽巖號明始洛陽人元末棄家來遊武當洪武初住持五龍宮後退隱於自然

庵含光守默不與人接永樂三年榔梅結實遣道士易本中上貢詔命道士萬道遠齎勅賜以表褒鈔錠四年榔梅仍實復遣道士呂正中上進賜賚如前是年詣朝謝恩賜坐便殿諮以理國治身之道惟以道德奏對上說禮待甚厚賜還本山永樂十年敕遣大臣創建宮觀三十餘處經營之始訪古跡舊規皆一一陳之常以手加額願皇圖萬歲天下太平永樂十九年六月初五日屬門徒各宜精修學道今教門大興吾去無憾矣語畢端坐瞑目壽九十三時戶部主事王和在焉翌日焚化骨齒皆青人皆傳其爲僊矣冠劍藏於黑虎澗上

程濟

按明外史本傳程濟朝邑人有道術洪武末爲岳池教諭岳池去朝邑數千里或見濟嘗在朝邑而治岳池學事不廢建文初上書言某月某日北方兵起朝廷謂非所宜言逮至京將殺之濟入見仰面大呼曰陛下幸囚臣臣言不驗死未晚乃下之獄已而燕兵起帝乃釋濟以爲翰林院編修參北征軍淮上敗召還或曰徐州之捷諸將樹碑敘戰功及統軍者姓名濟一夜往祭其碑人莫測後燕王過徐見碑大怒趣左右以鐵椎椎碑再椎遽曰止爲我錄碑文來已按碑誅之無得脫者濟姓名

正在椎脫處得免然考其實徐州未嘗有捷也或曰濟與邑人高翔並以明經徵翔勵名節濟好術數翔數止濟勿爲此濟不聽旣在兵間濟又勸翔學我術翔曰我願爲忠臣金川門破翔招濟同死濟曰我願爲智士翔竟死之濟亡去或曰事急時帝召濟問計濟曰天數已定惟出走可免難立召僧爲帝落髮濟從之出每遇險以濟術脫相從數十年後莫知所終　按高坡異纂濟有僊術不知何所承受靖難師起詔使護軍北行戰於徐州大捷會曹國公師退文皇至江上濟亡命不知所終

熊伯璧

按樂安縣志熊伯璧七都人洪武永樂間受法於碧霄眞人數年靈驗復授以薩眞人元祕符命公盡得其正派宗源編次傳後以待能者而惜傳人鮮也至其動雷禱雨附體圓光驅邪治病斬蛇都市三現金鞭救度羣生迄今膾傳不盡

鄧羽

按列朝詩集鄧羽南海人明初青陽縣令後爲道士居武林後隱武當山之南巖永樂中不知所往

人以爲僊去有覩物吟一卷自言忘情消白日高臥看青山動落花流水之機適閒雲幽鳥之趣遂成意外不期然而然之句

王奎

按九江府志王奎彭澤人永樂初以耆民署縣事奎初與赤脚僧覺顯善至是因旱禱雨歷山道遇覺顯授以三符歸而果雨今相傳奎亦僊化去

脈衣僊姑

按山西通志脈衣僊姑汾州人任氏永樂初不願婚嫁被脈衣隱石室中家人求之不得後有人見之遂逃入石室中有聲殷殷如雷其壁復合手蹟尚存每歲旱禱雨輒應或以瓶乞水得水卽雨俗謂之僊姑雨云

卷終